# 在日朝鮮人の人権と日本の法律

姜　徹 著

〈第三版〉

雄山閣

# まえがき

今、日本は、異常な円高・地価の暴騰、生産業やサービス業の衰退という不況の中で、シャウプ税制勧告以来四十年ぶりの税制改革を強行しようとしている。

日本の末端に位置している在日朝鮮人は、このような景気の変動を直接に受け、生活の保障すら危ぶまれる危機感をもって、この状況を深刻に受けとめている。

特に、在日朝鮮人に集中しているサービス業の不況は、在日朝鮮人を形成している社会構造全体に相当な不安を与えている。それは、風俗営業法に見られる通り、サービス業の法令には、日本人とは別に朝鮮人に対する治安立法的な細則があり、これによって取締りができるという、日本人よりさらに厳しい差別と抑圧の先端に置かれているからである。

現在、在日朝鮮人は、不況で苦しめられ、治安の取締りに対する精神的抑圧によってさらに苦しめられるという二重の責め苦にあえいでいる。また、在日朝鮮人の世代交代が進み、二世・三世が絶対多数をしめている中で、在日の問題が様々な角度から論議されている時期とも関係がある。

日本政府は、このような状況の中で、一方では懐柔策をもって同化を促進し、他方では、一貫した取締りのための治安立法的な関連法令をもって在日朝鮮人を不安に落とし入れている。

日本政府が、従来、強行してきた在日朝鮮人対策がそうであったように、戦前の抑圧はいうまでもなく、戦後になっても、その政策の基本は変わっていない。

ということは戦後になって日本政府が、朝鮮人聯盟を団体等規正令などによって強制解散させ、朝鮮人学校まで閉鎖を強行して在日朝鮮人を失望と悲惨な奈落の淵に落とし入れたいまわしい事実からも証明されよう。

そして、今日においても、それに代わる法律として破壊活動防止法が公然と在日朝鮮人団体を監視し、弾圧の隙をうかがっている。

最近、日本の世論で問題となっている「国家秘密法」なる法案が、国会に上程されようとする動きがある。この法案は、戦前の治安維持法を想起するような法律であり、もし、このような法律が制定されれば在日朝鮮人にとって何が日本の国家の秘密なのか、その判断さえつかないうちに、秘密を外国にもたらしたとして、それを口実に国外へ強制追放の憂き目にあわないという保障はどこにもないのである。

このように、いつ訪れるかも知れないあのいまわしい暴虐の嵐が吹き荒れ、在日朝鮮人をさいなむ新しい問題に直面するとしたら、在日朝鮮人が日本での永住権者であろうが、なかろうが、それが何程の武器となるだろうか。

現在も日本政府はご承知のように、外国人登録法による指紋押捺を拒否したとの微細な問題で、刑事罰として逮捕し、強制的な指紋採取器まで使って人権侵害を重ねている。日本政府が、在日朝鮮人に対し、なぜ指紋押捺をそこまで強行しなければならないのか。その理由は、朝鮮で再び戦争が起きた場合を想定し、在日朝鮮人に対する治安を維持する目的があるからである。

このことは、一九五〇年に起こった朝鮮戦争の時に、日本政府が在日朝鮮人に対して行った弾圧の嵐が、在日朝鮮人全体を強制追放の対象とし、その財産の凍結と強制収容所の建設まで画策した事実からしても容易に想像ができよう。

日本は、戦前はもとより、戦後においても、在日朝鮮人を常に取り締まりの対象として監視下に置き、基本的人権まで侵害してきた。

本書が、在日朝鮮人が日本においてどのような法律によって差別され、抑圧を強いられてきたかを知るうえで一助となるなら、それにすぎるものはない。

最後に、本書は月刊誌「統一評論」に一九八五年五月号より、八六年三月号まで連載した「在日僑胞と日本の法律」を軸にして補充加筆したものである。

なお、本書の出版にさいしては弁護士藤谷正志氏（藤谷法律事務所所長・元在日朝鮮人の人権を守る会事務局長）と編集歴四十年の畏友岡崎元哉氏の協力を得た。

おわりに、本書を雄山閣から刊行するにあたって、編集長芳賀章内氏には無理難題を押しつけて困らせたりしたにもかかわらず、親身になってご協力を下さった。ここに併せて感謝の意をあらわすものである。

一九八七年二月

## 第二版の発刊にあたって

この度、第二版を世に出すことになったのは、初版が完売されて久しいために読者の方々や斯界から再版の要望が強く、また、法律の改正などで改訂版を出す必要性に迫られたからである。

それは、いま世界が冷戦構造から平和共存の時代へと変貌していく中で、日本も否応なくそれに対応するため国際化を迫られてきた事情とも関連している。このような、国際化の潮流から、必然的に世界各国から日本に出入する人たちが増加し、新たにそれらの人たちの在留に伴う諸問題を処理し、監視と取締りを行なうための法律が必要となってきたのである。

日本政府は、まず歴史的な特殊事情により戦前から日本に在留している在日朝鮮人とその子孫に対する問題を処理しなければならなかったが、その政策には差別的色彩が濃く、在日朝鮮人たちは常に法改正を求めてきた。近来における在日朝鮮人関係のいくつかの法改正は、このような経緯から行われたものであるが、それは治安立法を基本にした冷戦思考的なものであって抜本的改正ではなかった。この度の法改正においても、外国人登録証明書の常時携帯・呈示義務と刑罰制度が温存されており、また出入国管理特例法においても退去強制の問題は表面的な手なおしに終っている。日本政府は依然として問題点を残したままなのである。

今回の一連の法律改正において、在日朝鮮人の在留に対して特別永住の資格を付与するなどの緩和措置を取ったことは歓迎すべきであり一歩前進であると評価したい。だが、日本政府が本気で在日朝鮮人政策を転換する意思があるならば、外国人登録法違反に対しては刑罰ではなく行政罰に切り換えるべきである。そのためには、外国人登録法を、日本人に適用している住民基本台帳法と同じ行政サービスと同じ機能を果たすような法律に改め、また、出入国管理特例法における退去強制は廃止すべきである。こうして在日朝鮮人への差別を解消し、抑圧からくる苦痛を取り除くことが、誠意ある戦後処理政策でもあると思われる。

今度の改訂版では、初版では書けなかった法律の改正部分をはじめ、書き足りなかった問題点を加筆した。この度の出版によって、未だ解決されていない差別政策解消への一助となれば幸いである。

一九九四年三月

## 第三版の発刊について

十年以上前に第二版が出版されたが、完売されて久しい。それ以後、外国人登録法や入管法などの法改正が度々行われ、また、在日朝鮮人子弟の民族学校出身者の進学や国家資格の受験の問題などの分野で改善を見られた事も関連して、第三版を出版することを決意したのである。

二〇〇六年　八月

姜　徹

# 目　次

## 第十章　在日朝鮮人と国籍法

# 在日朝鮮人の人権と日本の法律

# 序　章　在日朝鮮人とは

在日朝鮮人問題は、日本が国際人権規約を締結した時点から新しい段階に入っている。この規約は、これまで差別と抑圧に苦しめられてきた在日朝鮮人にとって画期的なものであるといえるからである。国際人権規約は、国際的に人権を保護するための条約であり、一九七九年六月に、日本の国会において批准された。その規約の前文には「人権及び自由の普遍的な尊重及び遵守を助長すべき義務を国連憲章に基づき諸国が負っている」と規定している。

現在、世界は、国際化に向かって確実に進んでおり、その中で、人権問題が最も重要な問題として、人間の尊厳を守る権利として要求されている。

その潮流は、如何なる権力をもってしても、それをとめることはできない。

しかし、日本政府は、在日朝鮮人に対し、国際人権規約を批准してからも、早急に改善しなければならない幾多の諸問題を残している。

# なぜ！　日本にきたのか

在日朝鮮人の問題は、一般の外国人のように旅券を持って入国してきた外国人の問題ではない。それは、戦前、日本が朝鮮を植民地とし、朝鮮人に日本国籍を押しつけ、「皇民化」と称して「創氏改名」などによって名前まで日本名をつけさせ、強制連行によって日本に連れてこられた歴史的な特殊事情をもった外国人であるからである。

当時、朝鮮人を苦しめたものは、朝鮮人の土地を取上げた土地調査事業であり、日本が中国を侵略するために朝鮮全土の軍事基地化政策による産米増殖計画を強行したことである。

この結果、多くの朝鮮人が土地を失い、生きる気力までなくした悲惨な状態に転落していった。

他の一方では、憲兵警察制度による武断統治を強行し、これに少しでも批判をする人は、徹底した弾圧によって牢獄に入れられ、朝鮮人が朝鮮では住むに住めない暗黒時代となったのである。

また、日本は第一次世界大戦による急速な工業化にともない労働力の不足は切実なものとなっていた。そこで、日本は、朝鮮の植民地低賃金労働者に目をつけ、多くの朝鮮人を日本に連れてきたのである。

一九三〇年後半以後からは、朝鮮で野良仕事をしている人や道行く人までうむを云わさず強制連行して日本につれてきたのであった。

こうして、日本に連れてこられた朝鮮人は、炭坑や道路工事などの危険な作業に従事させられ重労働を強いられた。

一九四五年八月、民族が解放されたときの在日朝鮮人の数は約二百四十万名にも達していた（二四ページ統計参照）。

これらの朝鮮人は、解放とともに殆どが祖国へ帰還し、諸般の事情によって日本に約六十万名足らずが残留するようになった。

これらの在日朝鮮人の多くは、三八度線によって二つに分断された祖国の統一を実現するその日までは日本に在留しようとして、日本に住んでいるうちに、日本に生活の根をおろしてしまったのである。

現在、日本には、約八十数万名の外国人が住んでいるが、そのうちの約六十八万余名が在日朝鮮人である。

以上の経緯からして在日朝鮮人は、一般の外国人とは本質的に違った歴史的な特殊性をもった外国人といっているのである。

## 何が差別なのか

日本政府は、朝鮮人が日本に連れてこられた当初から差別と弾圧によって抑圧してきた。

日本にきた朝鮮人には、常に警察の目がひかり、言葉が不自由なうえに、低賃金とまともな住居もなく、民族の差別に苦しんだ。

また、民族差別のために、在日朝鮮人に悲惨な事件も数多く起きた。

たとえば、信越水力発電所工事場で起きた地獄谷の虐殺事件や岩手県大船渡鉄道工事場事件のほか特に残虐であったのは関東大震災事件であった。

日本の支配層が流したデマによって数千人の朝鮮人が虐殺された。

そして、日本が中国へ侵略を露骨化するに従って、在日朝鮮人に対する監視も強化され、差別と弾圧の度合も増していった。

戦後になってからも、日本政府は、在日朝鮮人を引き続き監視下に置こうとして、管理強化を画策してきた。

**指紋の強要**　外国人登録法では、指紋の押捺義務を定め、犯人扱いの屈辱感を抱かせている。

そのうえ、登録証明書の常時携帯、提（呈）示義務を定め、それに違反したものには不当に重い刑罰規定を設けている。

外国人登録法とは、外国人に対し、日本政府が日本人に対する戸籍法、住民基本台帳法に基づいた地域住民の登録をする義務と同じ趣旨からなっている。日本人が戸籍法、住民基本台帳法に違反した場合には行政法上の軽い過料ですむのとは雲泥の相違である。

これは、日本政府が在日朝鮮人に、その動向を監視し、些細な手続違反に対しても、捜査権を発動できるように仕組んでいるからである。

**教育上の差別**　教育問題は如何なる民族にとっても民族の運命を左右する重大な問題である。

戦前、在日朝鮮人は、日本の「皇民化教育」の強要によって、自己の民族の歴史を学ぶことができなかった。

解放後、在日朝鮮人は、自己の民族の主体性を確立するため、民族教育が始められた。

それは、己が受けられなかった民族教育を子供に託す心情からであり、切実なものがあった。

それゆえに、苦しい生活の中から金をだし合い、日本の各地に朝鮮人学校が建設されていった。

ところが、日本政府は、朝鮮人学校を認可しようとはせず、むしろ弾圧をもってこれに答えた。日本政府は在日朝鮮人に民族教育を認めず、朝鮮人学校の教育内容は日本の学校と同じ教育をすることによって、日本人子弟と同様に取扱うとし、在日朝鮮人子弟の民族教育を抹殺し、日本に同化させる教育を推進しようとした。

これに対し、広範な反対運動が起こると、外国人学校法案を制定して、在日朝鮮人の民族教育を治安問題として日本政府が何時でも弾圧できるように画策した。

このような経緯をへて民族教育は在日朝鮮人の民族教育を守る使命感によってその内容も充実していった。

こうして、日本の中で、在日朝鮮人の新しい世代に朝鮮人としての自覚を与え、育成する民族教育は、日本政府が同化政策を如何におしすすめようとも、ひるむことなく、民族の基本権として守って行かなければならないであろう。

**職業上の差別**　戦後、日本に居住しようとする朝鮮人は、生活を求めて日本の企業へ就職を希望してもそのみちも閉ざされ、自力で生活の手段を選ばなければならなかった。

生きるためには、鉄くず拾いや露店商などで生計を維持しなければならないところから在日朝鮮人の企業は出発した。それゆえ、現在の在日朝鮮人の商工人は、生産部門よりもサービス業が大半をなしている。一九八五年二月から施行された風俗営業法は、このような意味で在日朝鮮人の生活を守るうえで死活問題であった。

ここにも差別があって、警察へ営業手続の段になると日本人は住民票の写しでよいが、朝鮮人は外国人登録済証明では受理されず、外国人登録証明書そのものの全十二頁の写しが必要である。そこには、本人の写真のほかに指紋までついている。ここにも警察当局が在日朝鮮人を取締るための、治安立法的性格があらわれている。

日本在住の朝鮮人が、差別の中で逆境から社会にでる手段としては、体一つで自分の力量を試せるスポーツ界や芸能界が比較的に入りやすいせいか、数多くが、その世界にいるといわれている。

ただ、人気稼業であるだけに、朝鮮人と名乗るのは、差別された暗い過去の感情の影におびえているせいか、きわめて消極的であり、また人気に影響するとして日本名で通しているのがほとんどである。

また、不動産の売買においても、さらには建物や部屋の賃借においてさえも、朝鮮人にはほとんど拒否されているのが現状である。

また、一般的にゴルフがブームになっているが、在日朝鮮人がゴルフの会員になることさえ門を閉ざし、大半のゴルフ場が朝鮮人を拒否している。

今、国際化とはいいながら、他方では、排他的な民族差別が改善されていない現実を見るとき、まさに憂慮すべき次第であるといわざるを得ない。

# 在日について
## ――いわゆる「坂中論文」批判――

法務省入国管理局の坂中英徳氏は、一九七二年に公表された「今後の出入国管理行政のあり方について」の論文の中で、「在日朝鮮人の処遇」と題して次のように主張している。

坂中氏は、まず〃在日朝鮮人の現実の姿〃を次のように把握する。第一に、在日朝鮮人は法律上は「外国人」として在留している。第二に、在日朝鮮人は、日本社会に定着し、深く根をおろしている。第三に、在日朝鮮人は、本邦で生まれて日本社会との結びつきが一段と強い二世・三世が、圧倒的多数を占めるに至っている。第四に、在日朝鮮人は、日本社会に長年生活しているうちに朝鮮人でなく、さりとて日本人でもない独自の「在日朝鮮人」になった。第五に、在日朝鮮人は、特別の理由のない限り、地縁・血縁関係が稀薄で社会・経済体制が異なる本国に帰る可能性は少ない。

「要約すると」「在日朝鮮人は、今日、法律上は『外国人』であるが事実上は『準日本人』ともいうべき存在になっている。将来は、日本化がさらにすすみ『朝鮮系日本人（国民）』ともいうべき存在となっていくのではなかろうか。」

右の認識のもとに、在日朝鮮人の三つの基本的な生き方とそれぞれに対応する処遇政策は、(1)、外国人のまま朝鮮人として日本で生きる立場――外国人としての地位を安定させる政策、(2)、日本国民になり日本国民として日本で生きる立場――帰化をすすめる政策、(3)、本国に帰り朝鮮人として本国で生きる立場――帰国をすすめる政策がある。

この中で、(1)は、在日朝鮮人の多数がとっている立場であるが、「外国人に対して閉鎖的な面が強い日本の社会的風土を考慮すると」、「根本的な疑問」があり、(3)は、本国帰還・出国の自由を認め、「問題があるといわれる『民族教育』についても、本国社会に適応できる在日朝鮮人子弟の育成という機能を重複してこれを容認する」とし、(2)は、現在のところ、「比較的少数にすぎない」が日本政府としては、「日本への帰化を積極的に肯定する方向でのコンセンサスが在日朝鮮人社会に形成されていくであろう」ような社会環境づくりに努めるとしている。

(1)の立場を根本的に疑問だとする本音は氏の次の主張にある「在日朝鮮人の在留するに至った歴史的経緯・その定着性を充分配慮」するにしても、「日本社会に貢献しようとする気持よりも本国への忠誠心が勝り……外国人としての地位にある限り」「出入国管理令の退去強制条項の適用を除外することはできない」。

すなわち坂中氏の主張は、日本政府が従来、在日朝鮮人に対してとってきた狡猾な抑圧の手口そのものといって差し支えない。

一方では、在日朝鮮人のもつ歴史的特殊事情を無視する手段として、在日朝鮮人の外国人たる地位を必要以上に誇張・拡大し、一般外国人論の中に埋没させてしまおうというやり方がとられている。つまり、外国人だから登録証明書の常時携帯義務があるとか、外国人だから退去強制条項の全面的適用は当然であるなどの主張である。

他方では、一般外国人なら当然所有する権利・自由を抑圧する手段として、在日朝鮮人が外国人であることを無視するか否認するやり方を臆面もなくとるやりかたである。つまり、外国人としての帰国・自由往来の自由制限・禁止、民族教育の抑圧である。

この二つの手口の使い分けが坂中氏の主張である。話をかえて別の角度から見ても、(1)の主張は、在日朝鮮人に対し、歴史的特殊事情を無視して、従来どおり、抑圧法体系、つまり、外国人登録法・出入国管理法によって治安管理をし、その監視下におくということである。

他方では、(2)の主張の如く、これを回避せんとするならば、外国人であることを自ら否認し、日本に同化し、在日朝鮮人としての立場から離脱し、外国人であることを改めて帰化をするか、もしくは帰国すべし（(3)の主張）というのである。

在日朝鮮人に対する処遇の基本は、在日朝鮮人が今日においては独立した祖国をもった、れっきとした外国人として、現在の国際人権規約によって保障された国際水準において外国人が他国において当然享有できる諸権利を完全に実現するものでなければならない。

外国人であることを廃して日本に同化するものの人権のみを認めるという坂中氏の主張は、国際水準にほど遠いものというべきである。

**在日同胞の推移（其の１）解放前**

| 年　度 | 人 口 数 | 資 料 出 所 |
|---|---|---|
| 1905(明治38) | 303 | 日本帝国統計年鑑より |
| 1908(〃 41) | 459 | 〃 |
| 1910(〃 43) | 790 | 〃 |
| 1911(〃 44) | 2,527 | 日本政府の国勢調査 |
| 1912(大正 1) | — | |
| 1913(〃 2) | 3,635 | 「歴史学研究」別冊「朝 |
| 1914(〃 3) | — | 鮮史の諸問題」より |
| 1915(〃 4) | 3,989 | 1915年～1944年までの |
| 1916(〃 5) | 5,638 | 資料出所は日本政府内 |
| 1917(〃 6) | 14,501 | 務省警保局調査による |
| 1918(〃 7) | 22,262 | ㊟1942年～1945年８月 |
| 1919(〃 8) | 28,272 | までは密入国者もかな |
| 1920(〃 9) | 30,175 | りの数字になると推定 |
| 1921(〃 10) | 35,876 | され、その実態は警保 |
| 1922(〃 11) | 59,865 | 局の公式数字よりはる |
| 1923(〃 12) | 80,617 | かに上回ると推測され |
| 1924(〃 13) | 120,238 | る |
| 1925(〃 14) | 133,710 | |
| 1926(〃 15) | 148,503 | |
| 1927(昭和 2) | 175,911 | |
| 1928(〃 3) | 243,328 | |
| 1929(〃 4) | 276,031 | |
| 1930(〃 5) | 298,091 | |
| 1931(〃 6) | 318,212 | |
| 1932(〃 7) | 390,543 | |
| 1933(〃 8) | 466,217 | |
| 1534(〃 9) | 537,576 | |
| 1935(〃 10) | 625,678 | |
| 1936(〃 11) | 690,501 | |
| 1937(〃 12) | 735,689 | |
| 1938(〃 13) | 799,865 | |
| 1939(〃 14) | 961,591 | |
| 1940(〃 15) | 1,190,444 | |
| 1941(〃 16) | 1,469,230 | |
| 1942(〃 17) | 1,625,054 | |
| 1943(〃 18) | 1,882,456 | |
| 1944(〃 19) | 1,936,843 | |
| 1945(〃 20) | 2,365,262 | ――８月現在推計 |

# 第一章　在日朝鮮人の起源

## 一　内外情勢と日本の侵略

今から約二百年くらい前の十八世紀は、産業革命をへて帝国主義段階に入った欧米列強が、植民地を求めてアジア・アフリカに領土的野心を持って侵略を行なった時代であった。

朝鮮に対しても、それは決して例外ではなかった。一八六六年七月、アメリカの武装船シャーマン号は大同江に侵入し略奪などの蛮行を働いたが、朝鮮民衆の反撃にあって撃退されている。

その当時、李朝封建政府は外国に対する徹底した鎖国政策をとり、国内においては腐敗した派閥による勢力争いに明け暮れ、民衆に対する弾圧をますます強化して、西洋文明を受け入れようとはしなかった。

この時期の日本は、一八六八年に薩長連合を中心とした討幕勢力が幕府を倒し、明治維新の新政府が誕生すると、ブルジョア改革に着手し、数百年かかって達成した欧米資本主義に追いつくため、西洋文明の模倣と追随をくり返しながら、ブルジョアジーの保護と育成をし、軍事工業に主力を置く富国強兵の政策を強力に推進していた。そして、国内においてはブルジョア改革によって失業した武士階級の不平不満を外に向けるため、対外的に市場と資源の獲得、領土的拡張をめざす軍国主義の方向へと突き進んでいた。

一八七五年九月、日本は軍艦雲揚号を朝鮮の西南沿岸一帯を測量するとの名目で不法航行させ、武力による示威に及んでついにソウルへの門口である江華島に侵入し、陸戦隊を上陸させて砲台を占拠しようとしたため、朝鮮軍守備隊の防戦で撃退される事件が起こった。これは日本が、朝鮮侵略の口実を作るために仕組んだ挑発であった。

この事件を契機に朝鮮では、民衆の日本と閔妃《ミンビ》一族に対する憎悪の感情が憤激に変わり、やがて巨大な反抗ののろしを上げることになる。閔妃とは朝鮮国王、高宗王の王妃のことであり、彼女は閔氏出身である。当時の李朝封建政府は閔妃とその一族によって実権が握られていたため、閔妃政権ともいわれていた。

一八七六年二月、日本は李朝封建政府に対して雲揚号事件の謝罪を強要し、その代償に開国、通商を要求し、日本軍艦の威圧のもとに「朝・日修交条規」、いわゆる「江華島条約」を強制的に締結してしまった。

この不平等条約により、朝鮮向けの日本商品に対しては関税などが撤廃され、日本を経由する欧米資本主義諸国の商品が洪水のように流れこんだ。

こうして、閉鎖的であった朝鮮の封建経済は次第に崩壊し、国内で新しく芽生えつつあった資本主義的発展の要素までつぶされ、急速に植民地化へと転落していった。

それだけではない。日本は中国大陸の侵略をもくろみ、釜山から新義州までの鉄道敷設権を奪っただけでなく、朝鮮における軍事行動の自由を認めさせる「韓日議定書」まで強引に調印させた。そして一九〇五年七月には、日本の桂首相とアメリカのタフト陸軍長官との間で、アメリカの植民地であるフィリピンの安全保障と引換えに、朝鮮を日本の植民地とすることを〝承認〟させる秘密協定を成立させたのである。

こうして同年八月の第二次日・英同盟では、日・米秘密協定の「朝鮮植民地案件」が認められ、それによって日・

米・英はアジアにおける帝国主義的権益を守る実質的な保障協定としたのである。

これらを背景にして、日本は朝鮮に対する露骨な植民地化政策をすすめ、一九〇五年十一月十七日、李朝封建政府に対して武力的な脅迫を行ない、朝鮮を保護するとの口実で国王の批准がない「乙巳《ウルサ》保護条約」を強制的に締結した。

このような日本の侵略に屈服し、国を売り渡した李朝封建政府の李完用以下五名に対して憤激した朝鮮の民衆は、「乙巳条約」廃棄と「乙巳五賊」を糾弾する反日義兵闘争に立ち上がった。

一九〇六年三月、日本は朝鮮に植民地的統治機構としての統監府を置き、その「初代統監」として伊藤博文をソウルに派遣した。伊藤は反日運動を弾圧するための「保安令」を公布し、司法権と監獄権を掌握し、警察力を自分の指揮下に置くため「警察権譲渡条約」を強要した。

そして米国人スチーブンソンを「外交顧問」とし、日本や朝鮮に在留している米国人宣教師らを利用して日本の朝鮮侵略を隠蔽《いんぺい》しようと画策した。

こうして一九〇七年九月、西園寺とタフトとの間の秘密会談で朝鮮植民地問題の最終的処理に合意すると、一九一〇年八月二十二日には、ついに「韓日合併条約」を強制的に締結したのである。

この日から朝鮮は、日本帝国主義の植民地となり、これまで形式的にでも残っていた国家主権が完全に日本に奪われ、陸軍大臣兼任のまま初代朝鮮総督になった寺内正毅によって憲兵警察制度による徹底した武断統治が始まった。

寺内は、「朝鮮人は日本の法律に服従するか、さもなくば死を選べ」と公言し、立法、行政、司法、軍事統帥権などを一手に掌握して、朝鮮人の初歩的な生存権すら認めない暗黒社会をつくり上げたのである。

## 二　朝鮮を暗黒の世界にした法律

寺内正毅は当初から徹底した武断統治を強行するため、数多くの弾圧法を布告した。彼が朝鮮を暗黒の世界に変えた法律の主なものは次の通りである。

### 集会取締令

まず一九一〇年八月二十五日、警務総監部令として「集会取締令」が公布された。これによって、「当分のうち政治に関する集会若しくは、屋外に於ける公衆の集会を禁止すると共に、従来の結社に対しては一斉に解散を命ずる」との通達が出された。

これは三人集まれば集会とみなして弾圧するという法律であり、政治結社および言論の自由を一切否定する悪法の一つであった。

同法令を公布する以前、つまり一九〇八年四月に「統監府令第一二号」が出されており、新聞や出版物は憲兵、警察の許可が必要とされ、彼等の意に反するものは発売禁止、発行停止となり、二百二十五種類の出版物がヤリ玉に上げられているが、「集会取締令」はそれをさらに強化したものである。

## 朝鮮駐劄憲兵条令

一九一〇年九月十日、勅令第三四三号として公布された「朝鮮駐劄憲兵条令」は、朝鮮を暗黒の無法地帯に変えた悪名高い憲兵、警察政治の象徴でもあった。

この法律によって、日本の憲兵は軍事警察権、民事、刑事警察権ばかりでなく一般警察権まで掌握した。その第一条には「朝鮮駐劄憲兵ハ治安維持ニ関スル警察及軍事ヲ掌ル」とあり、第三条には「憲兵将校准士官下士上等兵ニハ朝鮮総督ノ定ムル処ニ依リ在職ノ儘《まま》警察官ノ職務ヲ執行セシムルコトヲ得」るとあるが、これを見ても警察の主力は憲兵であることがわかる。

また第一七条に、「憲兵隊ニ憲兵補助員ヲ附属ス憲兵補助員ノ取扱ハ其職務ニ応ジ憲兵上等兵又ハ陸軍一、二等卒ニ準ス」と規定しているが、これは弾圧態勢の無制限な拡大にほかならない。

こうして憲兵、警察機関の数は千六百二十四カ所にのぼり、その人員は三千十九人で、憲兵補助員を含めると実に六千人に及んでいる。これによって朝鮮は都市から山間僻地に至るまで、憲兵、警察の目が張りめぐらされ、朝鮮人の一挙一動が監視されたのである。

憲兵の主な任務は、「諜報ノ募集、暴徒ノ討伐、将校下士ノ検事事務代理、犯罪ノ即決、民事訴訟ノ調停、執達吏ノ業務、国境税関ノ業務、山林監視、民籍事務、外国旅券、労働者取締、日本語ノ普及、法令ノ普及、納税勧告」等、実に三十項目にわたり、あらゆる分野におよんでいるが、これを見ても、朝鮮人弾圧の主力が憲兵、警察にあったことが知れよう。

## 犯罪即決例（令）

一九一〇年十二月十五日、制令第一〇号として公布された「犯罪即決例」も、典型的なファッショ法である。

これはその第一条にあるごとく、「①拘留又ハ科料ノ刑ニ該ルベキ罪、②三月以下ノ懲役又ハ百円以下ノ罰金若ハ科料ノ刑ニ処スベキ賭博ノ罪及拘留又ハ科料ノ刑ニ処スベキ刑法第二〇八条ノ罪、③三月以下ノ懲役、禁錮若ハ拘留又ハ百円以下ノ罰金若ハ科料ノ刑ニ処スベキ行政法規違反ノ罪」に関しては、警察署長または憲兵隊長がこれを即決し得ると規定している。

これによって、憲兵分隊長または警察署長が規定の法的手続や裁判を経ることなく、朝鮮人を自由に処罰する権限が与えられたのである。

しかし、朝鮮に居留している日本人は、いかに微細な犯罪容疑であっても、正式な裁判を受ける権利を持っており、「犯罪即決例」から除外されている。

この「犯罪即決例」の具体的な施行規則は、一九一二年三月二十五日の「警察犯処罰規則」に明記され、その第一条だけでも八十七項目にのぼっている。

それによると、「一定の住居又は生業なくして諸方に徘徊するもの」、「乞食をなし、又はなさしめたるもの」、「団体の加入を強制したるもの」、「不穏の演説をなし、又は不穏の文書、図画、詩、歌の掲示、頒布、朗読、若しくは放吟をなしたるもの」、また「電線の近傍に於いて紙鳶《たこ》を揚げ、その他電線の障害となるべき行為を為し又は為さしめたる者」も処罰されるという驚くべき内容となっている。

これによって、朝鮮人の背後には常に憲兵、警察の黒い影がつきまとい、いつ、どこで即決処分の対象にされるかわからない有様であった。

この「犯罪即決例」が施行された結果、即決処分件数は一九一一年に一万二千九十九件、一九一二年に二万千五百七件と増加してゆき、一九一八年には当初年度の約六倍にあたる七万千二百七十件にも達している。

一九一一年十月、寺内総督は「官通牒第二八五号」を公布し、各憲兵隊長を支部長とする在郷軍人会を各地に組織したが、これが憲兵・警察機構を補助する朝鮮人弾圧の先兵的役割を果たした。

また憲兵、警察の補助機関として消防隊が組織されたが、これは日本人居住地域の消防活動に当たる一方、憲兵、警察の補助的任務を遂行するのを基本任務としていた。

## 朝鮮監獄令

一九一二年三月十八日、制令第一四号として「朝鮮監獄令」が公布されると、悪名高いソウルの西大門監獄の拡張工事が行なわれ、同時に全国的な規模での監獄拡張工事が進められた。

しかし、疑わしい者はかたっぱしから投獄したため、監獄を拡張しても収容しきれず、臨時代用監獄までつくられる始末であった。これは粗末なトタン塀の監獄で、畳一枚に平均三人以上もつめこんだという。

また出獄者を監視するため、再犯防止とか出獄人保護などの名目で各所に監視所がつくられ、少しでも疑わしい者は法的手続を経ずして再逮捕され拘留された。

このように、寺内の武断統治による恐るべき監獄制度は、文字通り朝鮮全体を牢獄に変えたのである。

## 朝鮮笞刑令

「朝鮮笞刑《ちけい》令」（一九一二年三月十八日、制令第一三号）も、残酷で野蛮な刑罰法であった。

日本はこの法律を施行するに際し、「朝鮮笞刑令施行規則」（一九一二年三月十九日、府令第三二号）を定めたが、それによると、「受刑者を刑板に伏せさせて両腕と両足を縛《しば》って臀《でん》部を打つ」「受刑者の号泣の場合を考えて水に湿した布等を口にあてがうこと」などと野蛮な方法が記されている。

この笞刑は、直接的に肉体に苦痛を与える体罰であるから、犯罪の予防、鎮圧に最も有効であるとして、短期の自由刑よりもその効果が大きいとされ、積極的に取り入れられたものである。

## 朝鮮刑事令

「朝鮮刑事令」が公布されたのは、一九一二年三月十八日の制令第十一号としてである。

この法律は、刑法、刑法施行法、爆発物取締罰則、刑事訴訟法等の十二種類からなっており、李朝封建政府時代の遺物である「刑法大全」の中から、弾圧するに好都合な項目を取り入れた前近代的な野蛮法である。

この法律が朝鮮に居留している日本人を取締りの対象から除外しているのはいうまでもない。

この法律は五つの特例を設けているが、その一つは、「朝鮮人の殺人罪及び強盗罪は犯情極めて兇悪なものがあるので、治安の維持上已む無く之等、二種の犯罪に限り当分の内、例外として刑法大全の規定を適用すること」というものである。

これは全く一方的なもので、当時の朝鮮人の犯罪の中には、殺人事件はほとんどないのが実情であった。したがって、日本側がいう兇悪犯とは、主に反日的で政治的なものを意味していたのである。

その二には、「検事及び司法警察官の犯罪捜査権を拡張し、非現行犯に付いても一定の制限を設けて強制処分を許したこと」である。

このことは、官憲が必要と認めれば、令状なしにいつでも捜査できることは勿論、逮捕し、即決処分が出来る権限を与えたことを意味する。

その三には「弁護人の上訴申立を許さざること」であり、その四には「微罪の第一審判決に限り判決の理由を省略し得る」とある点である。

これは弁護人の申立の権限も認めない上に、官憲に絶対的な権力を与え、彼らの勝手な判断による罪名で自由に処分が出来るということである。

その五には費用の問題で、朝鮮人は民事、刑事事件を問わず、裁判及び裁判の手続きなどに関する一切の費用を負担しなければならないが、日本人はその必要がないとした点である。そのため、朝鮮人に一方的な判決が下されても、そこに抗弁するには費用の問題などで訴えることができず、泣き寝入りするしか方法がなかった。

## 朝鮮教育令

伊藤博文が初代統監となったとき、朝鮮では「私立学校令」(一九〇八年八月)が公布された。

これは勿論、朝鮮の民族教育の抹殺を企図したものであるが、初代朝鮮総督寺内はそれをさらに改悪した「朝鮮教育令」(一九一一年八月二十三日)を公布した。

この法律は、その第二条で、「教育に関する勅語の趣旨に基き忠良なる国民を育成することを本分とす」と規定し、日本の天皇に忠誠をつくすことが明文化されている。

日本は朝鮮人に対する教育の基本を、朝鮮民族の伝統と民族意識を抹殺するところに置き、「皇国臣民化」を強制する民族同化政策を推進した。そのため、一九〇八年には三千校もあった私立学校が、一九一〇年には二千校に減少し、一九一四年になるとさらに千六十八校となり、一九一九年には七百四十九校にまで激減してしまった。

また文官にまで帯剣をさせる「文官帯剣制度」が実施され、一般の官吏や小学校の教師に至るまで帯剣が義務づけられた。

このように、植民地教育を維持するための民族性抹殺政策は、私立学校だけではなく普通学校や専門学校にまで及んだ。

一九一一年現在、普通学校の数はわずか二百七校に過ぎず中等教育と高等教育への進学の道も制限された。また一九一〇年から一九二〇年の間に官立高等普通学校が三校、官立女子高等学校が一校設立されたが、学生数はわずか八百三十名に過ぎなかった。

一九一六年四月、専門学校官制の実施で京城専修学校、京城医学専門学校、京城工業専門学校が、一九一八年四月には水原農林学校が設立されたが、日本人子弟が優先的に入学したのはいうまでもない。

このように、朝鮮における日本の植民地政策は、教育の面においても民族性の抹殺と愚民化にその目的を置いていた。

## 会社令

「会社令」は一九一〇年十二月に公布された。

本来、会社の設立は任意により法務局で登記すればよいのであるが、朝鮮で会社を設立するには総督の許可を必要とし、会社の営業停止、解散命令まで総督の権限で自由に行なうことができた。

一九一〇年当時、朝鮮人が設立した会社は二十七社で、払込資本金は二百七十四万二千三百五十五円となっていたが、それが一九一七年には三十七社、払込資本金は五百八十七万千二百四十二円で、わずか二倍に増えただけである。

逆に、日本人が朝鮮で設立した会社は当初から百九社で、払込資本金も五百六万三千二十円であったものが、一九一七年には百七十七社、払込資本金は一躍三千八百一万九千四百九十二円と六倍に増えている。これは「会社令」そのものが、朝鮮の民族資本の形成、発展を抑制するところにあったことを物語り、朝鮮を日本資本主義の食糧および原料供給基地とするところに目的があったことを示している。

## 土地調査事業

この当時の朝鮮では、農民が全人口の八〇％を占めていた。

農民は従来から行なわれていた伝統的な土地の慣習上の所有、すなわち私文書による土地の所有が一般に行なわれていた。つまり李朝封建政府が農民に対して年貢の取り立てのために土地の所有権を認知していたのが、慣習法上の私有権ともなっていたのである。

日本は早くから西洋文明に接し、西洋の近代的な法体系を確立しており、朝鮮を植民地支配するための土地調査事業によって、近代法による所有権の登記制度を確立しようとした。だが、この土地調査事業が誰の利益を守るために実施されるのかは、当初からはっきりとしていた。

土地調査事業の目的は、第一に朝鮮農民から土地を取り上げ、小資本の投資で高い現物小作料を搾取し、それを高く売りつけることによって莫大な超過利潤を得ようとするためであり、第二は、封建的な土地の所有関係を法的に固定化することにより、農民に対する地主の封建的な搾取に有利な条件をととのえ、親日派の地主を含めた全地主に暴利をむさぼらせ、日本の植民地支配の財政的基盤を確保するためであり、第三には、租税および地税の対象を拡大して、膨張する植民地統治の財政的な土台を築くところにあった。

このように、土地調査事業は当初から土地を取り上げるのが目的であったから、全く詐欺的な方法と憲兵、警察の強圧のもとで一方的に進められた。

日本は、この土地調査事業を全面的に実施する前に、「土地収用令」（一九一一年四月十七日、制令第三号）を公布している。これによると「公共ノ利益トナルベキ事業ノ為必要アルトキハ本令ニ限リ其ノ事業ニ要スル土地ヲ収用又ハ使用スルコトヲ得ル事業ハ朝鮮総督之ヲ認定ス」（第四条）と規定し、総督が必要と認めるときには、無制限に朝鮮農民の土地を取り上げることができる仕組みになっていた。

こうして一九一二年八月十三日には「高等土地調査委員会官制」（勅令第三号）と「地方土地調査委員会官制」（勅令第四号）が設置され、「土地調査令」および施行規則が公布されたのである。

## 土地調査令

日本は土地調査事業を実施するのに先立って、「土地調査令」（制令第二号）を公布したが、その第四条には「土地ノ所有者ハ朝鮮総督ノ定ムル期間内ニ其ノ住所、氏名又ハ名簿及所在地目、字番号、四標、等級、地積、結数ヲ臨時土地調査局長ニ申告スベシ」と規定されている。

つまり土地所有の調査という口実で、土地所有権の新たな申告を強要し、申告をしなければ土地所有権の法的認定が得られないようにしたわけである。

こうして彼らは、農民が土地の所有権を申告すれば法的な保護が受けられるかのように宣伝したが、実際の狙いは総督府の統治者側と親日派地主の土地所有権を法的に保護することにあった。

先にもふれたように、当時の朝鮮農民は近代法に関する知識も経験もなかったため、申告をしなかった者が続出したが、総督はこれらの土地を「無主地」として取り上げてしまったのである。

もともと朝鮮には、土地の近代的な所有権制度が確立していなかったから、たとえ慣習法上の土地を所有していたとしても、土地所有の証拠を客観的に立証することは大変むずかしいことであった。

この土地所有権の申告手続は、まず「結数連名簿」（土地徴税台帳のこと）に登録されている者だけが申告の資格を与えられるという仕掛けになっていた。つまり、これに登録されていない農民は、たとえ実際には自分の土地であっても、申告をする資格が持てない仕組みになっているのである。

それは日本が植民地統治の財政を確保するため、「結数連名簿」（一九〇九年七月から一九一〇年六月）を一方的に作成したからであった。

この結数連名簿である土地徴税台帳に登録する段階で、ほとんどの農民が日本語を知らない上に字が書けない実状を利用し、「土地所有権の申告をすれば税金が増えるから申告をしない方がよい」とのデマを流して、農民たちが「土地徴税台帳」に登録しないように惑わしたり、申告の必要性を知らせなかったりしたため、申告をしない農民が続出した。こうして朝鮮農民の土地がつぎつぎに奪われていったが、土地なき農民は破産と没落の悲惨な運命をたどり、その多くは小作人に転落していった。

このような悪どい土地調査事業によって一九一〇年から一九一七年までの間に、土地を失った農民は四十五万人に達した。これは当時、朝鮮の全農民が二百三十三万六千余人のうちの実に二五％を占めていたことから見て、土地を失った農民がいかに多かったかを知ることが出来よう。

こうして、総督府が国有地の名目で百余万町歩を取り上げて最大の地主となったのをはじめ、一九〇八年十二月に、朝鮮侵略の先兵として設立された東洋拓殖株式会社が七万八千五百三十町歩の土地を取り上げるなど、上位のほとんどは日本人が占め、大地主として君臨するようになった。

また日本から朝鮮にやってきた日本人の数も、一九一二年の二十四万三千七百二十九人から、一九一九年には三十四万六千六百十九人に増加したが、そのうち土地所有者は六千九百六十六人にものぼり、彼らだけで二十万町歩の土地を所有する有様であった。

土地を失った農民は、生きるために止むなく小作人になるか、あるいは火田民に転落していった。小作人に転落した農民は、李朝封建政府時代の封建地主と農奴の関係の、旧官僚の土地収奪制度がそのまま法的に公認されていたので、小作料も従来の一〇％から二〇％も高く、平均小作料の取り立て率は生産高の実に六〇％から七〇％にもなった上、過重な税金まで負担させられる始末であった。

一方、土地の私有権を確保した農民の場合でも、高い土地税金のために金を借りなければならない破目に追いこまれ、土地を抵当に日本人から金を借り入れた者は、ほとんどその土地を取り上げられてしまった。要するに、多数の日本人が朝鮮で地主になったのは、土地の買入れによるのではなく、朝鮮農民に金を貸し、法外な金利による抵当流れの土地を確保したからである。

その抵当流れについては総督府ですら、「金貸業ヲ営ムモノ多ク債務ノ督促時ニ或ハ苛酷ニ失シ韓民ノ怨ミヲ買ヒ復仇ノ厄ニ遭フニ至ル」（朝鮮総督府『朝鮮ノ保護及併合』）と述べているほどである。

その手法の具体例をあげると、次のとおりとなる。

まず朝鮮農民が土地を抵当にして日本人の金貸しから金を借り、その金の返済期限を何月何日にすると取り決める。

この期限は普通百日以内であるが、約束の返済期日がくると日本人金貸しは時計の針を一時間くらい進めて置く。この奸計を知らない朝鮮農民が金を返済にくると、「約束の時間が過ぎている」という理由を持ち出し、抵当を奪ってしまうという仕組である。

今日では、全く考えられないようなことが現実に行なわれていたわけであるが、土地買収にしても、日本人は腰にピストルをさし望遠鏡を持って出かけたという。

彼らは土地を探すために高い丘へ登って周囲を望遠鏡で見渡す。そして手頃な土地を見つけると、そこに何某という自分の名前の標柱を立て、四方に縄を張って置く。そして、もし所有者が届け出をしない場合には、それを口実にして土地を自分のものにしてしまうのである（『朝鮮農会報』二五周年記念号）。

全くウソのような話であるが、こうして生まれた日本人地主が、大倉農場、岩崎（三菱）の東山農場、熊本農場などであり、日本が朝鮮を植民地支配したときには、彼らはすでに一千町歩以上の農場経営者になっていた。

## 林野調査と森林令

土地を失った農民は山に入り、飢えをしのぐために森林を伐採し、焼き畑を作って生活する火田民となった。それは一九一六年だけでも、二十四万五千余人を数えている。

「森林令」（一九一一年六月二十日）が公布されると、総督府は「国有林区分調査」の名目で、山林資源が豊富で地下資源開発に有望な山林をことごとく「国有林」という名のもとに奪い取ってしまった。

こうして一九一八年五月、「朝鮮林野調査令」（制令第五号）が公布されると、朝鮮の全山林面積千六百万町歩のうち、実に千三百万町歩が「国有林」という名目で総督府に取り上げられてしまい、残りの三百万町歩も日本人と親日派の朝鮮人の所有となってしまったのである。

それればかりか、生きるために火田民となった朝鮮農民は、「森林令」のために犯罪者として取締りの対象となり、毎年四千人から八千人もが逮捕、投獄されるという有様であった。

このように、日本帝国主義の朝鮮植民地支配は、武断統治による野蛮なファッショ法と憲兵、警察の暴虐によって、文字どおり朝鮮を暗黒の世界に変えてしまった。そして総督という日本の絶対権力を背景に、一攫千金の夢を見て朝鮮にやってきた日本人は、土地の収奪と高利貸による暴利、小作人に対する法外な小作料などで朝鮮人に奴隷的な酷使を強い、大地主となって君臨したのである。

そのため、古くから朝鮮民族が住む祖先伝来の土地、朝鮮は、朝鮮人が住むに住めない〝禁断の地〟に変わり果ててしまった。そして朝鮮人は、その地で奴隷的な酷使に甘んじて生命をつないでゆくか、あるいは、亡国の民の悲哀を胸に故郷の山河を離れて流浪の民となるか、そのいずれかの道を選ばざるを得なかったのである。

このようにして、故郷を捨てた朝鮮人は中国東北地方（旧満州）やシベリヤへ、あるいはアメリカ、ヨーロッパへ、あるいは玄界灘を渡って日本へ行くしかなかった。これが在日朝鮮人を形成する始まりとなったのである。

# 第二章　在日朝鮮人の形成

## 一　在日朝鮮人のはじまり

### 植民地下の在日朝鮮人

朝鮮が日本の植民地に転落した一九一〇年八月には、すでに七百九十名の朝鮮人が日本にきていたが、本格的な渡日は、第一次世界大戦が起こった一九一五年以降である。

当時の日本は、出兵をしない参戦国としての軍需景気で労働力が大変不足していた。それを補充するため、植民地の低賃金労働者に目をつけた日本の独占資本が、会社御用の人買いブローカーを朝鮮に派遣し、詐欺的な甘言を弄して日本へ連れてきては、低賃金と重労働を朝鮮人に強制した。

日本にはすでに、外国人労働者の入国制限法である「条約若ハ慣行ニ依リ居住ノ自由ヲ有セサル外国人ノ居住及営業等ニ関スル件」（明治三二年八月勅令三五二号）と「宿泊届其ノ他ノ件」（内務省令第三二号）があって、外国人労働者の移住制限が強かったが、朝鮮人にはこの法律を適用しなかった。

一方、日本政府は在日朝鮮人の民族独立運動を警戒して、一九一三年十月、内務省警保局長から地方長官宛に「朝鮮人識別資料ニ関スル件」を通達し、人相、言語、風俗等の四十三項目にわたる特徴を記入して取締りと検挙の資料とし、一九一六年七月には「要視察朝鮮人視察内規」が各府県に通達された。

この内規によると、甲号と乙号の二種類に分けられており、甲号は「排日思想の信念厚き者もしくは排日思想保持者にして朝鮮在住、または外国在留の同志としばしば通信往復する者」その他六項目に該当する者を対象として、乙号は「排日思想保持者またはその疑いある者にして甲号に該当せざる者」、「本人の性行、経歴、平素の交際、閲読の新聞紙、雑誌その他の関係により排日思想に感染するの傾向ある者」などとしている。

また、これらの甲号、乙号に該当しない者でも、「留学生および宗教家の動静については常に注意すべし」とし、「要視察朝鮮人」に指定されたものは常に尾行され、彼らの行動は監視されることになっている。

その監視の内容は、訪問先の用談内容、所要時間、宿泊先、電話数、立話の時間、帰宅時間などで、その人間の身分関係、職業、視察の事由、交通関係、人相、特徴、経歴、資産、家族関係、信用の程度など、細かく記録することとなっている。

一九一八年一月には、朝鮮人の「労働者募集取締規則」(総督府令第六号)が出された。これは第一次世界大戦によって日本は、生産力が急速に拡大され、それに伴う労働力の不足を補充するために、低賃金労働者を投入して利潤の追求を図るため、日本独占資本のブローカーが朝鮮に出張所まで設けて暗躍したからである。

ブローカーらは朝鮮人を日本につれてくると、彼らが日本の地理や言葉に通じていないことに目をつけ、日本人の嫌う仕事につかせて、低賃金のうえに公然とピンハネまでする悪質な不法行為をつづけた。

にも拘わらず渡日する朝鮮人は、年々に増加し、一九一五年に三千九百八十九人であったのが、一九一七年には一万四千五百一人、一九一九年には二万八千二百七十二人にものぼった。

一方、日本は一九一八年七月に「米国密航ノ朝鮮人取締ニ関スル件」を公布して独立運動のための海外渡航を監視し、同年八月には「朝鮮人視察取締上朝鮮、台湾、樺太及関東州トノ連絡ニ関スル件」の通達によって、朝鮮人の国内外との連絡を取締る体制を強化した。

## 在日朝鮮人の形成と留学生

日本は朝鮮を植民地支配するための手段として、かなり以前から二つの方法で侵略を画策してきた。その一つは、直接、軍事的な脅迫と政治的圧力を加えて侵略の口実をつくる方法であり、もう一つは、親日派を育成して、それらを手先として封建政府を内部から崩壊させ、国権を奪取する方法であった。

親日派の育成には、日本への留学生を親日分子に仕立てて利用した。

たとえば伊藤博文は統監になると、日本で留学を経験した朝鮮人の中から親日的な者を選んで官吏に登用した。そのため李朝封建政府の内部には、親日的な日本留学経験者のグループが形成され、一つの勢力をなしていた。

日本への留学が官僚への近道となるや、日本への留学希望者は年々増加し、私費留学生が官費留学生より上まわった。

朝鮮人の日本留学生は、李朝封建政府が一八八一年、「紳士遊覧団」として派遣した視察団が訪日し、その一部が残留して慶応義塾に留学したのが始まりだといわれている。

朝鮮が日本の植民地に転落した一九一〇年八月には、日本に七百九十名の朝鮮人がきていたが、そのうちの六百名が留学生であったという。

日本は朝鮮を植民地統治をするために数多くの親日分子を養成する必要から、朝鮮人の日本留学を奨励したが、それは思うように運ばなかった。なぜなら、日本が一九〇五年十一月に「乙巳保護条約」を強要して朝鮮に統監府を設置した頃から、在日朝鮮留学生は民族の危機を感じ、日本の侵略に反対する運動を積極的に進めたからである。

一九〇九年八月には、在日本韓人奨学会が反日運動を展開しており、その翌年八月に「韓日合併条約」が強制的に締結されると、在日朝鮮留学生の民族運動は次第に激しさを加えていった。

一九一二年十月、東京朝鮮留学生学友会が千名の会員を擁して組織され、機関誌『学之光』を発行した。これは日本官憲の弾圧によってたびたび発禁処分を受けたが、民族独立の国権回復運動は大きく盛り上がり、学生運動の中心的な役割を果たした。

この当時は、在日朝鮮人の数が少ないこととも関連して、日本における朝鮮人運動は学生が中心的にならざるを得なかった。

学生運動が激化したのは、世界情勢の変化にも大きな原因がある。

一九一八年、ロシア十月革命の勝利と第一次世界大戦の終結への動きの中で、アメリカ大統領ウィルソンの欺瞞的な民族自決論に惑わされた在日朝鮮留学生は、朝鮮民族の自決による独立を達成しようとした。翌年二月の二・八独立宣言運動事件は、そうした民族自決論の影響をうけたものであった。

この運動に失敗した朝鮮留学生は、一九一九年三月一日に朝鮮で三・一独立運動が起こると、この運動に参加するために数百名が学業を放棄して朝鮮へ帰っていった。

三・一独立運動を契機として、朝鮮の民族解放運動が質的に変化してゆくのに照応し、日本における朝鮮人運動もその影響をうけながら発展していった。

在日朝鮮人学生運動も、従来の一揆主義的な運動から脱皮し、思想団体や研究会の組織などを通じ、在日朝鮮人労働者と連係して労働運動にも積極的に参加するようになった。

## 二　在日朝鮮人と日帝の弾圧

### 三・一運動以後の在日朝鮮人

三・一独立運動は、日本の植民地統治に反対する朝鮮人が「朝鮮独立万歳」を叫び、全国一斉に蜂起した史上空前の大事件であった。

これは、日本の植民地武断統治の残虐な弾圧と土地の収奪によって、朝鮮人の最後の生存権まで脅かされた結果によって起きた事件であり、朝鮮民族の怒りの炎の抵抗であった。

三・一独立運動が起こると、驚きあわてた日本の支配層は「政治犯処罰に関する件」(一九一九年四月十五日、制令第七号)を公布して、この運動に関係したと思われる朝鮮人を無差別に逮捕して拷問し、虐殺した。

三・一運動は一年間もつづき、その参加人員は延べ約二百万人を越え、七千五百余人が虐殺され、一万五千九百余人が負傷し、四万六千九百余人が投獄された。

日本はまた、同年四月に「朝鮮人ノ旅行取締ニ関スル件」(総督府警務部令第三号)を公布したが、これは朝鮮人の日本への渡航を制限することによって、日本での民族独立運動の取締りと監視を容易にするためであり、日本への渡航は警察の許可による「旅行証明書」が必要条件となった。

しかし、一九二〇年代に入ると慢性的な不況に落ちこんだ日本は、朝鮮人の安い賃金の労働力を導入して危機をのり切ろうとした。そして一九二二年十二月に「日本渡航規則の廃止」(総督府警務総監令第一五三号)を決定し、朝鮮人の労働力を日本へ無制限に導入した。

その結果、日本人労働者の失業が社会的な問題となったが、日本の支配者層はその原因を朝鮮人の日本への渡航にあると宣伝し、日本国民に排外思想を植えつけていった。

これは日本で労働運動が高まり、朝鮮人と日本人の連帯が強まるのを恐れた日本の支配者層が、日本人労働者の不満を朝鮮人に向けるため、朝鮮人に対する民族差別政策を実施したからである。

**関東大震災と在日朝鮮人**　このような情勢の中で、一九二三年九月一日、あの関東大震災が起こった。日本の反動支配層は、人心が動揺している時期を利用して、「朝鮮人が井戸に毒薬を投げた」とか「朝鮮人が武装して横浜に上陸した」などという途方もないデマを流し、在日朝鮮人に対する空前の大虐殺をあえてした。

これを知った世界の世論が一斉に日本を非難するや、九月十七日に至って日本政府は軍部と協議のうえ、テロの中止命令を発したのであるが、その間に朝鮮人は六千人以上も虐殺され、数千人の負傷者と逮捕者を出したといわれる。

この関東大震災と前後して、日本は内務省警保局長名で各府県知事に「朝鮮人労働者募集ニ関スル件」(一九二三年五月)、「朝鮮人ニ対スル旅行証明書ノ件」(一九二四年二月)を通達し、一九二五年四月に「治安維持法」、六月には「過激思想宣伝取締ニ関スル件」などのファッショ法を公布し、一九二六年六月には「朝鮮人生活状況調査法ニ関スル件」を通達した。

この問題とも関連しているため、少し前に戻るが、一九一八年に日本で起こった米騒動によって、当時の日本政府は深刻な打撃をうけていた。この事件によって日本政府は、日本の食糧不足を解消するための対策として、植民地の朝鮮で米を大量に生産させる「産米増殖計画」を推進した。

この計画は、一九二〇年から三五年までの一五ヵ年間に、約四〇万町歩の土地を改良して約九二〇万石の米を増産する計画であった。それによって日本は、朝鮮から毎年一千万石の米を日本へ持ってくる計画で着手した。ところが、この事業計画が遂行の最終段階に至って、日本の地主たちは、朝鮮米が日本へ大量に流れると、日本の米価が安くなるとして反対したために、「産米増殖計画」は実行の途上で中断された。

日本政府は、この改良工事計画の実行過程に投下した費用はすべて朝鮮の農民に押しつけ、そのうえ、いわゆる水税という、水利施設組合での水の使用権まで組合費の名目で朝鮮の農民に支払わせた。

これらの負担金や水税は、組合を支配している日本人地主が朝鮮の農民に全額負担を押しつけたので、これらの負担金を支払うために、朝鮮人の小地主は土地を売らなければならなかった。

その結果、農民の零落に一層拍車をかけ、土地を失った人が益々増加していった。土地をなくした農民は、家財を売り払い、なけなしの金で生きるみちを探して日本へ渡って来ざるを得なかった。

しかし、日本に渡航する段になると、警察の許可書である旅行証明書や諸々の朝鮮人取締法によって制限された。

釜山水上警察署では一九二五年十月から日本への渡航阻止制を実施したため、渡航用の警察証明書の取扱いも当然厳しくなった。

釜山まできて渡航を阻止された人の数は年々増加した。それは一九二五年十月から一九二六年十二月までの間に、約十四万五千人にものぼっている。

しかし全体的に見ると、日本の悪質ブローカーらによって渡日する朝鮮人の数は増えていった。それは一九二〇年に三万百七十五人であったものが、一九二五年には十三万三千七百十人、一九三〇年には二十九万八千九十一人という数字がよく示している。

日本に連れてこられた朝鮮人は、北海道やサハリン（樺太）、東北地方などで前近代的な監獄《タコ》部屋に入れられた。そして日本人の半分にも満たない安い賃金で、一日に十二時間から十六時間も働かせられた上、いわれのない民族差別や虐待をうけた。たとえば、新潟の信濃川朝鮮人労働者虐殺事件がそれである。

これは一九二二年七月、中魚沼郡秋成村の信越水力発電所の工事中に起こったもので、「地獄谷」または「殺人境」とよばれた穴藤工事場が事件の発生場所であった。同工事には六百余人の朝鮮人労働者が動員されていたが、重労働と虐待に絶えきれずに逃亡する朝鮮人を大倉組配下の者がピストルで射殺したり、撲殺したりしてセメント漬けにし、百余人を信濃川に投げ込むなどの蛮行をあえてしたのである。

また一九二六年一月には、三重県木元町で朝鮮人土工に対する暴行事件が起こっている。これは民族差別に端を発したもので、警察、消防団、青年団、自警団など約二千人が朝鮮人土工約六十人を襲撃し、二人を撲殺した事件である。裁判の結果、朝鮮人十四人、日本人十七人が有罪となったが、朝鮮人には不当な長期刑が科された。

そのほか、一九三二年の岩手県大船渡鉄道工事飯場における有田組の暴力団による朝鮮人虐殺事件を始め、一九三五年に完成した山形県境にある仙山線鉄道工事の面白山トンネル工事に朝鮮人一千名が従事し、事故による死亡者が余りに多いので「枕木一本に朝鮮人一人」という言葉まで残っている。このような話は、岩淵謙一氏の『朝鮮人李漢信のこと』の中にも、北海道の鉄道工事に「マクラ木の数だけ朝鮮人が殺された」とさえいわれていることなど、この種の事件は枚挙にいとまがないほどである。

## 親日団体の罪状

日本政府は三・一独立運動（一九一九年）以来、活発化して行く在日朝鮮人運動に対して弾圧を強化し、その一方で「皇民化」を図る術策を用いた。

日本政府と総督府は、新しい親日分子を養成する親日団体の組織を企図し、内務官僚の丸山鶴吉や李起東、朴春琴らをかつぎ出して、一九二一年十二月、融和団体「相愛会」をつくった。

これは工事場の用心棒やゴロツキを集めたもので、在日朝鮮人の民族運動の抑圧や労働争議の破壊を目的とする反民族団体であった。彼らは愛国的な在日朝鮮人をつぎつぎに殺害し、内外の非難を浴びたにも拘わらず、日本の支配層は極力彼らを庇護して利用した。

一九三四年九月、日本政府は閣議で「内地ニオケル朝鮮人指導向上及内地融和ヲ図ル件」を決定し、一九三六年八月には内務省から「協和事業団体設置要領」と「協和事業実施要旨」が出され、これが官製「協和会」を設立する法的根拠となった。こうして一九三九年六月、内務省や総督府など四つの省の首脳が中心となり、全国三十一府県の中央機関としての「中央協和会」が設立されたのである。

この会の各府県会長には、県知事もしくは内務官僚が就任し、その下に特高警察官が「事務官」、「協和官」なる官名で就いた。

「協和会」設立の目的は、表面では在日朝鮮人の保護、救済をうたっているが、その実は在日朝鮮人の生活の実態と動向を監視し、「皇民化」のための同化政策を推進し、戦争協力を強制するところにあった。

そのため、在日朝鮮人の登録制度として「協和会手帳」を強制的に所持させ、「協和会員バッジ」を身につけることが義務づけられた。

こうして、在日朝鮮人は特高警察の不断の監視のもとにおかれ、いつでも弾圧の対象として取締られる存在になったのである。

## 侵略戦争と在日朝鮮人

一九二九年十月、アメリカのウォール街での株の暴落によって始まった不況は、やがて世界的経済恐慌にまで発展した。

慢性的な不況下にあった日本も、この経済恐慌の影響をもろに受け、そのしわ寄せを植民地支配下にある朝鮮人に転嫁していった。日本の企業は賃金の不払や引下げなどを強行して、在日朝鮮人の生活を極度におびやかした。

一方、日本は経済恐慌による国内的矛盾を外へ向けるため、一九三一年九月、中国東北地方（満州）への侵略を開始し、その翌年には侵略に反対する勢力を一掃するため、特高警察部を設置して在日朝鮮人に対する徹底した弾圧を開始した。

こうして同年六月、「不穏文書臨時取締法」を公布して、日本国内におけるファシズム体制を確立すると、一九三七年からは本格的な中国への侵略戦争を開始した。

日本では侵略戦争が長期化し、戦線が拡大するに従って、軍需物資の需要が増大していった。日本は朝鮮の地下資源を利用して軍需物資の生産と輸送の円滑化を図るため、朝鮮の北部を軍需工業地帯にし、南部には食糧基地にするために「農村振興運動」の名目で食糧生産にノルマを課し、朝鮮全土を兵站基地とした。その上、労働力の不足を補充するため朝鮮人の強制動員を計画し、一九三八年四月に「国家総動員法」を公布すると、朝鮮人に対する日本への強制連行を開始した。

また朝鮮人を戦争に協力させる手段として、同年十二月に「朝鮮及台湾同胞ニ対スル処遇改善ニ関スル件」を通達し、朝鮮人に選挙権、被選挙権を与えて国政参加を認め、日本への渡航制限制度を廃止するなどの懐柔策を打ち出した。

さらに一九三九年七月には「朝鮮労務者内地移住ニ関スル件」が、十月には「国民徴用令」と「総動員関係法令」が同時に施行された。

これらの法律によって、日本は朝鮮で中世紀的な〃人間狩り〃を強行し、手当り次第に朝鮮人をトラックに放りこみ、問答無用の強制連行をあえてした。

こうして日本へ強制連行された朝鮮人は、各地の炭鉱や金属鉱山、飛行場、軍事施設の工事、軍需工場、あるいは戦場での危険な労働を強いられ、野蛮な暴行にさらされた。

また、連行した朝鮮人労働者の逃亡を防ぐ手段として、賃金は、本人の手に渡さず預金を強制し、日用品の一つを購入することさえ、指定した売店以外では自由に買えないようにした。しかも、一般売店より三割から五割も高く売りつけ、給料から差引くなどの奴隷的な扱いをした。

それだけでなく、同年十一月には「改正朝鮮民事令」を、十二月には「朝鮮人ノ氏名ニ関スル件」を施行し、四千年もつづいた朝鮮人の苗字を日本式に変える「創氏改名」を強要したのである。

と同時に「朝鮮語使用禁止」と「神社参拝」などが強制され、多くの朝鮮人が日本人の弾よけとして利用された一九四一年二月、「朝鮮人思想犯予防拘禁令」が公布されると、多数の朝鮮人が理由もなく予防的に拘禁された。そして同年十二月八日、アメリカとイギリスに対する宣戦布告により、太平洋戦争に突入したのである。

戦時下に入ると、日本は「朝鮮における戦時犯罪処罰の特例に関する件」及び「朝鮮臨時保安法」などの公布によって、在日朝鮮人に対する言論、出版、集会の自由を完全に抹殺し、全国一斉に大弾圧を加え百二十二人を逮捕、拘禁した。そして、少しでも知識をもっていると思われる朝鮮人に対しては、すべて逮捕、拘禁するか、特高警察の監視下に置いた。

日本は朝鮮青年を戦場に狩りだすために、「徴兵令」（一九四二年五月）を施行し、閣議で「朝鮮人労務者活用ニ関スル件」、「勤労報国隊整備要綱」(一九四三年四月)を、また「学徒戦時動員体制確立要綱」と「学徒兵制」を七月と十一月に施行すると、さらに多くの朝鮮人を戦争に狩り出し、日本の軍需工場や炭鉱へ強制連行した。

また一九四四年八月には「女子挺身隊勤労令」を公布し、多くの朝鮮人女性を挺身隊の名目で連行しただけでなく、その多くを日本軍の慰安婦にした。

このようにして、朝鮮人の日本への強制連行が開始されてから、在日朝鮮人の数も急激に増加していった。一九三八年に七十九万九千八百六十五人であった在日朝鮮人が、一九四〇年には百十九万四百四十四人となり、一九四三年になると百八十八万二千四百五十六人、一九四五年八月には二百三十六万五千二百六十三人に増加していった。

在日朝鮮人が急激に増加したのは、強制連行が開始された一九三九年から一九四五年八月までの間であり、その間だけで約百五十万人が連行されたと推定しているが、日本の統計では七二万四千七二七人となっている。

日本が朝鮮人を軍の要員として、北方及び南方へ狩り出した数は約三十万人、朝鮮本土内を含めて徴用、勤労報国隊として連行した数は約四百五十万人、学徒兵・志願兵・徴兵などで狩り出した数は約三十七万人、女子挺身隊として連行した数は約二十万にものぼっている。

こうして日本へ強制連行された朝鮮人のうち、広島の原爆によって四万人(広島原爆協議会)が死亡し、四万八千人が被爆し、長崎の原爆によって二万人が被爆している。

また、徴用、徴兵などで狩り出された朝鮮人の死亡者数は、日本政府の発表では二万人となっているが、戦後、朝鮮人の徴用、徴兵などの軍用務員の行方不明は十五万人にも達している。

朝鮮から北海道へは、延べ五十万人が連行され、全炭鉱労働者の半数以上が朝鮮人でしめられ、多くの犠牲者を出している。

それればかりではない。サハリン(樺太)へも四万数千人が連行され相当数の死亡者があると推定されており、千島列島で五千人が、ウルップ島では二千五百人の朝鮮人連行者が死亡したといわれている。

別な形での犠牲者は、たとえば長野県の「松代大本営」工事に一万人が強制動員され、そのうち百八十人以上が秘密保持のために虐殺されている。

以上のように、朝鮮人は日本の侵略戦争によって大きな犠牲を強いられたが、敗戦時の在日朝鮮人約二百四十万のほとんどは、極悪きわまる強制連行によって日本にきた人たちである。

日本に強制連行された朝鮮人（単位：人）

| | 炭鉱 | 金属鉱山 | 土建 | 工場他 | 合計 |
|---|---|---|---|---|---|
| 1939年 | 34,659 | 5,787 | 12,674 | — | 53,120 |
| 40 | 38,176 | 9,081 | 9,249 | 2,892 | 59,398 |
| 41 | 39,819 | 9,416 | 10,965 | 6,898 | 67,098 |
| 42 | 77,993 | 7,632 | 18,929 | 15,167 | 119,721 |
| 43 | 68,317 | 13,763 | 31,615 | 14,601 | 128,296 |
| 44 | 82,859 | 21,442 | 24,376 | 157,795 | 286,472 |
| 45 | 797 | 229 | 836 | 8,760 | 10,622 |
| 計 | 342,620 | 67,350 | 108,644 | 206,113 | 724,727 |

出典：大蔵省管理局『日本人の海外活動に関する歴史的調査』（1947）

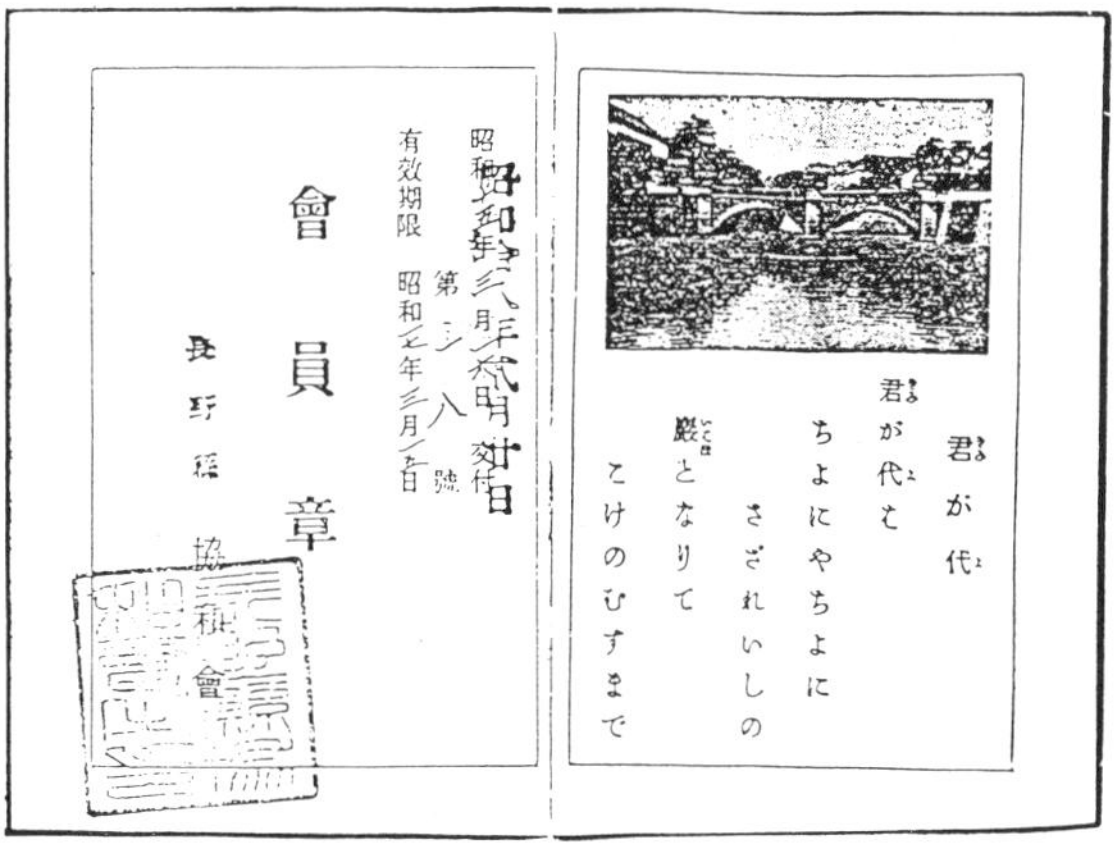


協和会手帳（49・119ページ参照）

# 第三章　民族の解放と在日朝鮮人

一九四五年八月十五日、この日は朝鮮民族が三十六年間の亡国の民の塗炭の苦しみから解放された歴史的な日である。在日同胞にとって、民族の解放は暗黒からの光明であり、新しい祖国建設のスタートであった。

しかし、日本の侵略戦争で犠牲を強いられた在日同胞二百四十万は、日本政府から何んの償いもなく放りだされ、生活の手段をすべて失ってしまった。戦災によって家財を失った十三万九千人の同胞を始め、命の綱の職場から追われた同胞たちは、民族解放の喜びも束の間、今日一日の生活を如何にすべきかの不安に突き落されてしまった。

日本政府は、戦時中は朝鮮人を強制連行し、炭鉱や軍需工場などで苛酷な労働と奴隷的な服従を強制しておきながら、戦争が終ると、在日同胞の処遇に対しては何ら責任ある対策をとろうとはしなかった。

それどころか一部の軍国主義者は、強制連行関係の証拠湮滅を図ろうとして、資料の焼却や謀殺行為まであえてした。

たとえば八月十六日、軍需省命令によって日本戦時建設団本部などの関係機関は、在日朝鮮人の強制連行関係の資料を焼却したし、同十七日には、サハリン（樺太）で十七人の朝鮮人連行者を虐殺した上気どん事件、桑名市の防空壕における朝鮮人徴用工の虐殺事件などが起こっている。

また同二十三日には、北海道の炭鉱から帰国する朝鮮人強制連行者二千四百人を乗せて舞鶴港に入港した輸送船「浮島丸」が何者かによって爆破され、五百四十九人の同胞が死亡する事件まで発生した。

## 一　解放後の在日朝鮮人

このような不安定な情勢の中で、各地では在日同胞の団体がぞくぞくと組織され、民族教育の機関となる国語講習所が各地に開設された。そして、十月二十五日、在日同胞の初めての代表機関として在日本朝鮮人聯盟（略称、朝聯）が結成されたのである。

この団体の綱領には、「われわれは在留同胞の生活安定を期す、帰国同胞の便宜と秩序を期す、日本国民との互譲友誼を期す」など、六カ条からなる基本方針が明らかにされていた。

朝聯は結成当初から、帰国同胞を助けるための活動や日本社会での秩序維持、日本国民との友好促進などの方針を打ちだし、在日同胞の権益を守る団体として出発した。

こうして、朝聯は帰国者を援助するための出張所を下関や博多に開設し、帰国者の便宜を図る事業が積極的に推進された。

朝聯は、日本政府が朝鮮人復員軍人や軍用務員、強制連行者の輸送を優先させる状況のなかで、取り残された一般の同胞帰国者を独自に援助した。

そして十一月からは、日本の厚生省や運輸省とも交渉して、帰国者の輸送業務を一切取りしきり、帰国者の名簿作成、帰還証明書の発行、特別輸送列車の計画、乗船手続きの世話まで行なった。

また帰国者が持ち帰れない財産の管理などを行なうとともに、日本政府に対して乗船地における宿泊所の設置や船舶の増配を要求し、帰国同胞援護会や朝鮮人救護会を結成するなどの活動を展開した。

この当時は、在日同胞のほとんどが帰国の日を一日千秋の思いで待ち焦がれ、九月末になると下関に約二万人、博多には約一万人の同胞が道端にテントを張り、一カ月近くも乗船の順番を待ち続けたりした。しかし帰国者が引き続き集結してきたために収拾がつかず、病人まで発生する有様であった。

連合軍は九月二日になって、日本に対するポツダム宣言の受諾にともなう降伏文書の調印により、占領軍として日本本土に上陸したが、それ以後、占領軍政策の覚書による指令がつぎつぎに発せられた。

ＧＨＱ（連合軍総司令部）は十一月一日、日本政府に対して在日朝鮮人の帰国計画輸送を指令し、十一月十三日には、米軍輸送船による帰国輸送計画を発表した。

それによると、十一月十八日から十二月三十日の間に、毎日一千人の帰国者を輸送する計画であったが、帰国者が出港地に数万人も待機している状況からして、この計画では到底処理できない上、赤痢やチブス患者が発生したために帰国業務は一時中断せざるを得なかった。

このため、帰国者の中には船をチャーターし、「非合法的」な方法で帰国した同胞もかなりいた。

日本の厚生省引揚援護局の資料によると、朝鮮人の帰国者数は、一九四六年十二月末日までの一年四カ月の間に百二万七百二十八人となっており、ほかに「非合法的」な方法で帰国した数は八十一万人に達すると推定されている。

こうして、在日朝鮮人は短期間のうちに、そのほとんどが故郷へ帰っていったのである。

一九四六年二月十七日、ＧＨＱは「朝鮮人、中国人、琉球人及び台湾人の登録に関する覚書」を発表し、在日朝鮮人の帰国希望者の登録を日本政府に指示した。

同覚書は六項目からなっており、その第一項には、日本に在住する朝鮮人、中国人、琉球人及び台湾人は、一九四六年三月十八日までに登録しなければならない、と明記されている。

また第三項には、帰国を希望せぬ旨の登録をした者は帰国の権利を失うこと、第四項は、登録の通告を受けながら、指定日またはそれ以前に登録しなかった者は帰国の権利を失うこと、さらに第六項には、被登録者は日本政府の指示に従いそれに違反すれば帰国の権利を失う、とされている。

これは注目すべき事柄で、第三、第四項の帰国権喪失事由以外の新たな帰国権喪失事由となっている。

この指令によって日本政府は、在日朝鮮人の「帰還希望者登録」（三月）を実施したが、それによると、当時の在日同胞の総数は六十四万七千六人であり、帰国希望者は五十一万四千六十人となっている。この数字から見ると、在日朝鮮人の約八〇％が帰国を望んでいたことがわかる。

つづいてＧＨＱは同年三月、「三十八度線以北に本籍を有する在日朝鮮人の引揚停止」と、三十八度線以南に本籍を持つ在日同胞に対して、「引揚を希望する在日朝鮮人は日本政府が指示する時期に出発しなければならない」との指示を通達し、引揚者は四月一日以降、一人につき荷物を二百五十ポンドまで許可すると発表した。

さらにＧＨＱは四月二日、「日本における非日本人の入国及び登録に関する覚書」を発表したが、この日から日本政府は、内務省を中心とした外国人登録と不法入国の取締りについての検討を開始している。

こうして、「外国人登録令」と「出入国管理令」は、この覚書に基づいてつくられたものである。

同年五月七日、ＧＨＱの指令による「在日朝鮮人引揚げに関する覚書」が発表された以後からは、朝聯は在日同胞の帰国援助業務を終了し、日本政府がそれを全面的に肩代わりすることになった。

日本政府は、同年六月十二日には、佐世保帰還援護局内に不法入国者収容所を開設したが、これが朝鮮人収容所の最初のものとなった。

そればかりか、ＧＨＱは八月八日の覚書「朝鮮へ及び朝鮮から引揚の件」で、帰国の業務完了を十二月十五日までとし、特殊な事情が生じた者でも十二月三十一日までを限度として、以後「如何なる場合にも引揚の延期は許されない」としたのである。

日本政府は、帰国の最終期間が決定されると、早速、在日朝鮮人を対象とした「外国人登録令」の公布を閣議で決定した。

ところがGHQから、一九四五年九月二日（日本の降伏文書調印日）以前から在留している朝鮮人を外国人とみなすことは不当であると指摘され、日本政府は十月一日からの施行予定を延期せざるを得なかった。それは九月二日以前に日本に在留している朝鮮人が、日本の法律では「旧日本人」となっており、外国人としての法的処遇が定まっていなかったからである。

一方、故国に夢と希望を託して帰った同胞たちは、新しい祖国建設にまい進しようとしたが、状況は予想以上にきびしいものであった。祖国は三十八度線によって南北に分断され、以北にはソ連軍が駐留し、以南には米軍が駐留していた。

以南では驚くべき事態が進行した。米軍太平洋地区司令官は、旧日本帝国主義時代の朝鮮総督であった阿部信行に対して、南朝鮮の治安維持には責任を持つようにと指示し、植民地統治を維持するとして軍政を布いたからである。そして、日帝時代の法律はひきつづき有効であると言明した。

それればかりか米軍は、軍政府が南朝鮮の唯一の政権であると宣言し、以南各地に組織された人民委員会を解散させ、民主的な言論機関や労働組合を弾圧してはばからなかった。

こうして、一九四六年八月には光州和順炭鉱労働者の大量虐殺事件が、十月一日には、世にいう十月人民抗争事件が起こった。

これらは米国と李承晩の南朝鮮単独政府樹立策動とファッショ弾圧に抗したものであったが、米軍と背信者たちは、全朝鮮の統一政府樹立を叫んで立ち上がった民衆を銃剣で弾圧したのである。

一九四八年四月、済州島で起こった四・三事件では、じつに済州島全人口三十万の四分の一にあたる八万人の島民が虐殺されている。

このような事件が以南各地で発生していたため、帰国同胞は失望と幻滅の淵につき落とされ、身の安全をはかるために再び日本へ密入国する者まで現われる有様であった。

こうして、以南からの日本への密入国者は、一九四六年十二月には一万七千七百三十二人であったものが、一九四八年五月には二万三千七百五十八人にのぼり、そのほとんどが本国へ送還されたと米軍は発表している。

一方、日本政府は、南朝鮮からの密入国者が増加してくると、その収容所を佐世保（長崎県）から仙崎（山口県）、博多へと変更し、一九四六年七月には長崎県の針尾収容所を開設した。

この時期、密入国の容疑で留置されていた同胞四十一人が、原因不明で死亡した福岡東郷事件（一九四六年八月九日）、また地元の警官と消防団によって、密航者と疑われた同胞十人が負傷させられるという福岡箱崎事件（同十五日）などが発生した。また長崎県針尾収容所では、三百六十一人が餓死したり病死したりする事件まで起こった。

これらの事件は、いずれも日本人取調官の暴力と虐待から発生したものである。

## 二　生活と教育

祖国の解放。これは在日同胞にとって、いかに重味のある言葉であったろうか。

しかし、皮肉なことに、在日同胞は祖国解放と同時に生きる手立ての職場から追い出され、その日を生きるための糧をいかに求めるべきか、という深刻な問題に直面した。

在日同胞二百四十万は、帰国の順番を待つ間であっても、とりあえず生活するための手段を講じなければならなかったが、事態は生やさしいものではなかった。

たとえば一九四五年十月八日には、北海道夕張炭鉱で朝鮮人労働者七千人が労働条件の改善と帰国時の衣類と賃金の支払など十四項目を要求してストに突入した。

また十月二十五日には、北海道芦別三井炭鉱で千三百人の同胞労働者の賃金、待遇などの改善と帰国問題が紛糾し、死者一人、重傷者十人を出す事件が発生した。つづいて同二十八日には、福島の常磐炭鉱の同胞労働者が帰国を要求してストに突入したが、米軍と日本警官隊によって弾圧され、帰国するまで就労することが強制されている。

このような事件が相つぐ中で、十一月一日、GHQは日本及び朝鮮に駐留している米軍の燃料確保のため、北海道炭鉱の朝鮮人の労働力の確保に関する布告を発表したが、民族差別による低賃金は依然として変らなかった。

そのためGHQは十一月二十五日、日本政府に対して「雇傭政策に関する件」の覚書を発表し、日本に残留する朝鮮人は、日本人と同じ雇用の機会を保障されるべきであり、雇用に対する差別をしないようにと指示した。

しかしGHQの覚書による勧告にもかかわらず、日本の企業が依然として在日同胞を採用しなかったのはいうまでもない。

こうした差別と迫害の中にあっても、GHQ覚書の最終期間までに帰国をしなかった同胞たちがいたのは周知の通りである。

その主な理由は、第一に、職業の関係から帰国指定期間まで身辺の整理ができない。第二に、子弟の勉学の都合から家族の移動が困難である。第三には、故郷に帰った知人が再び日本へUターンし、祖国の現況を知らされてから日本に残留する気になった（これは在日同胞の出身が九〇%は慶尚道、済州島、全羅道であり、地縁、血縁関係で構成されている特殊性とも関連している)。第四には、家庭内部の事情で日本に残留しなければならない。第五には、商工業者として経営に従事している関係上、日本に残留することになった、などである。

これらほとんどの同胞が、祖国統一の日まで日本に残留しようと決めたのはいうまでもない。

一方、一九四六年三月に実施された帰国希望者登録のとき、帰国を希望しなかった二〇%の同胞は、当初から日本での永住を希望したものと思われる。それはGHQの期間指定までに、帰国の意思表示をしない朝鮮人は引揚権を喪失する、との警告を承知していたと見られるからである。

たとえば、東京の姜某氏の場合は戦前から鋳物工場を経営していたが、祖国解放を迎えて帰国を思い立ち工場を整理した。家庭用食器類を製造していた姜氏は、その一部を故郷の親族へのお土産として、家財とともに非合法ルートの船に積み込んで東京港から出港したが、四国沖で日本の警備艇にだ捕されてしまった。そのため裁判となってからは病気で倒れ、一家は悲惨な生活苦に陥ってしまった。経費をかけた裁判では物品及び家財一切が没収され、結局まる裸になって日本に留まらざるを得なくなったのである。

このようにして当時、日本に在留した朝鮮人数は五十八万八千五百七人(一九四七年十二月、法務省調査)で、その大半とその子女が現在に至っているといえるだろう。

ともあれ、日本に在留した同胞たちの生活は、日々に困窮をきわめた。日本の企業に入れない条件のもとで、同胞たちは止むなく日雇い人夫、土方、かつぎや(米や野菜の買出し)、くず鉄拾い、ボタン付けや洋服の下張り内職、バタ屋、行商、新聞配達、牛乳配達、豚の残飯集めなど、金になる仕事は手当り次第にやらなければならなかった。

ここでは一九四七年度の詳しい資料がないので、一九五二年十月、警察の調査による資料を紹介する。

この年の外国人登録を基礎にした在日朝鮮人の数は五十三万五千八百三人(法務省資料)である。そのうち〇歳から十三歳までの子供が二十一万一千百九十七人となっており、あとの数は、中学三年以上から老人までで、三十二万四千

**戦後の在日朝鮮人職業**

**A　原　表**

| | |
|---|---|
| 農業 | 10,156人 |
| 工業 | 24,573 |
| 商業 | 31,023 |
| 運輸業 | 5,266 |
| 土建業 | 19,991 |
| 飲料業 | 5,157 |
| 遊戯業 | 7,207 |
| 海運業 | 612 |
| 貿易業 | 163 |
| 鉱業 | 53 |
| 漁業 | 801 |
| 知識労務者 | 7,237 |
| 日雇労務者 | 35,585 |
| 失業者 | 13,269 |
| 無職者 | 328,624 |
| その他 | 46,084 |
| 合計 | 535,803 |

篠崎平治『在日朝鮮人運動』
(1952年10月現在＝警察調査)

六百六人となっている。

かれらを職業別に見ると次の通りとなる。

工業・二万四千五百七十三人、商業・三万一千百八十六人、土建業・一万九千九百九十一人、飲料サービス業・五千百五十七人、遊戯業・七千二百七人、運輸業・五千八百七十八人、公務自由業・七千二百三十七人、農林業・一万百五十六人、水産業・八百一人、鉱業・五十三人、日雇労務者・三万五千五百八十八人、その他の職業・四万六千八十四人で、小計十九万三千九百十一人である。また失業者は四万一千七百三十二人、学生九万一千七百人、家業従事者は二十万八千四百六十一人となっている。

以上が当時の在日朝鮮人の実態であるが、ここにA表とB表の二つの統計表をつけることにする。

A原表は、一九五二年十月現在の警察調査によるものであるが、このA原表に無職者が三十二万八千六百二十四人とあるのは、その中に家業従事者と学生児童、無職者及び失業者が含まれているものと思われる。

B修正表に公務自由業とあるのは、朝鮮人学校の教師と同胞関係の団体役員がかなり多くの比重を占めている。

また日雇労務者であるが、これは地方自治体の失業対策の日雇いなので失業者といえる。この日雇労務者三万五千五百八十八人と完全失業者四万一千七百三十二人を合せると、当時、在日同胞の一五%が失業者だったということになる。

この時期の日本経済は、朝鮮戦争による〝特需〟などで不景気から完全に立ち直っていた。

しかし在日同胞は依然として失業者が多く、商工業者も日本の銀行からの融資がうけられず、倒産のうき目にあっていた。当時、在日同胞が中小企業金融公庫や国民金融公庫の融資の対象となっていなかったのは勿論である。

このような苛酷な条件の中でも、在日同胞は未来への希望を失わず、子弟の民族教育のために全力を傾けていた。同胞たちは、自分の子弟に少しでも母国語を習得させようと、日本各地で自発的に朝鮮語の講習会を開いた。個人の家や工場の片隅などを教室にして、寺子屋式の授業をはじめたのである。

**戦後の在日朝鮮人職業**

**B　修正表**

| 職業 | 男 | 女 | 計 | 比率 |
|---|---|---|---|---|
| 農林業 | 7,059人 | 3,097人 | 10,156人 | 5.3% |
| 水産業 | 639 | 162 | 801 | 0.4 |
| 鉱業 | 53 | 0 | 53 | — |
| 工業 | 19,793 | 4,780 | 24,573 | 12.6 |
| 土建業 | 19,600 | 391 | 19,991 | 10.3 |
| 商業一般 | 26,520 | 4,666 | 31,186 | 16.1 |
| 飲料サービス業 | 3,585 | 1,572 | 5,157 | 2.7 |
| 遊戯業 | 5,687 | 1,520 | 7,207 | 3.7 |
| 運輸業 | 5,752 | 126 | 5,878 | 3.0 |
| 公務自由業 | 5,814 | 1,423 | 7,237 | 3.7 |
| 日傭労務者 | 29,790 | 5,798 | 35,588 | 18.4 |
| その他職業 | 28,241 | 17,843 | 46,084 | 23.8 |
| 小計 | 152,533 | 41,378 | 193,911 | 100.0<br>36.2 |
| 学生生徒 | 48,078 | 43,622 | 91,700 | 17.1 |
| 失業者 | 37,386 | 4,346 | 41,732 | 7.8 |
| 合計 | 237,997 | 89,346 | 327,343 | 61.1 |
| 従属者 | 64,304 | 144,157 | 208,461 | 38.9 |
| 総計 | 302,301 | 233,503 | 535,804 | 100.0 |

朴在一『在日朝鮮人に関する総合調査研究』
（A原案と他の資料を総合し修正した）

一九四五年十二月、東京・荒川で始まった国語講習所が民族学校へと発展し、それにつづいて全国各地の講習会が学校形態へと発展していった。

学校を建てるとなると莫大な資金が必要となってくるが、日本政府は朝鮮人から税金は取り立てても、朝鮮人学校のためにはビタ一文も出してはくれなかった。

結局、民族教育の場所をつくろうという同胞たちの熱意に頼るしかなかったが、同胞たちは民族学校の建設や運営には喜んで金を出した。

こうして、朝鮮人学校の数は一九四六年十月に五百二十五校となり、児童数も四万二千余人となった。

それが一九四八年四月には、初級学校が五百六十六校、児童数が五万三千余人、教師が一千二百人となり、中学校は七校で、学生数三千三百人、教師百二十人となったのである。

朝鮮人学校に入った生徒たちは「もう日本の学校へは行かなくてもよい」と先生からいわれると、自分の国の言葉を堂々と使い、自分が朝鮮人であることを誇りとして、のびのびと育っていった。たとえ「ボロ学校」といわれても、かれらにとってそれは楽園であった。

しかし日本政府は、在日朝鮮人が自力で学校を建てて教育することさえ許さなかった。それは一九四八年一月の、文部省教育局長の「朝鮮人学校設立の取扱いについて」という通達に露骨に示された。

日本政府は、在日朝鮮人は日本の学校教育法によって学校を設置し、知事の認可をうけなければならない、とした。そして、その教育内容は日本の教科書によって日本語と日本の歴史を教えることであり、朝鮮語や朝鮮の歴史を教えてはならず、課外教育としてそれを教えるのには目をつぶる、ということであった。

このように、当初から朝鮮人学校を閉鎖しようと企図していた日本当局は、つぎつぎに無理難題を押しつけてきた。そして二月に入って、ＧＨＱから朝鮮人学校の閉鎖命令が出されたのである。

以来、在日朝鮮人による学校閉鎖反対の闘争が、民族教育を守る死活の問題として全国各地で展開されるのである。

## 三　在日同胞の法的地位

日本はポツダム宣言の受諾により、連合軍に降伏した九月二日をもって連合軍の占領下に置かれることになった。

## 行政法上の地位

ＧＨＱは一九四六年四月二日、「日本における非日本人の入国及び登録に関する覚書」によって「外国人登録令」（昭和二二・五・二、勅令二〇七号）の検討を開始した。

そして同七月二十四日、木村内務大臣は衆議院本会議で、「在日朝鮮人に対する取締方針」を明らかにしている。

さらに八月十七日、進歩党の椎熊三郎が衆議院本会議において、在日朝鮮人を厳重に取締るようにと発言したのに対し、吉田首相、木村内相、木村法相ら当時の政府閣僚たちは露骨にも、朝鮮人は警察力によって徹底的に弾圧する必要があり、かつ、それを実行する用意のある旨の答弁を公然と行なっている。

こうして同月二十八日には、「外国人登録令」の公布が閣議で決定され、十月一日に施行する予定であったが、ＧＨＱからの指摘によって施行を延期する一幕もあった。

しかし一九四七年四月、日本政府は閣議で「外国人登録令」（昭和二二年、ポツダム勅令二〇七号）の公布を決定し、その四日後の五月二日にそれを即日施行した。

それによれば、まず「在日朝鮮人は当分の間は外国人と規定し、外国人登録法の国籍欄に『朝鮮』と記入するよう」指示するとなっている。しかし、この「外国人登録令」は本質において、日本に在留している朝鮮人の取締りが目的であり、朝鮮人不法入国者の取締管理をするための罰則および強制退去を規定した弾圧法であった。

朝聯はこれに反対し、六月五日、日本政府内務省調査局長から「外国人登録令」の施行に協力するよう依頼されたのに対して、正当な登録令であれば施行に原則的には応じるが、五項目の要求条件を認めるのが前提であるとの回答をした。

五項目の要求とは、第一に「朝聯は既成の登録に従って自主的に一括実施する」、第二には、「人権蹂躙などの法の濫用が憂慮される登録及証明書の携帯、呈示義務を削除すること」、第三には「外国人としての正当な処遇を保障すること」、第四には「登録の手続などに警察官を介在させない。無国籍者の取扱いは朝聯が確認をして証明書を交付する」、第五には、「写真の添付は成年に（達した者に）行ない、写真は公定価格で撮影する」というものであった。

こうして朝聯と日本の内務省との間で、数回にわたって協議したが合意には至らなかった。そこで朝聯は内務省に対し、「外国人登録令」違反と一般犯罪の取締りを明確に分離するよう申入れたが、拒否されたため再度の申入れを行なった。そのため朝聯は六月十六日、「外国人登録令」が公布施行されるに先だって、下部組織に実施協力方法についての基本的立場を明確にした。

それは、①国際公法による差別的でない正当なものであれば拒否する必要はない、②登録令の本質に従って、日本政府は在日朝鮮人に外国人としてのあらゆる権益を確保すること、③申請の実行方法は日本政府が一方的に決定する前に、朝聯の各下部組織を通じて相互に協議すること、などの六項目を指示した。

これに対し、日本政府内務省調査局長は六月二十一日、各県知事に「外国人登録事務取扱要領の送付について」の通達を出し、登録事務取扱細目の中で「朝鮮」のワクを指示して、朝鮮戸籍令の適用を受けるべきであるとした。

これについて朝聯は、七月一日から十月末日までの登録申請施行細目で、「朝鮮」を「本邦」（日本領土）とみるのは根本的な誤りである、として反対運動を展開した。

こうした事態に対して、ＧＨＱは八月二十二日、「外国人登録令の目的は日本に居住する外国人の数と居住を知るためのもので、決して少数民族の権利を制限するものではない。却って外国人の権利を擁護するものである」とし、同法令の部分的内容と罰則に対する反対意見は慎重に考慮するとの談話を発表した。

そして同二十六日には、日本の内務省に対して、朝聯の主張を正当と認め、「この際、在日朝鮮人の国籍問題を離れて、外国人登録令の趣旨に従い、八月三十一日までに実施するよう朝鮮人団体に通告せよ」と指令した。GHQの指令によって日本の内務省は、朝聯と「外国人登録令」の問題について意見を交換し、登録問題には警察官の不介入、無国籍者の取り扱いは朝聯で確認し証明書を交付する、登録証明書の濫用や悪用はしない、期限経過後の登録申請者は便宜処置によって円満に登録する、など七項目の内容を相互に確認している。

## 身分法上の地位

カイロ宣言は、朝鮮を自由かつ独立のものとすることを宣言した。またポツダム宣言の第八号は、カイロ宣言の条項の履行をうたっており、「日本国の主権は本州・北海道・九州・四国及び吾等の決定する諸小島に局限せらるべし」として、日本の主権の及ぶ範囲を限定している。

このことによって日本は、朝鮮に対する主権を放棄し、独立を承認したことは明らかである。

GHQは一九四五年十一月一日、「日本占領及び管理のための連合国最高司令官に対する降伏後における初期の基本指令」に基づいて、「朝鮮人は軍事上の安全の許す限り解放国民として扱うが、必要な場合には敵国人として扱われることがある」と発表した。

これは、朝鮮人を解放された人民として扱うことを明確にしたものであり、占領政策の障害をきたす問題が生じた場合には、日本人と同じ扱いをするとのことである。

またGHQは、日本政府に対する、一九四七年八月の「連合国、中立国、敵国、特殊地位国及び地位未決定国の定義に関する覚書」で、朝鮮を「特殊地位国」と規定し、それに応じて在日朝鮮人に対応するように指令している。これは、オーストリアやブルガリアなどの、独立国家と同じ人民としての地位を認めたものである。

一方、日本は一九五二年四月二十八日のサンフランシスコ条約によって、朝鮮の独立が承認されたことにより、在日朝鮮人は初めて正式に外国人となった、との見解を示している。しかし、この論理からすれば、いままで日本人として生活してきた人々は日本の都合で外国人とされ、外国人登録申請義務が生じることになる。

従って、在日同胞は外国人登録証明書の常時携帯や提示の義務を負わされ、罰則によっては「出入国管理令」の適用を受けるばかりでなく、場合によっては強制追放されることになる。また国籍得喪の時期は一九五二年四月二十八日であるのに、それ以前に国籍帰属国へ追放する、とある。

日本では在日朝鮮人の、外国人としての国籍帰属国を法的に定めていない。サンフランシスコ条約は朝鮮の独立を承認し、在日朝鮮人を外国人として認めているが、それ以前は朝鮮を国家として認めていない関係上、在日朝鮮人を強制追放することはできない。

ところが、出入国管理令では、在日朝鮮人を対象にした強制追放の法規が成立しているのである。これは明らかに矛盾であり、人権侵害も甚だしい問題である。

また在日朝鮮人と日本人との婚姻問題においても、日本の戸籍から除かれるべき事由の生じた人、特に日本人女子の場合の法的地位も全く不安定なものとなる。

サンフランシスコ平和条約が発効した時点で、日本国籍を喪失するとされるから、出入国管理令との関係では、平和条約以前に朝鮮人と婚姻した日本人女子は、外国人登録法上は外国人とみなされる結果、「外国人登録令」(旧)および「外国人登録法」に基づく外国人登録の申請義務を負うこととなる。

日本の法律では、サンフランシスコ平和条約発効日までは、在日朝鮮人を外国人と認めていない関係上、その朝鮮人と日本人女子との間で婚姻をした瞬間から日本人でありながら、他の一方では外国人登録の申請義務が生じ、外国人登録証の常時携帯や提示の義務を負わされ、場合によっては、日本国外へ(追放する帰属国は定まっていない)強制退去されることになるとしたら、いかなる結果を招くことになるであろうか。

日本の法律では一貫して、在日朝鮮人に対しては義務を押しつけ、権利を与えない方法がとられてきた。つまり日本政府は、都合の悪いものと良いものとを区分して法規を使いわけているのである。

たとえば「出入国管理令」の第二条二項、「外国人登録法」の第二条、「外国人財産取得に関する政令」の第二条などにおいては、日本政府の都合の悪い部分である「在日朝鮮人」を外国人とみなすとしている。

ちなみに選挙権・被選挙権も、その資格はあるが当分の間は停止する（衆議院議員選挙法附則、参議院議員選挙法附則、地方自治法附則）として参政権を認めないとしている。

その逆に、日本政府に都合の良い部分となると、たとえば教育問題においては、「在日朝鮮人は外国人ではないから日本の教育基本法による日本人としての義務教育をさせよ」といい、「朝鮮人として朝鮮語や朝鮮の歴史を教えるのは認めない」としている。

そして学校の授業の正科、（国語は日本語であり、歴史は日本の歴史）が終ったあとは課外で朝鮮語を教えるのは良いとしたが、それに異議の申し立てをすると弾圧を加え、学校を閉鎖するなどの暴挙をあえてしたのである。

以上のごとく日本政府は、在日朝鮮人の国籍の喪失変更が明確に時期を区分することができない矛盾した政策を実施したところから、在日朝鮮人を戦前と同じ差別と弾圧の対象としたのである。

## 司法上の地位

外国人は、現に所在する国の法律の裁判法に従って、その国の裁判権に従うものである。勿論、例外としての治外法権を享有する場合はある。

日本はポツダム宣言の受諾によって、降伏文書に調印したときから連合軍の管理下に置かれた。一九四六年五月十五日、ポツダム緊急勅令に基づく「刑事裁判権等の特例に関する勅令」（一九四六年、勅令第二七四号）の制定によって、連合国人の犯した罪に関する事件については、公訴は何時でも取消すことができることにし、六月十二日のポツダム緊急勅令に基づく「連合国占領軍の占領目的に有害な行為に対する処罰等に関する勅令」（一九四六年、勅令第三一一号）を制定し、連合国人の犯した罪に関わる事件については、公訴を行なわないことを明らかにしたが、これによって日本は連合国人に対する裁判権を持たないことになった。

在日朝鮮人に対する裁判権は、民事は取扱い上の変化はないが、刑事裁判権においては若干の特殊性が認められた。

占領軍の占領目的に有害な行為に対する処罰等に関する件によって、在日朝鮮人に対しては、日本の刑事裁判権に服するが、一九四六年二月十九日の「朝鮮人及び若干の他の国人に対して科せられた判決の再審査に関する覚書」によって若干の特例が認められた。

これは刑事判決の再審査の制度であり、これによると、一つには、朝鮮人等がそれぞれその本国へ帰還する意思を適当に証明するときであり、二つには、朝鮮人等がそれぞれ許された救済策を尽した場合であり、三つには、判決を科せられた者から判決の再審査の要求があった場合である（この場合は再審査要求に基づいてのみ行なわれる）。

以上の場合には、連合軍最高司令官またはその指定した代表者（第八軍司令官）は、日本の刑事裁判所の下した判決を再審査し、その結果、執行の停止、不承認、中止、軽減、全部または一部の免除、または減刑等の処分をなすことができるようになっている。このように、在日朝鮮人は司法上の地位の特権が認められず、歴史的な特殊性からくる再審査制度が認められたに過ぎなかった。

以上のように、日本政府は終始一貫して、在日朝鮮人を解放民族として認めようとはしなかった。

そして、職業においても、生活問題においても差別は依然としてつづけられ、教育問題における弾圧など、日本に在留する朝鮮人の生活につぎつぎと制約を加えていったのである。これらの事実は、日本政府の在日朝鮮人に対する差別と抑圧を露骨に物語るものであるといわざるを得ない。

# 第四章　民族教育権について

本来、朝鮮民族は言語、歴史、文化を共有する単一民族である。これは血統を同じくする人びとの、歴史的に構成された強固な共同体である。

民族が言語、歴史、文化などを次の世代にうけ継がせてゆくことができなければ、その民族は、おのずから死滅する運命から逃れることはできない。

ゆえに、民族教育は、その民族の生存のための基本的権利として、民族の運命を左右する重要な問題として提起されるのである。

朝鮮人は、かつて日本帝国主義から「皇民化教育」を強要され、その人間性と民族性を傷つけられ、基本的人権のかけらさえない暗黒の世界に呻吟した。

しかし、一九四五年八月十五日の解放によって、朝鮮人としての人間性と民族性が回復された。

解放後の在日朝鮮人による民族教育は、暗黒時代に自分自身が受けられなかった民族教育を子供にほどこし、将来の祖国の建設に役立てようと希望したところから始まった。

ゆえに在日同胞は、生活の困窮の中でも学校建設のためにはすべての犠牲を払い、三度の食事を二度にへらしても、資金を出し合って日本の各地に朝鮮人学校を建設したのである。

しかし、日本当局はこの朝鮮人学校を弾圧し、民族教育の抹殺を図ろうとした。

そのため在日同胞は、民族教育を守るためにこぞって立ち上がり、各地で民族教育を守る運動を積極的に展開したのである。

# 一　民族教育の歴史

## 民族教育の出発

民族教育は、朝鮮が解放された八月十五日を基点として解放以前の民族教育の潮流を引継ぎ新しく始められた。

日本へ強制連行などで連れてこられた二百四十万の在日朝鮮人は、祖国の解放によって帰国の準備をするかたわら、故郷へ帰っても自分の子供たちが片言の母国語でも話せるようにと、各地で朝鮮語の講習所を開いた。

この朝鮮語講習所は、四五年九月に東京・神田の朝鮮ＹＭＣＡで、同じく足立の尹柄玉氏の工場で、また十月には新宿区の戸塚国語学院、十二月には荒川などで開かれ、これが全国各地に波及し、飯場や鉱山など同胞たちが密集したところで、十人から六十人規模の寺子屋式講習所や青空講習所が自主的につくられていった。

同年十月に、在日朝鮮人の権利を守るための機関として結成された朝鮮人聯盟（朝聯）は、この国語講習所を育成し、民族教育機関としての学校へと発展させるのに力を集中した。

こうして一九四六年に入ると、国語のほかに祖国の歴史や地理、算数なども教えるようになり、学校としての形態がととのっていった。

同年二月、GHQ（連合軍総司令部）が在日朝鮮人の帰国希望者の登録を日本政府に指令した。登録者総数六十四万七千人のうち、八〇％は帰国を希望した。

しかし在日同胞は、祖国が三十八度線で分断された情勢とも関連して、日本に残留せざるを得ない状況に置かれた。こうして朝聯の指導のもとに、朝鮮語講習所を朝鮮人学校にまで発展させる運動が全国的に展開された。最初は貧弱な〝ボロ学校〟ではあったが、一応は体裁のととのった校舎で授業ができるようになった。

教科書も、朝聯が初等教材編纂委員会をつくり、全国的に統一した教育内容でもってその充実を図った。これには、数多くの日本の良心的な教育者や文化人の協力もよせられた。

一九四六年四月には、東京でいち早く東京朝鮮中学校が発足して、三十二人の学生と十一人の教員で授業が開始され、年末には大阪朝鮮中学校や大阪建国中学校が設立された。

また、朝鮮人学校の教員を育成し、一般同胞の啓蒙活動に従事できる人材育成のための青年学校も各地に設立され、民族性の培養と一般教養の充実が図られた。

このように、朝鮮人学校は無から出発して、資金難や資材の不足、人材の不足を乗り越えていったが、日本当局が、これを傍観し、一銭の補助金も出さなかったのはいうまでもない。

やがて学校運営のための在日朝鮮人学校管理組合が設立され（のちの在日本朝鮮人教育会）、これによって朝鮮人学校は、一般同胞からの賛助金で運営されるようになり、小学校から中学、高等学校までの民族教育の体系がととのっていった。

こうした時期、日本の文部省学校教育局長は「朝鮮人児童の就学義務に関する件」の通達（雑学一二三号）を出し、

「日本に在留する朝鮮人は、日本の法令に服さなければならない。従って一応朝鮮の児童についても日本人の児童と同様就学させる義務があり、かつ実際上も日本人と異なった不利益な取扱いをしてはならない」とした。

と同時に、「朝鮮人がその子弟を教育するための小学校又は上級学校、若しくは各種学校を新設する場合には、府県はこれを認可しても差支えない」と言明して、在日朝鮮人の民族教育の実施を公式に認めた。

こうした中で、在日朝鮮人の民族教育者で構成している在日本朝鮮人全国教育者同盟（現在の在日本朝鮮人教職員同盟）が結成され、機関紙『民族教育』を創刊して活動を開始した。

当時の朝鮮人学校数は、初級学校（小学校）五百四十一校、中級学校（中学校）七校、高級学校（高等学校）八校、青年学校二十二校となっており、学生数は六万二千人、教員数は千五百人にまでなっている（一九四七年十月現在）。

ところが情勢は一変した。すなわち四七年十月、ＧＨＱ民間情報教育局長が日本政府に対し、「朝鮮人諸学校は、正規の教科書の追加課目として朝鮮語を教えることを許されるとの例外を認める外は、日本政府文部省のすべての指令に従わしめよ」との通告を出し、文部省が朝鮮人学校を閉鎖する方向へ転換したからである。

## 朝鮮人学校閉鎖令の強行

一九四八年一月二十四日、文部省教育局長は各都道府県知事あてに、朝鮮人学校設立不承認、朝鮮語の正科からの除外と日本教科書の使用を内容とする通達を出した。

これには、「在日朝鮮人は日本の法令に服従しなければならない。義務教育は、学校教育法によっておこなわれるべきであり、朝鮮人学校の設置は知事の認可が必要である。教科書、教科内容などについても、学校教育法の規定が適用される。なお、朝鮮語などの教育を課外でおこなうことは差支えない」と明記されていた。

そして、四七年四月十二日付通達「朝鮮人児童の就学義務に関する件」を自ら否定するものであり、在日朝鮮人子弟をすべて日本の学校へ入れるという、理不尽な措置である。

それればかりではない。文部省適格審査室長は「朝鮮人の教職員の適格審査について」の調査表の提出を指令し、これを提出しない朝鮮人教職員は罰則の適用をうけるとの通達まで出したのである。

これは明らかに、朝鮮が日本の植民地支配下にあった当時の「朝鮮教育令」の復活であり、朝鮮人を解放された民族として認めないという不法であり不当な措置であった。

こうした一連の措置が、GHQの裏面操作によるものであることは論をまたない。

それが表面化するのは、一九四七年秋、アメリカ軍政庁の教育担当将校が大阪朝鮮人学校に突然現われ、資料を回収したのち、設備が不足している、教員の質が悪い、教育内容が貧弱であるなどの非難声明を新聞に発表したことに現われた。

また、GHQ民間情報局教育部のディユッベル大尉が、MPや東京都総務局の役人を連れて、東京都内の朝鮮人学校を〝視察〟して回わったのもその一環である。

彼らは、教育用語が朝鮮語であるとか、学校の柱が細いとか、天井に空気孔がないとか、教員の頭の毛がボサボサであるとかの難くせをつけてはばからなかった。

このように、アメリカや日本当局が、在日朝鮮人の民族教育を抑圧しようとした目的はなんであったろうか。

それは、アメリカの日本占領政策の全面的な変更、すなわち極東政策の全面的な転換に起因するものである。

一九四八年一月六日、アメリカ陸軍長官ロイヤルはサンフランシスコで演説し、「日本を極東における全体主義の防壁にする」と言明したが、ダレス国務長官らを中心に、いわゆる〝共産圏封じ込め政策〟が練られた事実は無視できず、日本の軍事基地化路線が露骨化した一連の動きは注目に価しよう。

これらと在日朝鮮人の民族教育の弾圧は、決して無縁ではなかった。

こうした動きに対し、朝聯は「在日朝鮮人の民族教育に日本の教育法を無理に適用しようとすることは、歴史と現実を無視したやりかたである」と抗議声明を発表した。

そして、朝聯は教育対策委員会を組織し、民族教育の実情と正当性を内外に訴え、在日同胞による、学校閉鎖反対の教育闘争を全国各地で展開するのである。

朝聯の指導によって、全国的な規模で組織された朝鮮人教育対策委員会は、四項目の条件を決定して日本政府に円満解決を要請した。

それは、①教育用語は朝鮮語とする、②教科書は朝鮮人教材編纂委員会がつくり、GHQ民間情報局教育部の検閲をうけたものを使用する、③学校の経営管理は学校管理組合において行なう、④日本語は正科として採用する、というものであった。

にもかかわらず文部省は、一月二十四日付の通達に従わない朝鮮人学校は閉鎖する、との強硬通告をしてきたのである。

これに対し、たとえば山口県では一万余人の同胞が参加して学校閉鎖令に反対する大会を開き、県庁前広場を埋めつくした。

そして同胞代表は県知事と山口米軍政部司令官に会い、①朝鮮人の教育は朝鮮人の自主性にまかせること、②日本政府は我々の教育の特殊性を認めること、③我々の教育費を国庫負担とする、④我々の教育機関にも差別なく物資を配給すること、⑤占領軍の教育援助物資は我々に公平に配給すること、⑥我々の教育に絶対に干渉しないことなどを要求し、学校閉鎖令の執行を一応中止させるのに成功した。

山口県の成果によって、岡山県でも四月十六日、学校閉鎖令が解除された。

これらの一連の成果によって、兵庫県下の同胞もさまざまな集会を開き、県・市当局への要請をくりかえすなど、全同胞あげての運動へと発展させていった。

米軍側は三月末日までに朝鮮人学校を閉鎖しようとしたが、その企図が徒労に終わると、兵庫県軍政部司令官レーマップ中佐は四月五日、県知事に再び学校閉鎖を強行するよう指令を出した。

しかしそれでも応じないので、今度は米軍兵庫県フィリップ教育課長が四月八日、堀県教育部長、神戸市警・古山警察局長、検察庁検事、地裁判事らを呼び出し、朝鮮人学校の閉鎖を強行するために、この件を教育問題としないで、治安問題として処理することを決定した。

こうして「四月十日、兵庫県知事の指令により、認可を受けない学校を閉鎖することになったから、本日以降、朝鮮人の教室使用を禁止する」との閉鎖令が出されたのである。

四月二十四日、朝鮮人父兄と兵庫県知事側との話し合いがつづけられた結果、四月十日の閉鎖命令は撤回して、朝鮮人側で出した特殊学校認定の件については、双方が協議決定をするまでは従来の学校を認めること、などの合意がなされた。

だが、その日の深夜、米軍兵庫県司令官シュミットによって神戸地区に非常事態が宣言され、関東大震災時をほうふつとさせる(『解放新聞』一九四八年五月五日付)弾圧が強行されたのである。

こうして、無差別に逮捕された同胞は兵庫県だけでも千七百三十二人に達し、朝聯本部、支部の建物の破壊、食糧、時計、金品までが奪い去られた。

ではなぜ、神戸に非常事態宣言が出されたのであろうか、その疑問は残る。

当時、在日朝鮮人の民族教育を守るために、東京、大阪を始め全国各地で閉鎖反対の運動が展開されていた。

大阪では四月二十三日、一万五千余人の学生父兄が府庁周辺で集会やデモを行ない、警官隊の襲撃で同胞七十余人が負傷し、百七十九人が逮捕された。

そればかりか、二十六日には警官隊との対峙のなかで、金太一《キムテイル》少年が警官の拳銃によって射殺されるという、最悪の事態まで発生した。そういう意味では、神戸よりも大阪の状況の方がすさまじかったはずである。

東京では四月十五日、朝鮮人教育不当弾圧反対父兄大会が京橋公会堂で開かれ、東京都知事の学校閉鎖命令撤回を要求したが拒否された。

そして二十日、GHQから朝鮮人学校閉鎖命令が出され、二十七日には都内の十四の朝鮮人学校管理担当理事長と学校長が逮捕されている。

こうして、一九四八年一月の朝鮮人学校閉鎖命令から四月二十七日の逮捕事件まで、四ヵ月間続いた民族教育弾圧事件は、五月三日、森戸文部大臣と朝鮮人教育対策委員長との間で覚書が取りかわされ、一応解決を見るに至った。

その覚書は、①朝鮮人の教育に関しては教育基本法と学校教育法にもとづくこと、②朝鮮人学校の問題については、私立学校として自主性が認められる範囲で、朝鮮人が独自の教育を行なうことを前提として、私立学校としての認可を申請すること、となっている。

以上の約束によって、民族教育事件は十人以上の重刑者と二人の犠牲者を出して一応の解決を見たのである。

## 二　民族教育を守る運動

### 朝聯解散と民族教育

一九四九年九月、日本政府はＧＨＱの指令により、団体等規正令の第四条を乱用して、朝聯と民青（朝鮮民主青年同盟）を強制的に解散させた。

朝聯はいうまでもなく、在日朝鮮人の帰国を円満に促進する業務を遂行し、事情によって帰国できない同胞の生活問題を解決するためにつくられた団体である。

殖田法務総裁は、朝聯が解散し、「朝鮮人学校の閉鎖問題がおきても、たとえそれが朝聯の資産であっても接収はしない」と言明したが、その約束を無視してはばからなかった。

文部省管理局長と法務庁特審局長は十月十三日、「朝鮮人に対する措置について」の通達を出し、朝鮮人学校の改組、閉校処分を再確認して、朝聯によって維持し運営されてきた学校は、旧朝聯とのつながりを断ち切るよう改組し、日本の学校教育法に従うよう要求する、と通告した。

そして、同十九日、ＧＨＱは再び日本政府を通じ、学校教育法の乱用による拡大解釈だとして、その違反を理由に、朝鮮人学校三百三十七校（小学校三百九校、中学校二十校、各種学校八校）のうち、九十二校を朝聯の直接運営であると一方的に解釈し、これを閉鎖し接収するという暴挙をあえてした。

そして他の二百四十五校に対しては、私立学校としての改組申請をするように勧告し、それに応じた百二十八校のうち、三校は改組を認められたが、残りの百二十五校に対しては「審査不合格」として閉鎖を命じた。また、勧告に応じない百十七校も自動閉鎖に追いこまれた。

日本当局は閉鎖通告と同時に武装警官を動員して学校を包囲したが、学童父兄や教師を先頭に、生徒までが一丸となって起ち上がり、必死に学校を守る闘いをつづけた。

その結果、民族学校を守りぬいた三十九校が閉鎖を解除させ、学生父兄の自主的方法で運営される自主学校となった。兵庫、愛知、広島の同胞たちもよく闘った。兵庫県では四万人の同胞が連日、閉鎖命令の取消しを要求して闘い、県内で三万人以上の逮捕者を出しながらも学校を守りぬいた。

こうして兵庫県で十七校、愛知県で九校が弾圧をはねのけ、自主学校として残ることに成功した。閉鎖をよぎなくされたのは五十三校であった。そのうちのほとんどは大阪に集中したが、それは指導層が運動の方針を誤ったからである。

そのため大阪では、四十数校の朝鮮人学校がつぶされ、約一万人の同胞子弟が日本の学校に分散編入されてしまった。たとえば大阪の御幸森小学校のようなところでは、全校生の四〇％が朝鮮人生徒で占められるという異様な事態が生まれた。

日本当局の抑圧はつづいた。文部省事務次官は十一月一日の通達によって、事実上朝鮮語の使用を禁止する「公立学校における朝鮮語等の取扱について」指示し、朝鮮語を小学校で禁止し、中学では外国語として認めるが、教育用語は原則として日本語とする、とした。

また十一月十五日の次官通達「朝鮮人私立学校設立認可について」は、旧朝聯色を一掃する狙いを持つもので、私立学校として認可したのちでも、実地調査や規則を厳しくし、いつでも閉鎖処分ができるようにした。

さらに、十一月二十五日の文部省初等中等教育局長と管理局長の通達「朝鮮人児童、生徒の公立学校受入について」は、場合によっては朝鮮人児童への懲戒、登校停止もあるとしながら、「朝鮮人に対する義務教育は、日本人と何んの差別もなく平等の立場で行う」とうそぶいている。

日本当局がいう平等とは、人間を一律的に考えた〝平等論〟であり、民族性を全く無視したものである。

ところで、改組の通告をうけた二百四十五校のうち、百二十八校が改組申請を行なったが、認可されたのは大阪の白頭学園（建国中学校）と愛媛県の松山朝鮮人中学校の二校だけであった。

残りの百二十六校は閉鎖せざるを得なかったが、同胞学生父兄が民族教育を続けるよう強力に要求したため、閉鎖された学校でも授業は続けられた。

日本の学校へ編入された朝鮮の子供たちは、授業が終わると、課外で朝鮮語や朝鮮の歴史を学んだが、これは「民族学級」と呼ばれた。

## 自主学校と公立学校

日本政府の十月十九日の閣議決定によって、朝鮮人学校は閉鎖または改組の通告をうけたが、闘いが強力なところでは自主学校として、あるいは公立学校として民族教育が続けられた。

東京では小学校十二、分校一、中学校一、高等学校一の十五校が公立学校となったが、それ以後も闘いは続けられた。ところが一九五一年二月二十八日、東京・十条の都立朝鮮人中・高等学校に対して、警官五百余人、刑事六十人が急襲する事件が起こった。

この事件は「暁の襲撃事件」と呼ばれるが、早朝、学校を急襲した警官隊は生徒たちが寝ている寄宿舎や教室へどろ靴でふみ込み、女子寮では酒の臭いをぷんぷんさせた警官が、やくざまがいの乱暴をはたらいた。学校を襲った口実は、学校の中に秘密印刷所があるとのデッチ上げで、反戦ビラを印刷している現場を押さえるため、というものであったが、これが真っ赤な偽りであることはいうまでもない。

三月七日、学生父兄総会が開かれたが、無届集会だとして警官隊五百人が父兄を逮捕したりした。

こうして学校は武装警官約三千人によって包囲され、二月二十八日の学校襲撃事件を抗議するために父兄代表が各警察へ出かけたあと、再び校内に警官隊が乱入した。

警官隊は逃げまどう生徒に乱暴をはたらき、教職員（都教育委員会から派遣された日本人教員）に対しても、「教員もくそもあるか」「国のやり方に文句があるか」「朝鮮人なんかみな殺しだ」などの暴言を吐き、不当弾圧に抗議した生徒九人を逮捕しただけでなく、生命危篤者三人、重軽傷者三百人を出し、「日本ニュース」のカメラマンまで頭を割られて血まみれとなって倒れるという惨劇まで起きた。

この当時は、朝鮮戦争が「停戦状態」にあって、当初ＧＨＱと日本当局は、朝鮮人学校を公立にして内部から切りくずそうとしたが失敗したため、公立の看板をはずして外部からつぶそうと画策していたのである。

一九五二年九月二十七日、東京都教育長は「朝鮮人子弟の公立小中学校及び高等学校への就学について」の通達で、朝鮮人子弟は義務教育を受ける権利を喪失したとし、日本学校への入学許可にも厳しい条件をつけるよう指示した。

こうして一九五三年二月十二日、文部省が都道府県に出した通達によって、四月に入学予定の全国数万の朝鮮人子弟が日本学校への入学も拒まれ、朝鮮人学校へも入学できないという事態に追いこまれたのである。

これをうけて一九五三年十二月八日、東京都教育委員会は、都立朝鮮人学校の父兄代表を教育庁に呼び出し、六項目と三十ヵ条の細目を受諾しなければ同校を廃校にするとの通告を突きつけた。

その内容は、まず学生数を限定し、定員を越せば抽せんで定数をつめる問題から始まり、日本の祝日には必ず休日にする、校内の掲示物は日本語を用い朝鮮語の場合は校長に訳文を提出し許可をとる、校内の新聞・パンフレット類の発行はそのつど校長の許可を取る、児童生徒の自治会活動は教員の指導により用語は日本語とする、などだった。

これではどう見ても朝鮮人学校ではないし、学生数を制限すること自体、学校をつぶす狙いであることは明白である。しかし父兄代表は学校を守るために、あえてそれを受諾した。

ところが四月二十八日、東京都教育委員会の加藤教育長は、都立朝鮮人学校廃止の方針を言明し、同年十月四日、都教育委員会は朝鮮人学校ＰＴＡ連合会に対し、突然、「都立朝鮮人学校は昭和三十年三月三十一日限り廃校とする」と通告してきたのである。

こうして一九五五年四月一日からは、学校法人の私立各種学校として、再び朝鮮人による自主的な学校運営に変わったのである。

## 三　民族教育と同化政策

### 外国人学校法案

一九六五年四月、日本文部省と法務省、公安調査室の官僚が参加して「在日外国人教育連絡会」が設立された。

在日外国人の九〇％が朝鮮人であり、各種学校として認可されている外国人学校のうち、朝鮮人学校が絶対多数を占めていたことから、この連絡会は主として在日朝鮮人の民主主義的民族教育を対象としたことになる。

同年十二月二十八日、文部省次官は都道府県知事並びに教育委員会に二つの通達を出した。その一つは、「『韓日条約』締結後の法的地位協定における教育関係事項の実施について」で、在日朝鮮人子弟が日本の学校への入学を希望する場合、それを認めるが、その「教育については、日本人子弟と同様に取扱うものとし、教育課程の編成、実施について特別の取扱いをすべきではない」としており、在日同胞子弟の民族教育を抹殺し、同化教育を推進しようとする狙いがかくされている。

もう一つは、「朝鮮人のみを収容する教育施設の取扱いについて」で、「朝鮮人としての民族性または国民性を涵養することを目的とする朝鮮人学校は、わが国の社会にとって、各種学校の地位を与える積極的意義を有するものとは認められないので、これを各種学校として認可すべきではないこと」とし、「なお、朝鮮人を含めて一般にわが国に在住する外国人をもっぱら収容する教育施設の取扱いについては、国際親善などの見地から、新しい制度を検討し、外国人学校の統一的取扱いをはかりたい」として、悪名高い「外国人学校制度」法案の創設企図を明らかにしている。

こうして、一九六六年四月二十七日付の文部省広報は、文部省が自民党と調査をすすめてきた「外国人学校制度」の最終要綱の骨子を次のように伝えている。

1　外国人学校とは、在日外国人子弟を対象に、修業年限一年以上、政令で定める規模以上の組織的教育を行なう施設である。

2　外国人学校の教育は日本の利益と安全を害するものであってはならない。

3　外国人学校の設置、廃止および設置者の変更などの認可権は文部大臣に属する。

4　外国人学校が認可条件に合致しなくなった場合、設備、授業などの変更命令、授業の中止命令、学校の閉鎖命令を出すことができ、また、文相は、授業内容について報告を求め、立入り検査をすることができる。

5　外国人学校は、校長、教員の任免、教科書、学則を文相に届け出なければならない。

6　中止命令、閉鎖命令の違反、届出義務違反に対して罰則を設ける。
7　従来の各種学校として認可されていた施設で、この定義に該当するものは、あらたに外国人学校の認可を受けなくてはならない。

以上に見られるように、外国人学校制度創設の教育立法は、教育の保護ではなく、治安立法として再び朝鮮人学校の弾圧を狙ったものである。

一九六七年三月七日、剣木文相は記者会見で、今国会に学校教育法一部改正案を上程し、外国人学校制度の創設を強行する旨の言明をした。

しかし日本当局は、予想を上回る広範な反対運動にあい、この法案の中から各種学校整備の規定だけ取りだし、外国人学校については「別に法律で定める」とだけ記して、第五十五国会に提出したが、結局、廃案をよぎなくされた。

さらに日本当局は、一九六八年三月十二日、これを三たび「外国人学校法案」として提出したが、これも廃案となって失敗に終わってしまった。

こうして外国人学校は、学校教育法第八章雑則に定める各種学校のまま残ることとなったのである。

## 朝高生に対する暴行事件

一九六二年から六三年にかけ、「韓日会談」の早期妥結をめざす動きの中で、朝鮮高校生に対する日本の右翼高校生からの集団暴行事件が相ついで起こった。

朝高生を狙い打ちにした集団暴行事件は、その背後に何か糸を引く政治的な力を感じさせ、学生の暴力事件としては極めて異常であり、悪質なものであった。

日本当局は世論の非難が高まると、口先だけの善後処置をうんぬんするだけで、何んの対策も講じなかった。これらの一連の事件が、外国人学校制度の創設や「韓日会談」妥結の動きと連動していたのは言うまでもない。

この種の事件は、一九六三年に二十三件、外国人学校法案が国会提出された時期の一九六六年に七件、外国人学校法案と朝鮮大学校認可問題の時期の一九六八年に十五件、出入国管理法案の国会上程の時期の一九六九年に二十件、帰国事業の再開を求める運動の時期の一九七〇年に四十件、出入国管理法案の一九七一年に三十四件、同じく同法案の一九七二年に三十三件、同じく一九七三年に三十六件と、在日朝鮮人を対象とした弾圧立法の成立をめざす時期には、必ずといっていいほど、起こっている。

このように日本当局は、在日朝鮮人の民主主義的民族教育を一貫して治安問題とみなし弾圧政策をもって対してきた。

彼らは民族教育を破壊し、「同化教育」を強要するために、右翼の暴力学生を使って「朝鮮人学校は反日教育をしている」などといったデマをふりまき、同胞子弟を朝鮮人学校からしめだし、民族教育からの離脱を画策したのである。

## 同化教育政策

「同化教育」とは、帝国主義者が侵略政策を合理化する手段として、その植民地民族に対し、言語や歴史、文化などを抹殺し、自国の言語や歴史を強要する教育をいう。

かつて日本は、朝鮮に対する植民地支配を強化するため、無謀な「皇民化教育」を強要し、朝鮮の民族としての存在を抹殺しようとした。

一九一一年八月には「朝鮮私立学校令」を改悪して「朝鮮教育令」を施行し、朝鮮民族の伝統と民族意識を抹殺する同化政策を推進した。

また一九三八年三月には「改正教育令」の公布によって皇民化が一層促進され、朝鮮語の使用を禁止し、日本語を〝国語〟として強制した。

そして、一九三九年十一月、「改正民事令」と十二月の「朝鮮人の氏名に関する件」の公布によって、創氏改名が強制され、朝鮮人の名前までも日本式に変えるよう強要した。

一方、日本の内務省を中心とする官僚やその手先の民族反逆者らの策動によって、一九三九年六月、官製「協和会」を設立し、在日朝鮮人を皇民化するための同化政策の一環として同化教育を一層推進した。

解放後も日本は、在日朝鮮人に対する民主主義民族教育を弾圧するため、一九四八年四月の朝鮮人学校閉鎖命令に見られるごとく、数々の弾圧策動をくりかえした。

しかし、在日朝鮮人の民族教育への情熱はそれにも屈せず、日本当局のあらゆる弾圧の中でも民族教育を守り通したのである。

## 日本学校の同胞子弟

日本当局は、一九六五年十二月の「韓日条約」締結後の法的地位協定により、在日朝鮮人を日本人と同化する帰化の方向へと政策を推進することによって、在日朝鮮人問題を解決しようと画策している。

そのため彼らは、同胞子弟を日本の学校へ行くように仕向けながら朝鮮人学校へ行くのをあらゆる角度から妨げている。

現在、在日朝鮮人の数は約七〇万人といわれ、民族教育をうけている児童は約四万人、日本学校に通う生徒が十万余人と推定されている。

日本の学校に通う同胞子弟は、朝鮮民族としての自覚と誇りが持てず、歪んだ劣等感を植えつけられている。

これらは、教科書問題に見られるように、誤った歴史観を教えた結果がもたらしたものだといえよう。

たとえば、日本の教科書は、豊臣秀吉の朝鮮侵略を「征伐」とあったのが社会的な問題となると「出兵」に変えたり、三・一民族独立運動を「抵抗運動」から「デモと暴動」などと変え、朝鮮民族をさも自主性のない民族であるかのような誤った観念を与えている。

一方、日本の子供たちも、教科書や社会環境なども関連して、朝鮮民族に対する認識不足から偏見と蔑視にとらわれ、不幸な事件を起こしている。

埼玉県の上福岡第三中学校一年生、林賢一君の民族差別による自殺事件はその典型であろう。

## 朝鮮人学校出身者の進学

現在、朝鮮高級学校の卒業生が、日本の技術専門学校への進学の道を閉ざされているのは、明らかに関係当局による朝鮮人の民族教育抹殺政策によるものである。

確かに朝鮮人学校卒業生は、いま日本の少なくない大学への受験資格を与えられ、合格者は大学で学び、卒業後は社会で活躍している。

ところが日本の技術専門学校の中には、受験資格を認める学校と認めない学校が実際に存在している。

たとえば東京都では、朝鮮人学校卒業生でも調理士学校や準看護婦学校への受験を認めているが、他の地域では認めないところがある。

また厚生省の管轄でも、検査技士専門学校や整骨専門学校は受験を認めるが、栄養士専門学校やX線技士専門学校は認めないなど、学校による違いは依然として残っている。

したがって、関係当局は、これから先、朝鮮人学校出身者に対しても民族的偏見や差別をなくし、日本人と同じく、すべての技術専門学校への受験を認めるべきである。

以上のように朝鮮人学校は戦後四十年の間、ほとんど自主的に運営されてきた。

しかし日本当局は、在日朝鮮人の民族教育を一貫して抑圧し、支援しようとはしなかった。そして多様化して行く国際化の潮流に背を向け、同化政策を一層強く押し進めようとしている。

日本政府は、在日朝鮮人の民族教育を、あるときには弾圧によって朝鮮人学校を閉鎖させ、日本の公立学校として日本と同じ教育を強要する同化政策を推進し、また、あるときには、朝鮮人は外国人であるから、日本政府が受入れる義務はないとして、朝鮮人学校は、私立学校としてではなく各種学校として、それも広範なる各界の運動によって、やむをえず認めてきたという歴史的な経緯がある。

また、朝鮮人学校は、一般の各種学校とは本質的に違っており、日本の学校教育法による六・三・三・四制と同じ教育体系をとっている。

日本政府は、一九七八年五月に国際人権規約の締約に署名しており、そのA規約第十三条には「教育についてのすべての者の権利を認める」とし、学校教育の選択の権利を認め、民族教育のための私立学校の設置及び運営の権利を認めている。

更に、A規約第十三条二(a)は「初等教育は義務的なものとし、すべての者に対して無償のものとすること」を規定し、「(b)中等教育……(c)高等教育でも」……「無償教育の漸進的導入により……すべての者に対して機会が与えられるものとする」としている。

しかし、日本政府は、いまだに朝鮮人学校を正規学校に準ずる学校として認めず、日本の大学への受験資格においても、一部の公立大学と早慶を含めた一一二校の私立大学（一九九二年十二月末現在）のみに受験資格を認められているのに過ぎないのである。在日朝鮮人が自らの力で築き上げた朝鮮学校への助成金問題や大学への受験資格問題をはじめ、高体連加盟問題、ＪＲの通学定期券割引問題に至るまで一貫して差別政策を続けているが、これは早急に解決しなければならない。

この度、日本野球連盟で「野球を広く普及させる意味から門戸を開放すべきだとして、各種学校の中で朝鮮高級学校などの外国人学校に対して例外的に加盟を認める」（一九九三年二月十九日付、朝日新聞／九四年四月にやっと是正）と発表したことは歓迎すべきことである。今までは、スポーツ分野においてさえ差別を強いられていたのだが、初めて朝鮮学校にも門戸が開かれたのである。

日本政府は、世界の潮流が冷戦時代から平和共存の国際化時代に向かっている現実に相応した立場にたって朝鮮学校を正しく評価し、日本の教育基本法に準ずる学校として、民族教育を認めるべきである。

# 第五章　民族権利としての企業権

## 在日朝鮮人の生活

在日朝鮮人の中で、最初から事業にたずさわった人は誰もいない。それは在日朝鮮人の歴史的経緯からして、当然のことである。

かつて日本は、朝鮮人を植民地支配下の低賃金労働力の供給源とみなし、日本人のいやがる労働や「不快不潔、過激な長時間労働での低賃金」という雇用条件で牛馬のごとくコキ使った。

日本国内で、自己の労働力以外に生活手段を持たない朝鮮人は、頼る人とてなく、常に低賃金と失業と隣り合せで生きてきた。

一九三五年当時、京都市社会課では、「商業のうち最も多数を占めるのは古物商並に屑屋の数であった。その数が商業者総数の三三%を占める事実は、従来都会の経済的弱者が落ち込んだ職業を更に脅やかすべき、他の階級が新たに発生したことを物語るものであり、従前の屑屋業者一般に恐慌を与うべきと共に、朝鮮出身同胞渡来者が、渡来の最初より斯かる階級として約束されつつある不幸なる運命を止むなき事実として認めざるを得ないのである。……斯かる業者としての屑屋の域に達せず、所謂拾屋、又はバタヤとして街頭のゴミ溜をあさる悲惨なる運命にある者も多数存在するのであり、事実、近年市内に於てゴミ溜あさりより内地人の姿を没し、殆んど朝鮮出身同胞渡来者の多数が斯かる悲惨なる運命にまで追い込まれつつあるを知るとき、それが彼等の宿命なりと看過し難いものがあるのである」と報告しているほどである。

# 一　企業権への出発点

## 企業の生いたち

このように、かつての在日同胞は職業の選択よりも、むしろ、いかに生きるべきかが大問題であり、生活のためには何でもしなければならなかった。

にもかかわらず、解放と同時に約二百四十万の在日同胞は、その生活の手段すらなくしてしまったのである。生活の手段をなくした朝鮮人は、帰国するしか方法がなかった。大量帰国者の中には、生活苦から生きる手段を求めて帰国を急いだ人も決して少なくはなかった。

また日本に残留した同胞は、生活の手段を求めて土方や食糧の買い出しなど、あらゆる仕事を手当り次第にやらざるを得なかった。

一部の朝鮮人は戦前の経験を生かして、鍋、釜などの食器類や石けん、ゴム、皮靴、繊維製品などを製造して生活を維持しようとし、その技術を持たない同胞は、古物やくず鉄などを集めて仕切り場を始めたが、それがやがて、小さいながらも企業となる土台となった。

こうして、それらが次第に一つの企業として成長して行ったが、一九四八年には日本当局の産業復興と経済の安定化政策にともなって、朝鮮人たちの泡沫的な企業は殆んど壊滅してしまった。そして残ったのが、零細企業である物品販売業や焼肉店、サービス業などの風俗営業関係だったのである。

## 外国人財産取得令

一九四九年二月、GHQは「日本国内における外国人の事業活動に関する政令」及び、これに基づく「外国人の財産取得に関する政令」の草案を発表した。

これによると、外国人の事業活動や投資についての許可権はGHQにあり、投資または特定の事業財産の取得許可は、GHQと日本政府の外資委員会とによって行なわれる。また株式の持分の取得、譲渡、事業の利益に対する権利、土地、建物、工場、事業所またはこれらに付属した設備及び鉱業権、租鉱権とその賃借権、使用賃借に基づく権利、地上権、永小作権、質権、抵当権、販売権、財産取得の予約による権利など、事業に必要な一切の経済的行為は、日本政府の外資委員会が判断し、許・認可の決定をする。そして外資委員会担当官は、日本の外資収支のバランスによって財産の移動を許可するかどうかを決定し、必要によっては物件書類帳簿などを検査できる権限まで与えられる、というものである。

そのため在日同胞が財産を取得する場合、個人及び団体、法人を問わず日本政府の外資委員会の認可を受けなければならないが、日本で絶対多数を占めている外国人は朝鮮人であることから、この法律は朝鮮人を対象にしてつくられたものであり、その狙いは、日本政府が必要な場合は在日同胞の財産を凍結し、事業活動を制限しながら、最終的には日本から追放するところにあったといえる。従ってこれは、在日朝鮮人の死活にかかわる問題であった。

朝聯は、日本当局が在日同胞の財産権を侵害する「外国人財産取得令」の実施に際し、生活権防衛対策委員会を組織し、日本の関係当局に対して、在日朝鮮人をその法律の条項から除外するよう強力に要請し、全国各地で運動を展開した。また日本の民主団体や華僑連合会とも連帯して反対闘争を展開した。

こうして一九四九年三月五日、日本政府側と朝鮮人側が協議し、「昭和二十年九月二日以前より引き続き日本に住所を有する者は、本政令に関する限り外国人として取扱わない」という条文を加えることに合意した。これによって在日朝鮮人商工業者は、日本政府外資委員会の許可を取る必要がなくなり、「外国人の財産取得に関する政令」(四九年三月十五日、政令五一号)から除外されたのである。

これは在日朝鮮人の企業権、財産権を守る運動の中で画期的なことであり、団結の力を内外に示した大きな成果であった。

一九四九年十月二十一日、「日本国内における外国人の事業活動に関する覚書」で、外国人の事業活動の許可もGHQの同意だけで、日本政府の外資委員会が行なうように改正され、これに基づいて「外国人の事業活動に関する政令」(五〇年一月十四日、政令三号)及び「外資に関する法律」(同五月十日、法律一六三号)が制定された。

そして財産取得については、前述の政令や外資に関する法律によって、GHQの同意は必要なくなり、外資委員会で決定することができるようになった。つまり日本政府の大蔵大臣、最終的には主務大臣の許可によって決定することになったのである。

ところが一九五四年三月、衆議院通産委員会において、通産政務次官から四月二十八日付をもって、在日朝鮮人の「鉱業権と船舶権」の剝奪が一方的に宣告された。

つまり、「外国人の財産取得に関する政令」(昭和二十四年、政令五一号、同三十四年、法律一二九号)によって、在日朝鮮人は①船舶の所有権者になれない（船舶法第一条）、②鉱業権（鉱業法第一七条）及び租鉱権（鉱業法第八七条）の所有権者になれない、③航空機登録原簿に登録される必要がある（航空法第三条、第三条の二）外国国籍航空機は登録できず（同法第四条第二号）、日本の国籍を有しない人（同法第四条第一項第一号）は航空機を登録することができなくなったのである。従って外国人は、日本国籍航空機の所有を禁止ないしは制限されることとなった。

## 二　企業権の確立

一九五〇年代の初期、朝鮮戦争による軍事物資の生産などで、日本は戦後の慢性的不景気から完全に立ち直った。在日朝鮮人の中にも、ごく一部の人は戦争景気の恩恵を受けた人もいたが、その多くは、同族が殺りくする戦争に反対して、武器の製造及び輸送の協力を拒んで依然として失業の中で苦しんだ。青年たちは民族の危機を救わんとして反戦運動を展開したために逮捕され、獄中で呻吟した。

そこで同胞たちは、少ない資金でできる屑鉄業や古物商、簡単な飲食業やパチンコ業などを始めた。ところが日本当局は、依然として銀行からの融資や政府系金融機関、地方自治体の制度融資から在日同胞を除外したばかりか、信用保証協会からの保証さえ受けられないようにしていたのである。

### 企業の実態

周知のように、企業には二つの経営形態がある。つまり家族的な手工業と組織的機構をもつ企業であるが、これらは同じ事業であっても雲泥の差があるといえよう。

在日朝鮮人の企業は、いうまでもなく家族的手工業であるが、当初はすべてゼロから出発している。

ここに一九五四年十二月現在、日本赤十字社が在日朝鮮人の職業状況、特に朝鮮人企業経営者と従業員とを分類した資料を紹介する。

まず同年の法務省の資料による在日朝鮮人数は五十五万六千二百三十九人となっているが、この統計に表わされてい

**在日朝鮮人産業別，地位別人員表**（1954年12月現在）

| 産　業　別 | 経営者 a | 従業員 | 合　計 b | b/a |
|---|---|---|---|---|
| 原始産業 | 12,726 | 6,242 | 18,968 | 1.5 |
| 農　　業 | 7,044 | 2,553 | 9,597 | 1.4 |
| 牧　　畜 | 3,329 | 1,216 | 4,545 | 1.4 |
| 林　　業 | 1,977 | 1,793 | 3,770 | 1.9 |
| 漁　　業 | 376 | 680 | 1,056 | 2.8 |
| 製造加工部門 | 10,091 | 54,940 | 65,031 | 6.5 |
| 紡　　績 | 1,606 | 5,368 | 6,974 | 4.4 |
| 機　　械 | 744 | 4,001 | 4,745 | 6.4 |
| ゴ　　ム | 475 | 2,255 | 2,730 | 5.7 |
| 飴　菓　子 | 1,097 | 984 | 2,081 | 2.0 |
| 皮　　革 | 504 | 1,307 | 1,811 | 3.6 |
| 製　　靴 | 735 | 571 | 1,306 | 1.7 |
| 印　　刷 | 87 | 476 | 563 | 6.4 |
| そ　の　他 | 2,571 | 15,497 | 18,068 | 7.0 |
| 土　木　建　築 | 2,272 | 24,481 | 26,753 | 11.7 |
| サービス業部門 | 32,208 | 33,948 | 66,156 | 2.0 |
| 屑　鉄　業 | 9,929 | 5,682 | 15,611 | 1.6 |
| 遊　　戯 | 4,255 | 6,218 | 10,473 | 2.4 |
| 運　　輸 | 1,049 | 5,943 | 6,992 | 6.7 |
| 料　理・飲　食 | 4,428 | 2,480 | 6,908 | 1.6 |
| 古　物　商 | 2,572 | 1,598 | 4,170 | 1.6 |
| ブローカー | 1,531 | 561 | 2,092 | 1.4 |
| 旅　　館 | 424 | 272 | 696 | 1.6 |
| 貿　　易 | 312 | 297 | 609 | 1.9 |
| 金　　融 | 139 | 146 | 285 | 2.0 |
| そ　の　他 | 7,341 | 6,511 | 13,852 | 1.9 |
| 知　的　労　働 | 228 | 4,240 | 4,468 | 2.0 |
| 合　　計 | 55,025 | 95,130 | 150,155 | — |

日本赤十字社　在日朝鮮人の生活の実態（但し朝鮮月報No. 3よりの引用……引用誤植の一部数字は之を訂正す）

る朝鮮人有職者総数は、わずか十五万人である。有職者のうち経営者は五万五千人、従業員は九万五千人となっている。経営者一人当たりの従業員数は平均二人半である。

しかし在日朝鮮人の企業の前には、いくつもの難関が横たわっていた。

**①販路の問題** たとえば、東京の金某氏の場合。彼はプラスチックの再生原料の製造をしていた。発注された仕事はいつも夜十一時までフル回転して、かなりの業績を上げた。ところが得意先が、中間ブローカー商事会社から受取った手形が不渡りとなったために、一年近くの仕事の代金数千万円が回収不能となった。商事会社には差押えるものは事務机と電話しかなかったから、結局、倒産に追いこまれてしまった。

実際、このような形で、一九五〇年代の後半から六〇年代にかけて多くの同胞企業が相ついで倒産している。

**②資金の問題** 日本政府は一九四八年、大蔵省令として在日朝鮮人に対する融資禁止令を極秘に出した。そのため在日朝鮮人は、日本の政府系金融機関や国民金融公庫、一般市中銀行などの融資対象からはずされたばかりでなく、借入申込に対して、「帰化をすれば金を貸す」という露骨な手まで用いられた。

一九六〇年代を例にあげると、事業を計画する場合、日本人なら一般的には自己資金が五〇%、借入金は五〇%といわれていたが、在日朝鮮人の場合には自己資金は三〇%、借入金七〇%が一般的であった。中には自己資金一〇%、借入金九〇%で商売を始める人も稀ではなかった。そのため、高利の利息の支払が経営を圧迫し、代金回収と手形の決済の連続をくり返す〝自転車操業〟となるのである。

これは特殊な例ではあるが、一九六〇年代、ビニール業界の代表的な業者であった東京の金某氏の場合。最初はM物産と直接取引ができ、業界から羨望の目で見られた。仕事の数量は増加し、M物産が工場及び設備の拡張を要望したので、市中銀行に融資の相談をしたが拒否された。そこでM物産から資金の援助を受けて事業を拡張したが、M物産からは重役も派遣してきた。やがて社長であった金某氏は会長にされ、権限を奪われて孤立化し、自分の企業はM物産のものとなってしまったのである。

これが在日朝鮮人の事業家の中で大きな教訓となったのはいうまでもない。

このようにして、資金問題を打開すべく、一九五二年六月、東京で信用組合が創立されたのを皮切りに、八月に兵庫県、十月には神奈川県などと全国の都道府県で三十七の民族金融機関が設立されたのである。
**③税金の問題**　日本当局は、在日朝鮮人商工業者に対し、各種の税金は日本人と全く同じく、納税の義務を負わしめている。権利は制限するが義務はすべて負わすというわけである。
在日朝鮮人に対する課税は、一九四六年七月二十九日、ＧＨＱの「在日朝鮮人に対する課税権行使を日本政府に許可する覚書」から始まり、日本当局はそれを根拠として課税の義務を強要している。

そこで在日朝鮮人商工連合会は、日本の法律を尊重し、在日朝鮮人が主権国家の公民として、日本当局の課税に応ずるという立場を明確にしている。そして、在日朝鮮人に対する課税には、二重課税を防ぎ、正当に処理するために国際慣例によって解決されなければならないとしている。

従って、日本当局が在日朝鮮人の民主主義的民族権利を法的に保障することによって、在日朝鮮人の置かれている歴史的な特殊性を認識し、民族的偏見からくるさまざまな差別をなくし、公正な課税をしなければならない。

日本の識者もいうように、「租税とは、国又は地方公共団体が経費に充てるための財力調達の目的をもって、その課税権に基づき、法律の定める課税要件に該当するすべての者に対し賦課するものであり、公平の原則でなければならない」（『租税法』田中二郎著・有斐閣）のである。

それでは、課税された税金はどのように使われているだろうか。「租税とは、国の財政政策の一部をなし、国民経済の成長と安定を通し、国民生活水準の向上を図るのが目的である」（同上）からである。

しかし、ここでも差別が行なわれている。それを見るためにまず税金の種類と金額を見たいと思う。

日本政府が課税している税金の種類を大きくわけると国税と地方税の二大基本税がある。国税には所得税を始め二十六種類があり、地方税は都道府県税と市（区）町村税とに分類されるが、これらを合算した場合、事業税を始め、三十二種類の税金があり、国税と地方税とを合せると五十八種類の税金を払っていることになる。

それでは、払った税金の中から教育費だけを考えた場合、一九八四年度の統計によると、一ヵ年間一人の学生に使われている税金は、小学生四十四万七千円、中学生五十四万八千円、高校生（公立学校）六十四万一千円となっている。

その金額は一九八三年度の国税の総収入が五十兆六千二百七十二億円のうち、教育費が四兆八千六百六十五億円で九・七％を占め、地方税からは、一九八三年度の全国地方税総収入二十七兆六千五百十九億円のうち、教育費は四兆六千四百七十七億円で一七・五％を占めている。

ところが、朝鮮人学校で民族教育を受けている朝鮮人学生の約四万人に対して、日本当局は一銭の補助金も出していない。

しかし、在日朝鮮人が一年間に払っている税金は、一九八三年度の国税と地方税を合せた一人当たりの税金の負担額は四十五万二千円であり、在日朝鮮人が払った税額は、三千億円以上にものぼっている。

**注**　税額算出の根拠は、日本政府が一九八三年度の一年間に払った一人当たりの税負担金を四十五万二千二百十四円として計算したのに基づき、二百十四円の端数を切り捨てて計算したものである。

また朝鮮人学校の運営資金は、在日同胞商工人から出されているが、日本当局は、その学校運営のための教育費さえも経費として認めていないのである。

これは租税法の公平の原則からしても不合理であり、民族的差別も甚だしいといわざるを得ない。

## 三　企業権擁護運動

一九四五年八月十五日の解放以後、在日朝鮮人は生きる手だてを求めて商売を始め、ともに助け合うための組織をつくった。

一九四七年六月、在日朝鮮人京都商工会が民族共通の企業権を守るため、思想を超越して、朝鮮人工業組合や料理、古物商、ゴム、織物などの十二の組合を結集させ、企業権を守るために立ち上がった。

日本当局は一九五二年四月、サンフランシスコ条約の発効とともに、在日朝鮮人に対する露骨な弾圧政策をとり始め、同年七月に開かれた日本警察当局の全国治安対策会議では、在日朝鮮人に対して検挙第一主義をとることを決定した。

この頃から日本当局は、統制経済の取締りを口実に広島、大阪、兵庫、青森などで弾圧を加え、多くの朝鮮人が逮捕された。同じく七月には、愛知県豊橋税務署管内では朝鮮人が民族差別による不公平な課税に抗議したため、商工人九人が税務署の中で警官に逮捕されたりしている。

このような状況の中で日本政府では、公安調査庁が発足し、朝聯、民青を解散させた悪名高い団体等規制令が廃止され、それに代わって破壊活動防止法（略称破防法）が公布された時期である。

このような情勢の中で朝鮮人商工会は、商工人の融資を獲得する問題や朝鮮人の企業権、生活権を守るため、日本の関係当局と話し合いや要請、陳情をくり返し、忍耐強く運動を展開した。

そして一九五五年十二月、東京都足立朝鮮人商工会が越冬生活擁護運動を展開して、三人の企業者に四十万円を融資させることに成功した。これは日本当局が外国人を融資の対象外に置いていた前例を破る、画期的な出来事であった。

こうして一九五七年七月には、東京都朝鮮人商工会の斡旋で、東京都中小企業振興特別小口資金七百万円を、東京信用保証協会の保証で融資を獲得し、同和信用組合（現朝銀東京信用組合）に預託した。また愛知県商工会が大栄信用組合（現朝銀愛知信用組合）を通じて、商工中金から夏期融資として一千万円を獲得するなど、全国的に制度融資獲得運動が展開された。

また同年には、同胞企業者の資金難や販路難、税金問題などを打開するために、各業種別及び地域別の協同組合を設立する協同化運動が積極的に推進された。

こうして、一九六四年四月に、東京朝鮮人協同組合連合会が設立されたのを皮切りに、全国各地で協同組合が設立され、税金問題の処理のために全国各地に納税組合が設立されたりした。

たとえば、東京朝鮮人協同組合連合会は、不景気の中で同胞商工人の企業権を守るための融資活動を積極的に行ない、一九七〇年には二十余億円の融資を獲得した。

また同胞たちの生命財産を守るための損害保険も、朝鮮人商工連合会と日動火災保険会社との間で代理店契約が結ばれ、同胞の財産の保全を図った。

一九七七年四月には、朝鮮国際保険会社と日動火災保険会社が提携し、民族的保険代理店として、金剛保険株式会社が設立された。そして一九七八年には、大同生命保険相互会社との代理店契約をも結び、日常生活における朝鮮人たちの生命の安全と保護につとめている。

一九六五年六月、「韓日条約」が強引に締結されて以来、日本当局の、在日朝鮮人に対する弾圧はいっそう露骨になった。

朝鮮人学校の弾圧を目的とした「外国人学校法案」や「出入国管理法案」などが国会に上程されたが、そのつど内外の猛反対にあって廃案となった。

このような状況の中で、朝鮮人商工連合会代表が国税庁次長に要請書を手渡した。それは在日朝鮮人商工業者の企業活動に加えられている民族的差別を即時中止すること、「脱税」、「過少申告」などを口実とした査察や特別調査を中止すること、在日同胞子弟の義務教育に対する負担を損金として認めること、税金問題は朝鮮人商工会と協議し、適正に決定すること、などであった。

しかし一九六七年に入ると、在日同胞商工人に対する圧迫が露骨化したため、これに対する抗議運動や陳情などが行なわれた。

ところが一九七一年二月、警察庁保安部は射幸遊技場法と風俗関係営業法の試案を発表し、朝鮮商工人に対する弾圧を画策した。

当時、日本全国の遊技業一万二千店舗のうち、その過半数が朝鮮人業者によって経営されており、飲食、サービス業を含めると在日朝鮮人職業の約七〇％をしめていたため、この法案の意図は、明らかに在日朝鮮人業者を弾圧するところに目的があったといえる。

一九六七年十二月十三日、東京国税局は警察官を大量に動員して、同和信用組合の本店と上野支店の二カ所に対し、取引先の脱税容疑の調査名目で捜査令状も提示せずに強制査察を行なった。

この事件の知らせを聞き、上野支店周辺の同胞約三百人が不当な捜査に抗議し、東京国税局には五百人を越す同胞が押し寄せ、押収した書類の返還を強く要求した。

同和信用組合は、在日同胞の公平で自主的な民族金融機関であり、この事件は、いまなお係争中である。

このような不当な弾圧にも屈せず、朝銀信用組合は名実ともに在日同胞の民族金融機関として大きな役割を果たし、預金額は一九八三年現在、八千八百二十三億円に達している。

朝銀が一九七二年八月に、政府系金融機関である商工中金の代理業務権を獲得してから、一九八二年までの代理業務取扱状況は、全信連、商工中金、中小企業金融公庫、住宅金融公庫、国民金融公庫、環境衛生金融公庫などで六千四百九十四件を取扱い、金額は八千七百二億五千七百万円に達している。

一九七一年八月、アメリカがドル防衛緊急対策を発表し、ニクソン・ショックによる世界的な不況が始まった。さらに一九七三年十二月には石油ショックが起こり、日本では国民生活安定緊急措置法案と石油需給正常化法案が国会に提出されるなど、パニック寸前の状態が生じた。

そのような状況の中で、朝鮮商工連合会は、税務当局の弾圧が継続していることに関連して、税金問題を公正に解決するために積極的な対応策を講じた。

そして一九七六年、商工連合会と国税庁との間で再び話し合いがもたれ、「合意事項」が成立したのである。

それは、同胞商工人の税金問題は朝鮮人商工会との協議によって解決する、定期定額の商工団体の会費は損金と認める、学校運営の負担金については前向きに検討する、経済活動のための第三国への旅行の費用は損金と認める、法廷で係争中の諸案件は話し合いで解決する、というもので、一定の前進を見ることとなった。

こうして、朝鮮人商工団体は、合意事項を完全に履行するようねばり強い運動を展開し、同胞商工人の税金問題を公正に解決し、その企業権を擁護してきたのである。

また、不況が深刻化している中で、景気対策を講じるために業種別協議会を開き、各分野の経営診断を行ない、その対策を検討する必要性が生まれたため、生産業、飲食業、遊技業、古鉄業、土建業、小売業などの各分野の代表的商工人が集まり、商工連合会の諮問機関として経営対策協議会が結成され、六つの業種別小委員会が設置された。

また融資問題も、朝銀からの資金需要もさることながら、長期低利資金の融資問題の解決が企業経営の重要な課題となったことと関連し、政府資金、地方自治体資金を獲得するための交渉をつづけた結果、五つの制度融資が認められるようになった。

このように、在日同胞商工人は、企業権を守る運動の中で多くの権利を獲得してきた。しかし、獲得された権利も絶対的なものではなく、情勢の変化によっては再び失われることもあり得る。

現在、在日同胞の多くの一世は世を去り、若い世代が絶対多数を占めるようになった。したがって、この若い世代がいかに一世の成果をうけ、引き継いで行くかが大きなカギとなる。

一九七〇年代に入ってから、若い商工人の集まりが全国各地でつくられ、活発な活動をくり広げている。

このように団結を固めていくこと――これが企業権を守り発展させる基本であることは論をまたない。

# 第六章　外国人登録法について

日本には六十八万の朝鮮人が住んでいる。これらは在日外国人八十四万のうちの八四％をしめており、一般外国人とは異なる経緯をもった特異な存在の外国人である（一九八四年現在）。

通常、外国人とは自国から旅券をもって、日本国への入国手続により、その許可条件によって日本に上陸してきた者をいう。

在日朝鮮人は、一般外国人のように旅券を持って日本に入国・上陸してきたのではなく、歴史的な事情によって日本に住むようになった特殊性をもつ外国人である。

それは、彼らが、かつて日本帝国主義の侵略戦争遂行のための〝肉弾〟として、強制連行などで日本に連れてこられた人たちであり、その子であり、孫であるからである。

ゆえに在日朝鮮人は、旅券をもって日本に入国・上陸してきた一般外国人とは本質的に違った立場にある。

しかし日本当局は、このような在日朝鮮人の歴史的な特殊事情を考慮に入れないばかりか、彼らが日本にとって不必要な存在となったいま、在日朝鮮人を人権尊重の立場ではなく差別と抑圧によって取締ろうとしている。

それが一九四七年五月、アメリカの指示によって制定された「外国人登録法」の前身である「外国人登録令」である。

これは在日朝鮮人を取締るための治安立法的な性格をもっており、在日朝鮮人をさらに差別し抑圧するための「外国人登録法」を制定し、指紋押捺制度を設け、登録証の常時携帯などの義務規定の設定と刑罰をもって、法の適用によっては在日朝鮮人を追放しようとするところにその目的があった。

ゆえに日本における「外国人登録法」は、「出入国管理法」とともに、在日朝鮮人を取締る二大基本法となっているのである。

## 一　登録法の内容と治安立法性

### 登録法の目的

「外国人登録法」は、アメリカの指示によって「外国人登録令」(勅令二〇七号、一九四七年五月二日施行) が制定されたところから出発している。

それはアメリカによる日本占領と朝鮮政策の一環として、在日朝鮮人の実態把握と取締りを主要な狙いとする、治安立法としてつくられたものである。

たとえば一九四九年九月十六日、日本外務省が連絡局長名で法務府法制長官宛に出した「外国人登録令」に関する質問書の中に、法務府民事局六課の意見として、「特に本件外国人登録は在日朝鮮人を主として目的とする」と指摘していることからもうかがい知ることができる。つまり現在の「外国人登録法」は、在日朝鮮人登録令として誕生したのである。

この登録法（一九五二年四月二十八日、法律第一二五号）は二十条からなっており、その第一条には「この法律は、本邦に在留する外国人の登録を実施することによって外国人の居住関係および身分関係を明瞭ならしめ、もって在留外国人の公正な管理に資することを目的とする」と定めている。

日本政府は、「在留外国人を公正に管理する目的で外国人の居住地及び身元を明らかにするのが本法の目的」だとしている。

日本国民の居住関係および身分関係を明らかにする「住民基本台帳法」では、その第一条に「この法律は、市町村において、住民の居住関係の公証、その他の住民に関する事務の処理の基礎とするとともに、住民の住所に関する届出等の簡素化を図るため、住民に関する記録を正確かつ統一的に行なう住民基本台帳の制度を定め、もって住民の利便を増進し、あわせて国および地方公共団体の行政の合理化に資することを目的とする」と定めており、日本国民の居住関係、身分関係を明らかにすることを目的とした規定では同じである。

ところが、「外国人登録法」と「住民基本台帳法」第一条の規定は同じであるが、両者にはその内容と運用においては雲泥の違いがある。つまり「住民基本台帳法」は民事法規であり取締りの対象外にあるのに対し、「外国人登録法」は民事でありながら実質的には刑事法規として取締りの対象となっているからである。

## 携帯・呈示義務

在日外国人には「登録証明書」なるものを携帯、呈示する義務が課されているが、日本の「住民基本台帳法」や「戸籍法」にはそのような制度はない。

外国人は登録申請をすると、住所、氏名及び職業、勤務先に至るまでの二十項目が登録原票に記載される。この登録原票は各市（区）町村にそなえつけられており、市（区）町村長はこの原票に基づいて登録証明書をつくり申請人に交付する。

「外国人登録法」第十三条は「外国人は……登録証明書を受領し、常に携帯しなければならない。ただし、十六歳に満たない外国人は、登録証明書を携帯していることを要しない」（同法第十三条一項）としている。

これが登録証明書の常時携帯義務といわれるものであるが居住や身分関係を知るためなら登録原票の確認で充分なはずであり、原票制度の上にさらに登録証明書の常時携帯を義務づける必要はない。にもかかわらず、この義務が課されていることは、在日朝鮮人が常に官憲の監視下におかれ被疑者扱いされていることを示している。

さらに同法は「外国人は、入国審査官、入国警備官、警察官、海上保安官、鉄道公安職員、その他法務省令で定める国又は地方公共団体の職員が、その職務の執行に当り登録証明書の呈示を求めた場合には、これを呈示しなければならない」（同条二項）と定めている。

これが登録証明書の呈示義務といわれているもので、この常時携帯義務または呈示義務に違反した者には、同法第十八条で一年以下の懲役もしくは禁固、または二十万円以下の罰金が科せられることになる。

したがって、「うっかり自宅に忘れた」といえば過失犯、わざと置いてきた場合にはいわゆる故意犯として、いずれも刑法上の罰則を受けるのである。また呈示を拒絶すれば、不呈示罪で処罰される。

しかし、登録証明書をうっかり忘れた場合でも、懲役一年以下の罪になるのである。

## 罰則の規定

これまで登録法「違反」の名目で逮捕された朝鮮人のほとんどは、登録証を忘れたとか、登録記載事項変更の場合に法定期間を若干こえて申請したとかいうものである。

ところが登録法は、このように単純な過失に基づく形式犯に対しても「一年以下の懲役若しくは禁固又は二十万円以下の罰金」（ただし不携帯の場合は懲役、禁固刑は除かれ、それに準ずる罰金刑のみ）という非常に重い刑罰でのぞんでいる。

たとえば、住所を移転した時には十四日以内に変更登録の申請をしなければならないが、それが一日でも遅れたりすると、変更登録不申請罪ということで右にみた刑罰の対象となる。

日本人の「住民基本法」や「戸籍法」では、届出や申請が遅れても三千円以下の過料ですむ。この過料とは、行政法上の秩序罰といって「あやまり料」であり、罰金ではないので「前科」や捜査の対象にもならない。

ところが登録法違反の場合は刑罰であるから、捜査、逮捕、拘留などの刑事処分ができると同時に「懲役一年」の刑法上のとばく罪や過失致死罪より重い罰則をうけるのである。

登録の変更手続などでの多少の違反が、どうして常識では考えられないような刑罰の適用をうけ、「前科」になるのであろうか。

このように登録法違反に対しては、つねに捜査権が発動できるところに大きな問題があり、日本当局もそこに焦点を置いて、些細な手続違反であっても大がかりな「犯罪捜査」ができるようにしたところに、同法を制定した狙いがあるのである。

# 指紋押捺

一九五二年四月、登録令を改悪した「外国人登録法」の第十四条には、外国人に対し指紋の押捺義務を定め、指紋押捺の細則には、「外国人登録法の指紋に関する政令」とか「外国人指紋押捺規則」などの法令を設けるなど、複雑な手続を規定している。

それは新規登録、登録証明書の再交付、切替などすべての場合に、登録原票、登録証明書、指紋原紙にいちいち指紋を押さなければならないことになっている。

この指紋押捺制度の導入は、日本当局が犯罪捜査の必要上持ち出したものであり、特に治安当局の強い意図が反映されたものである。

本来、指紋は犯罪人に限って捜査上の必要性から取るものであり、犯罪人でもない在日朝鮮人が指紋の押捺を強制されるのは、到底許されることではない。

ゆえに同法の第十四条および、当該義務違反にかかわる罰則を定めた第十八条一項八号は、外国人と、とくに在日朝鮮人の反対によって施行の時期が延期され、二年、三年と延ばされたあげくやっと一九五五年四月から実施されたというい わくつきの制度である。

日本当局は指紋押捺制度の導入に対し、従来の登録原票、登録証明書に写真を貼りつけるだけでは、貼り換え、変造、偽造などの恐れがあり、また写真は写り具合、撮影方法、本人の健康状態の変化、年齢による容貌の変化など、本人の同一性の識別に欠陥があるため、これらを補い、登録の不正を防ぐために一生不変、万人不同の指紋制度を導入した、としている。

ところが、単なる身分関係や居住関係を明らかにするだけの目的で、なぜ指紋の登録が必要なのであろうか。

外国人登録証明書は、五年（一九八二年八月までは三年）ごとの切替え時に写真を撮っているから、本人との同一性は充分に確認されるはずである。しかも指紋を押捺しても、鑑別のできる職員はいないし、その器具も備えていないことは、多数の関係者からの証言で明らかである。

ゆえに、登録証明書に指紋の押捺をしてあっても、携帯、呈示の関係で、指紋をもって同一性を識別することは不可能であるといっても過言ではない。

現に、同一性確認は写真をもって識別しており、指紋では行なわれていない。

にもかかわらず、このような指紋押捺制度は「外国人登録法第十四条及び第十八条第一項第八号の規定の施行期日を定める政令」（一九五五年、政令二五号）により、その施行期日は一九五五年四月二十七日と決定され、同日付をもって「外国人登録法の指紋に関する政令」（一九五五年、政令第二六号）および「外国人指紋押捺規則」（一九五五年、法務省令第四六号）がともに施行されたのである。

## 登録法の改悪

日本当局は、最初に「外国人登録令」（一九四七年、ポツダム勅令二〇七号）が施行されてから二年後の一九四九年十二月三日、「外国人登録令の一部を改正する政令」（一九四九年、政令三八一号）を公布した。

これによって日本当局は、登録証明書交付後の定期的な点検を通じ、在日朝鮮人の実態を掌握するための一斉切替制度を新設し、在留有効期間を三年と定め、全国一連番号制にして違反に対する罰則を強化した。

さらに従来「六カ月以下の懲役もしくは、禁固又は千円以下の罰金」であったものを「一年以下の懲役若しくは禁固又は一万円以下の罰金」に引き上げるなどして、治安立法性の拡充を図ったのである。

しかし、一九五二年四月のサンフランシスコ条約の締結によって、ポツダム勅令である「外国人登録令」は廃止され、一九五一年十月四日にポツダム政令として制定された「出入国管理令」は、その一部を改訂し、同管理令（一九五二年、法律一二六号四条）に法律としての効力を付与し、そのまま存続させる方針がとられた。

このような経過をへて、一九五二年四月二十八日、出入国問題並びに強制退去問題が切り離されて「出入国管理令」（一九五二年、法律第一二六号）に引き継がれ、もう一つは「外国人登録法」（一九五二年、法律第一二五号）として即日施行された。これが在日朝鮮人を規制し、弾圧する二大基本法となったのである。

「外国人登録法」は従来の登録令を引継ぐのに際し、登録手続きのみを継承したものの、更に改悪されたのはいうまでもない。

その内容を要約すると、①日本国籍以外の二つ以上の国籍を有する者については、旅券を最近発給した機関の属する国の国籍を有するものとみなす旨の規定を新設したこと。②外国人登録証明書の交付を受ける申請手続きに際し、従来は写真の提出が二枚であったものを三枚としたこと。③登録の申請に基づいて登録原票を作成する場合には、市（区）町村長が事実調査権を行使できるようにしたこと。④引替交付および再交付の両者を再交付手続として一括規定していたのを別に法定するとともに、その義務違反に対する罰則を設けたこと。⑤居住地変更の事前届出義務および、町村合併などに伴う居住地の記載の書換申請義務を新設したこと（その後の改正で前者は事後報告的な居住地変更登録申請のみとなり、後者は職権登録制に改められた）。⑥指紋押捺制度を新たに採用したこと（その内容及び実施時期などは別項で述べる）。⑦罰則については懲役又は禁固と罰金との併科規定を設け、また申請などの代理手続違反に対して過料を科すことにしたこと。⑧登録証明書の切替を二年ごとに行なうこととした（旧法令では、一九四八年の政令三八一号による改訂で、三年ごとに切替を行なうことになっていたが、その改正後三年を経ないうちに新法の施行を行なったのである。なお現行法では、登録証明書の切替という考えから更にすすんで、登録の確認制度を採用し、期間も再び三年ごととなっている）ことなどである。

同登録法は制定されてから数回にわたって改訂されたが、第一回は一九五二年八月一日に、外国人登録事務の法務省移管に伴い所要の改訂が行なわれた。

第二回から第四回までの改訂は指紋押捺制度の導入を図り内外から強力な反対があったために、実施期間が「二年以内」（一九五三年、法律四二号）に改められたが「三年以内」（一九五四年、法律七〇号）となり、最終的には一九五五年四月二十八日に施行された。第五回目は「警察法の施行に伴う関係法令の整理に関する法律」（一九五四年、法律第一六三号）により同登録法第十三条二項の中で「警察吏員」の部分が削られた。

第六回目は「外国人登録法の一部を改正する法律」（一九五六年、法律第九六号）で大幅な改悪が行なわれた。その主なものは、申請等のための本人出頭の明示、従来二年ごとの切替を三年ごとに行なうこととし、切替のときの手続きの内容は「登録原票の記載が事実に合っているかどうかの確認申請」である。

第七回目は「外国人登録法の一部を改正する法律」（一九五八年、法律第三号）により、指紋関係を中心に更に改悪し、第八回目には「地方自治法の一部を改正する法律」（一九六二年、法律第一三三号）により、同登録法の市町村の定義の修正が行なわれている。

日本当局は一九七五年にも改悪を企図したが、反対運動が強力なために失敗に終わり、九回目は一九八〇年、新規登録申請期間を三十日から六十日に延長したことと、これまで出国をする際に外国人登録証明書を提出して、日本に再入国した時点で役所の窓口に出向いて受け取るようになっていた制度が廃止された。

十回目（一九八一年）には、登録写票の都道府県での保管制度が廃止され、市（区）町村の窓口と入国管理局とが直接結びつけられるようになった。十一回目は、一九八一年度に日本が「国際人権規約」と「難民条約」に調印、批准したことにより「出入国管理及び難民認定法」が成立し、特例永住制度の導入をした時期とも関連して「外国人登録法の一部を改正する法律」(一九八二年八月十日、法律第七五号)が出された。

それは①登録法第三条の写真の提出を要しない年齢を十四歳から十六歳に引上げたこと。また十六歳未満は本人の確認を必要としないとしたこと。②第十一条の登録証明書の切替交付期間を三年から五年に延長したこと。③第十三条の登録証明書の受領、携帯及び提示が十四歳未満からであったのを十六歳未満は不必要としたこと。④第十四条の指紋押捺は十四歳以上であったのを十六歳以上に引上げたこと。⑤第十八条の罰則は、従来の一年以下の懲役、もしくは禁固または三万円以下の罰金を二十万円以下の罰金としたことである。

## 新しい登録法改正案

こうして日本政府は、十二回目の外国人登録法改正案の骨子を一九八七年一月に発表し、三月の通常国会に提出する法案作成にかかっている。

これによると、改正案の第一は、指紋押捺を十六歳時の登録切換のとき一回限りにするとした。ただし、人物の同一性に疑いがあるとき、指紋の指を欠損しているとき、指紋が毀汚損などで不鮮明となっているときの場合はその限りではないとした。

しかし、指紋は終生変わらないものであり、たとえ一回であっても人権侵害の本質に変わりはない。また、改正案では例外規定を設け、行政当局が、任意にいつでも指紋押捺を強要できる余地を残している。

第二には、押捺指紋は、登録原票及び指紋原紙の二葉とし、登録証明書への押捺を要しないように改める。

第三には、十六歳以上の外国人に交付する登録証明書は、現行の冊子型から刷り込み式のラミネート・カード型のものに改めるとしたが、これは、登録証明書を携帯しやすくするとの口実のもとに、在日朝鮮人に対する常時携帯義務と管理・規制を強化しようとするものである。

第四には、登録証明書の受領に関し、同居親族等による代理受領制度を新設することとした。

第五には、十六歳以上の外国人に係る切替（確認）申請期間を一律に五年とする現行の規定に改正した点は、(1)申請・切換した日から五年ではなく、五年目の誕生日の三十日以内に改めることにした。つまり、集団的な切替より個別的に切替時期を分散させる点にある。(2)、身分事項または在留の資格が不明確な不法滞在者並びに指紋の押捺を要しないとされている在留期間一年未満の短期在留者及び指紋押捺拒否者には、切替申請期間を短縮して一年以上から五年未満に定めることができる規定を新設した点である。

以上の通り、この度の改正は、外国人登録法の抜本的改正を求めている押捺の廃止はしないことがはっきりしており、登録証明書の常時携帯義務の廃止、苛酷な刑罰規定の廃止については、一言もふれていない点である。

このように、日本当局のいう「外国人登録法の改正」は、指紋登録制度を存続し、抜本的改正をせず世論をかわすためのごまかし改正であり、十数回の手直しを経ながら事務の簡素化に主眼をおいたものであり、在日朝鮮人規制の治安立法的な現行法の性格に変化をもたらしたものではなかったのである。

## 登録法の改正

外国人登録法の改正案が一九九二年四月十七日に国会で一部修正を加えて成立した。同改正法は、在日朝鮮人を中心とする永住権者約六〇万人に対しては、指紋押捺を廃止し、代わりに写真や署名のほかに、配偶者の氏名など家族関係を登録することとし、永住権資格のない一年以上の長期滞在者約三二万人には指紋押捺を継続することとしている。

この度の、登録法の改正内容は、まず第一に、居住地や勤務先などの登録の変更申請を怠った場合の罰則を現行の「一年以下の懲役もしくは禁固もしくは二十万円以下の罰金」から「二十万円以下の罰金」に引き下げるとしたことであり、第二に、改正法の交付から翌年の施行までの間に、十六歳になって指紋押捺の義務が生じる永住者の押捺を免除するという経過措置を付則に盛り込むことの二点である。

一九九二年の四月に日本国会で成立した外国人登録法の改正案は、一九九三年一月八日から施行された。日本政府は、この度の外国人登録法の改正で指紋押捺を廃止するために、あらゆる角度から研究したようにも見られるが、この改正は登録法の改善ではなく、まさに改悪と言わざるを得ない。一九五五年に始まった指紋押捺制度は今度の法改正で廃止されたが、その代わりに新たな同一人性の確認手段として、本人の署名と家族の名前、生年月日などを登録することが義務づけられている。そして、その違反者には「不署名罪」を新設し、刑事罰として「一年以下の懲役若しくは禁固又は二十万円以下の罰金」という過酷な署名拒否罪を新設したのである。

このように、家族登録制度を新設し、在日朝鮮人の管理取締りがより厳しくなり、警察にも、従来までは個人を単位としてしか識別されなかったのが家族構成全体を一目瞭然と識別されるようになり、個人のプライバシーの侵害の恐れが出てきたことである。また今回の改正は、従来からの外国人登録証明書の常時携帯・呈示を廃止するため抜本的な改正を要求している立場からは、外国人登録法が持つ在日朝鮮人の取締法としての治安立法的な性格に変わりはないのである。

現在、国際化時代が進む中でも、日本政府の在日朝鮮人に対する差別は基本的には変わっていないのであり、もしそうでないとするならば、歴史的な特殊性をもった在日朝鮮人に対しても、外国人登録法における住居変更などの違反に対し、日本人に適用している住民基本台帳法のような行政サービスを目的とする政策に転換し、日本人と同じく、刑事罰ではなく行政罰を適用すべきである。

今回の外国人登録法改正では、若干の前進はあったとしても抜本的な改正には程遠く、基本的には従来の刑事法規と取締法規としての性格が濃厚な在日朝鮮人管理政策であることに変わりはないのである。これは、国際化時代の潮流に逆行しており、日本だけが旧態依然とした在日朝鮮人政策を続けることは不幸なことである。今後、日本が朝鮮（南北を含めて）問題で戦後処理をするうえでもこのことは避けては通れないのであろう。

## 二　登録法の所轄と変遷

### 外国人登録制度

日本には戦前から外国人登録に類似した制度が存在していた。内務省令第六号「外国人ノ入国、滞在及退去ニ関スル件」（一九三九年五月一日施行、四七年五月二日廃止）がそれである。

しかし戦前は在日朝鮮人も「日本国籍を有する日本国民の一員」とされていたので、この法律を適用して規制することはできなかった。

もっとも日本当局は、在日朝鮮人に対して「協和会手帳」なるものを強制的に所持させ、特高警察による不断の監視下において取締りを強化していた。

この協和会なるものは一九三四年六月に、日本の内務省、朝鮮総督府など四つの省の関係首脳を中心につくられた親日御用団体である。

その設立目的は、表面上は在日朝鮮人の保護、救済を掲げながら、内実は在日朝鮮人の生活の実態と動向を監視し、民族同化政策の推進を図るところにあった。

一九四五年八月十五日、日本の敗戦にともない朝鮮は当然のことながら解放された。

同年九月二日、日本がポツダム宣言を受諾したことによって、在日朝鮮人は日本の「国籍」からも解放されたのである。

一九四六年二月十七日、ＧＨＱは在日朝鮮人の帰国希望者の登録を日本政府に指令し、「帰還希望者登録」を実施した。同年三月、ＧＨＱの覚書により日本政府は、在日朝鮮人の登録制度となる「朝鮮人、中華民国人、本島人及本籍を北緯三十度以南（国之島を含む）の鹿児島又は沖縄県に有する者の登録令」（一九四六年厚生省、内務省、司法省共同令第一号）を発表した。同登録令では、第一条に「朝鮮人ノ帰還希望ノ有無ヲ調査スルタメ登録ヲ実施スル」と規定されているように帰還希望者の有無の調査にあるとされた。

しかし、これは表面上のことであり、登録義務違反者に対して「六ヵ月以下ノ懲役若シクハ禁固又ハ八千円以下ノ罰金」（同法令第八条）を適用するとされていることからも明らかなように、在日朝鮮人の実態を把握し規制するところにその目的があったのである。

同年四月二日、ＧＨＱより「日本における非日本人の入国及び登録に関する覚書」が日本政府に指令され、それに基づいて旧内務省を中心として外国人登録制度の法令を立案する作業が開始された。

このような経過をたどって一九四七年四月二十八日、閣議で登録と退去強制を骨子とした「外国人登録令」（ポツダム勅令、二〇七号）の公布が決定され、同年五月二日に施行されたのである。

日本政府は、同法令を公布するのに先立って、日本の法律では、在日朝鮮人は日本国籍所持者となっていることと関連して、「在日朝鮮人は当分の間、外国人」（同法令第十一条）と便法上の規定を設定し、在日朝鮮人に対して登録令を遵守するよう義務づけ、それに違反した者には刑罰を科し、場合によっては退去強制をするとした。

この登録令の目的は、在日朝鮮人に対する登録を強制実施することであり、不法入国者の取締りと登録手続違反による司法処分者を退去強制することである。

退去強制の事由は、①不法入国者、②登録手続に違反して禁固以上の刑に処せられた者、③登録手続に違反して刑に処せられた者で再び登録手続違反行為のあった者、④登録証明書の偽造、変造とそれを行使し刑に処せられた者などとなっている。

ところが登録違反の実態と運用の面では、まず第一に外国人登録証の常時携帯、提示義務と過重な罰則規定、第二には指紋登録の強要と市町村吏員の調査権の拡大強化、第三には登録証の切替えと登録証の全国一連番号制による取締りの強化をはかるなど、外国人登録制度の治安立法を露骨化させていった。

それは在日朝鮮人の居住関係、身分関係を掌握するに必要な最小限度をこえて、在日朝鮮人の日常生活と行動を全面的に監視し支配するところに狙いがあった。

そのため同登録令実施後の五年間だけでも、登録証不携帯や提示義務違反、不申請などの登録違反で、二万三千百人の朝鮮人がその対象とされたのであり、単純な過失であっても、日本当局はこれを国外追放の対象とし、退去強制処分を強行してきたのである。

## 登録法の所轄機関

日本当局は、外国人登録法違反事件のすべてを内務省や特高警察の流れをくむ治安機関の所轄とした。

内務省や特高警察などの機能は、一九四六年一月に内務省調査局に引きつがれ、四八年二月に内務省を廃止したのちは、総理府内事局が代わってこの機能を温存した。

内事局は第一局と第二局とにわかれていたが、第二局は、「団体等規制令」の前身である「政党、協会その他の団体の結成の禁止等に関する件」（一九四六年、勅令第一〇一号）を取扱い、「外国人登録令」に関する内閣総理大臣の権限行使を補佐する任務についた。

その後、第二局は「総理庁官制の一部を改正する政令」(一九四八年三月、政令第四九号)により廃止され、法務庁(一九四九年六月一日に法務庁と改称)に移行されたが、さらに一九五〇年十月一日に出入国管理庁が外務省の外局として設置されその後、法務庁設置法一部改正法(一九五二年七月、法律第二六八号)により、現在の出入国管理局が新設され、外国人登録と出入国管理及び在留外国人に関する事項を一元的に所管することになったのである。

現行の「外国人登録法」は、第一次的には市(区)町村長が登録事務を取扱い、そこで登録原票の写票を作成して法務大臣に送付することになっている(登録法第4条)。

この登録事項の変更その他一切の変動、変化は、逐一法務大臣に報告されるため、日本当局は居ながらにして在日朝鮮人を監視し、弾圧することができるようになっているのである。

## 三　登録法の機能と実態と改善運動

### 登録法の機能

「外国人登録法」は、法そのものが治安立法的な性格を有しているところから、民事法規であり、行政法規でありながら刑事法規の性格をもっている特異な法規として機能している。

登録証明書をうっかり忘れたために不携帯罪に問われ、警察の取調べをうける。警察官は、登録証明書があるかないかは、行政機関に電話一本で確認できることであり、また証明書を持参すれば足りることであるが、本当の狙いはその確認と同時に、本人の身分や職業、思想、信条などや所属団体の動向を取調べるところに目的がある。

それは多くの登録違反者の報告から判明したことだが、登録法違反を口実に朝鮮人学校の出身者は、その学校の内容や所属団体などの内容の情報を提供するよう強制されている。

日本当局は常に、在日朝鮮人の公正な取締り管理をするためといっているが、それは一体何を意味しているのであろうか。特に重要なことは、表1の検察統計年報のように、外国人登録令が制定された一九四七年から一九八二年までの間だけでも、登録法違反として検挙された在日朝鮮人の数が五十万名を越している事実である。

「外国人登録法」は、治安立法としての性格からして、登録法違反に対しては重罰主義をもってのぞんでいる。同登録法第十八条には、登録法違反に対する罰則の規定が総括してある。

それには、登録不申請罪は、①新規登録者は外国より日本に入国し、上陸した日から九十日、出生の場合は六十日を過ぎた場合、②登録の紛失・盗難を発見した時から十四日以内に再交付を受けなかった場合、③登録の期間、切替え交付は十六歳になる日から三十日以内であり、十六歳以上からは五年を経過する前の三十日以内であること、④居住地及び在留資格、在留期間、勤務先の変更登録申請は十四日以内に行なわれなければ、いかなる事情であれ、一日でも遅延すれば「一年以下の懲役若しくは禁固又は二十万円以下の罰金」としている。

指紋不押捺罪も、右と全く同じ罪状で不作

**表1　在日朝鮮人の「登録法違反」被疑者統計**（検察統計年報）

| 年別 | 新受理人員 | 年別 | 新受理人員 |
|---|---|---|---|
| 1947 | 882 | 1966 | 20,112 |
| 48 | 1,074 | 67 | 14,278 |
| 49 | 2,499 | 68 | 16,458 |
| 1950 | 12,906 | 69 | 19,186 |
| 51 | 11,836 | 1970 | 14,757 |
| 52 | 11,651 | 71 | 17,106 |
| 53 | 23,294 | 72 | 20,753 |
| 54 | 19,263 | 73 | 18,577 |
| 55 | 24,993 | 74 | 18,874 |
| 56 | 13,897 | 75 | 13,487 |
| 57 | 23,169 | 76 | 11,156 |
| 58 | 9,725 | 77 | 9,958 |
| 59 | 10,333 | 78 | 8,627 |
| 1960 | 18,407 | 79 | 7,131 |
| 61 | 16,574 | 1980 | 7,447 |
| 62 | 18,562 | 81 | 7,517 |
| 63 | 22,466 | 82 | 5,497 |
| 64 | 16,754 | | |
| 65 | 19,032 | 計 | 508,238 |

（但し82年のみ通常受理で計算）

表2　建築基準法違反件数（1979～82年）

| | 1979年 | 1980年 | 1981年 | 1982年 |
|---|---|---|---|---|
| 建築物違反件数 | 30,808 | 27,854 | 25,518 | 24,616 |
| 是正件数 | 19,856 | 17,586 | 14,927 | 14,559 |
| 違反のまま放置件数 | 10,952 | 10,268 | 10,591 | 10,057 |
| 違反告発件数 | 19 | 13 | 18 | 22 |

建設省住宅局建築指導課「建築基準法施行関係統計」

為犯であり、継続犯となるのである。

元来、登録法違反は行政上の義務違反に対する罰則であるから行政犯であり行政刑罰である。たとえば、他人の物を盗ったり、人を殺したりすることは特定の人に実害を与えていることからして、反社会的であり反道義的であるのに対し、登録法違反は性格的にもそれとは本質的に相違している。

このように、刑事犯と行政犯とは、定められた法律に違反すること自体は同じであっても、犯罪の要因からして本質的に違ったものである。

また、同じ行政犯の中にあっても、「建築基準法」違反と「外国人登録法」違反とを対比した場合、表2のごとく、一九八〇年度の「建築基準法」違反件数は約二万八千件であり監督官庁の行政指導によっても是正されなかった違反放置件数は一万件を越えているのに、それを違反として告発したのは僅か十三件に過ぎない。

それにくらべ、同じ年の「外国人登録法」違反件数は七千四百四十七件で、そのうち告発送致した件数は実に七千二百九十五件に達しているのである。しかも「外国人登録法」違反は、ほとんどが表3のように微細な過失によるものであり、これは通常の場合、特定の被害者のない形式犯に過ぎないのである。

## 運用の実態

「外国人登録法」が在日朝鮮人を主たる対象として制定されたこととも関連して、その運用においても、一般外国人

**表3　登録法違反朝鮮人検挙人員**　1955―1961年現在
（1962.12.20　参議院法務委員会会議録）

| 法条別 | 検挙人員 | % | 備考 |
|---|---|---|---|
| 登録交付不申請 | 10,528 | 9.2 | 出生等の申請が若干おくれたもの |
| 再交付不申請 | 4,232 | 3.8 | 盗難，紛失等で14日をこえて申請したもの |
| 登録切換不申請 | 44,075 | 39.5 | 若干法定期間をこえて申請したもの |
| 居住地変更不申請 | 9,948 | 8.9 | 14日をこえて申請したもの |
| 不携帯 | 26,329 | 23.6 | 忘れて携帯しなかったもの |
| その他 | 3,371 | 3.0 | 居住地以外の記載事項の変更がおくれたり虚偽申請したもの |
| 合計 | 98,483 | | |

に対するのとは対応にかなりのへだたりがある。

それは日本当局が在日朝鮮人を数多く登録法違反者に仕立てたり、人権侵害事件を起こしているからである。

たとえば一九八三年十月十日、李稔浩さん（当時二十八歳）は、北海道夕張市内で栗山警察署員の検問にかかった。だが、たまたま外国人登録証を自宅に置き忘れていたことが口実となって、登録証不携帯罪で連行され、始末書を書かされたうえ、翌日も再度警察へ呼出され、三時間にわたって取調べをうけた。

しかしその内容は、「朝鮮人学校はいつ行ったか」「財産はどれくらいあるか」「朝鮮語は話せるのか」など、登録法違反とは何の関係もない事柄ばかりであった。身柄を拘束しない任意の取調べであるにもかかわらず、李さんは顔写真をとられ、十指の指紋と左右の掌紋、足形、はては血液型まで検査されようとしたのである。

また一九八三年三月二十三日、申哲煥君（当時十九歳）は、埼玉県川口市東本郷付近の路上でバイクを運転中、武南警察署員に外国人登録証明書不携帯を理由に逮捕され、手錠と腰縄をかけられたばかりでなく、二十二時間にわたって拘留されたあげく、十指の指紋や掌紋、顔写真まで撮られるという不当な取扱いをうけた。

一九八一年五月十四日、金美代子さんは、山梨県塩山町を知人のAさんの運転する車に同乗して通行中、塩山警察署員に登録証明書の不携帯のかどで二日間も警察に呼びだされ、きびしい取調べをうけた。

金さんは、「なぜこんなことまでするのですか。私が人を殺したとでもいうのですか。これではまるで重罪人扱いではないですか」と泣いて抗議したが、むりやり十指の指紋と掌紋、顔写真を撮られ、身長、体重の測定と足型までとられるなどの人権侵害をうけた。

一九六三年五月十三日、茨城県竜ヶ崎にある朝鮮人学校の教室で、同校の女教師、李貞江さん（二十四歳）が授業中、竜ヶ崎警察署員が校内に入ってきて外国人登録証明書の提示を要求し、たまたま自宅に置き忘れていたために、登録証不携帯罪として生徒の面前で警察へ連行された。

警察では、学校の生徒の住所、氏名、父兄の職業を聞き、はては李さんが教師になった動機などを数時間にわたって取調べたという。

## 登録法の改善運動

在日朝鮮人は、日本当局が「外国人登録令」を公布した時から一貫して反対運動を展開してきた。

朝聯は一九四七年、「外国人登録令」の制定に対し、登録証明書の携帯・提示義務と罰則制度は人権じゅうりんとなるので、これを条文から削除し、外国人としての正当な処遇を要求する広範な運動を展開した。また登録法違反と反社会的な一般犯罪とは明確に分離するよう、数回にわたって要請をした。

一九四九年十二月に登録令の一部が改悪されるときも、登録の切替と全国一連番号制、その違反に対する罰則の強化などに対し、在日朝鮮人は人権擁護共同委員会を結成して、治安立法性の拡充に反対する運動を推進している。

この当時、朝聯が一九四九年九月に弾圧によって解散させられ、在日朝鮮人の権利擁護団体がなかった条件のもとで、アメリカと日本当局は在日朝鮮人の強制送還を具体的に推進していた。そして、このような情勢の中で第二回目の登録法の一部改悪を強行しようとした。

在日朝鮮人は、弾圧と強制追放のための登録法の改悪に反対する運動を全国的に拡大し、一九五〇年三月、登録証切替期間の更新手続きを拒否したが、登録未申請者の問題などで五千名の朝鮮人が逮捕された。

一九五二年四月二十八日のサンフランシスコ条約発効にともない、従来の登録令をさらに改悪した「外国人登録法」が制定されたが、そこには指紋押捺制度の導入と罰則がいちだんと強化された。

指紋押捺制度の導入は、在日朝鮮人の反対が強かったために、実施期日が三年後の一九五五年に延期されたが、その間、約五千回の要請と抗議運動が展開され、延べ六万名以上の朝鮮人がこれに加わった。

また一九五五年九月から十一月までの登録証の切替更新には、指紋押捺に強く反対し、登録法の根本的な改正を要求する運動を全国的にくり広げた。

一九六五年には「韓日条約」が締結され、それ以後日本当局は、外国人登録証明書の国籍記載欄の「朝鮮も韓国も符号である」としていた態度を急に変え、「韓国は国籍であり朝鮮は符号である」との不当な統一見解を発表し、韓国籍の強要を露骨に押しすすめた。これと関連して、登録証明書の不携帯を口実にした人権弾圧が各地で起こったのはいうまでもない。

一九七五年五月に入って、日本当局は「許可・認可等の整理に関する法律案」を国会に提出し、そのなかで在日朝鮮人の動静把握と弾圧を狙った「外国人登録法一部改正案」をこっそりもぐり込ませたが、内外の広範な反対運動によって廃案となった。

一九七九年九月、日本では「国際人権規約」が発効した。これを契機に在日朝鮮人は、人権規約の精神にしたがって一切の差別の禁止と内外人平等の原則にしたがい、在日朝鮮人に対する外国人としての正当な処遇を要求する運動を広く展開していった。

日本当局は一九八二年四月に「外国人登録法の一部を改正する法律案」を国会に提出した。これに関連して、同法の抜本的改正を要請する運動が全国的に展開された。それは①指紋押捺の廃止、②登録証明書の常時携帯義務の廃止、③刑罰の廃止、の三つの問題を全面的に解決することである。

同年八月、参議院法務委員会で「外国人登録法」の問題を審議した際、在日朝鮮人の代表として在日朝鮮人有識者が参考人として意見の陳述を行なった。そこでは、同法の治安立法的な性格をなくし、人権保障の方向での改正が強く訴えられたが、これは今後の運動の推進に大きな影響を与えることであろう。

# 第七章　在日朝鮮人と出入国管理及び難民認定法

日本における外国人に対する管理体制の始まりは、一八七〇年の「東京在留外国人遊歩規程」で、外国人が自由に行動できる区域を定め、その外国人の管理体制を法令化したことからだといわれている。

勿論、それ以前にも長崎、横浜、神戸、新潟、函館、東京などの開港地で一定の区域に外国人の居留を認め、彼らの本国法に基づく領事裁判権の特典を与えるなどの地位を付与したりしたが、これは日本が西洋文明に対する特別な感情を持っていたからである。

その後、一九一八年には、日本政府内務省令第一号「外国人入国ニ関スル件」を制定し、日本入国について旅券または国籍証明書の提示義務と違反者の退去処分を規定した。

つづいて「外国人ノ入国、滞在及ビ退去ニ関スル件」（一九三九年三月一日、内務省令第六号）を制定し、一九四一年には「外国人ノ旅行等ニ関スル臨時措置令」（内務省令第三一号）が制定されたが、その当時の朝鮮人は「日本の国籍を所有」していた関係上、その対象外にあった。

しかし朝鮮人を取締る手段として、すでに述べたように、「協和会手帳」なるものを強制的に所持させ、特高警察による不断の監視下においていたから、朝鮮人は一九一〇年の植民地化以来、常に日本の国家権力から治安の対象として厳重な監視下におかれていたのである。

## 一 出入国管理機構の変遷

一九四五年八月十五日、日本がポツダム宣言を受諾し、九月二日に降伏文書に調印してから、連合軍総司令部（GHQ）による占領政策が開始された。

GHQは、一九四六年二月に「朝鮮人、中国人、琉球人及び台湾人の登録に関する覚書」による朝鮮人帰国希望者の登録を日本政府に指令し、「帰還希望者の登録実施と日本政府の指示に従って出発しない朝鮮人は帰還の特権を喪失する」旨の通告をした。

これはいうまでもなく、在日外国人の九〇％以上を占めている在日朝鮮人に対するものであり、この時にはすでに約二百四十万の朝鮮人のうち、百七十六万七千人が合法的に、あるいは非合法的に帰国していた。

同年四月二日にGHQは、「日本人以外の国民の入国及び登録に関する覚書」を発したが、これによって「入国管理令」や「外国人登録令」が制定された。

ここで問題となるのは、「日本国民」とされていた在日朝鮮人が、この時点でいわゆる「日本人以外の国民」に入るかどうかであり、従って、これらの者の入国にGHQの許可が必要かどうかが問題となった。

しかし同年三月十六日付の「引揚に関する覚書」によって、朝鮮人がいったん日本から引揚げた場合、GHQの許可のない限り日本への入国は許可されなくなった。逆に「引揚げる」場合は何んの規制も設けていない。

日本政府は、朝鮮人の帰還希望者の登録は所定の期日（三月十八日）までに行ない、引揚希望の有無を明らかにしなかった者はその特権を喪失する、とした。こうして日本当局は三月十三日、「朝鮮人、中国人、本島人及び本籍を北緯三〇度以南（国之島を含む）の鹿児島県又は沖縄県に有するものの登録令」（一九四六年、厚生、内務、司法省令第一号）と、その施行規則（一九四六年、厚生、内務省告示第一号）を公布し、三月十八日を期して登録を実施した。

前述の「引揚に関する覚書」は引揚一般についての基本指令ではあるが、さらにGHQは五月七日、「朝鮮人引揚げに関する覚書」によって、引揚げ者の日本への入国は不法とみなし、同年六月十二日の「日本への不法入国の抑制に関する覚書」によって、その意図を露骨に示した。

こうして日本当局は、朝鮮人の帰国の最終期間を同年十二月三十一日までとし、同年八月二十八日、閣議で朝鮮人を対象とした「出入国管理令」の公布を決定したが、これはGHQの勧告で施行が延期された。

しかし、十月十四日の閣議で「不法入国者の取締りに関する件」が決定され、各省の任務分担と、密航監視所を山口、福岡、佐賀、長崎、島根、鳥取に設置することが決まったのである。

日本当局は、いったん帰国した在日朝鮮人が生活苦などから日本へ再入国しようとした際、これを不法入国者として逮捕し、米軍の管理下でありながら、その実態は日本政府によって取締りが行なわれたため、問答無用の形で強制送還が強行された。

同年十二月十日、GHQの「日本への不法入国の抑止に関する覚書」によって密航者の取締りは一層強化された。同年三月の帰国希望者登録実施から十二月までの九カ月間に、一万一千七百三十三人の朝鮮人が逮捕され、その殆どが強制送還された。

一九四七年五月二日、日本当局は「外国人登録令」（一九四七年、ポツダム勅令二〇七号）を公布し、即日これを施行し、同法施行規則は同日、内務省二八号によって公布された。

この法律は、日本に在留している朝鮮人の不法入国の取締りと、在日朝鮮人の管理、取締りのための罰則と強制退去を規定した弾圧法である。

一九四七年十二月十七日、GHQは「朝鮮人、琉球人等の送還に関する件」を公布したが、一九四九年六月二十二日、「出入国管理事務局設置に関する覚書」によって日本当局は「出入国の管理に関する政令」(政令二九九号)と「出入国管理連絡協議会令」(政令三二六号)を公布して、在日朝鮮人追放のための準備を進めながら、朝聯、民青を強制解散させるなどの弾圧を強行した。

同年十一月三日、GHQは新たに「日本への不法入国の抑止に関する覚書」を発表し、従来の覚書を廃止して、十一月以降は不法入国防止の責任を日本政府へ移管した。

このような中で、同年十二月十三日、在日朝鮮人同胞人権擁護共同闘争委員会が結成され、活動を開始した。

一九五〇年六月二十五日、朝鮮戦争が勃発するや、南朝鮮から日本への入国を求める同胞が激増したため、GHQは「出入国に関する覚書」で不法入国者の取締り機構と体制強化を日本政府に指令した。

こうして九月三十日、日本当局は「出入国管理庁設置令」を公布し、同年十二月十一日、長崎県針尾島収容所の密入国者九百五十五人を第一次強制送還として追放し、同二十八日同収容所を針尾島より大村へと移転させ、大村収容所として発足させたのである。

にもかかわらず、李承晩政権の駐日代表部公使金龍周は、「左右を論せず悪徳漢は強制送還する」と公言してはばからなかった。

これに対し、在日朝鮮人は一九五一年二月一日より三月一日までの間、「強制送還反対突撃闘争期間」を設定して運動を展開したが、日本当局は二月二十八日に司法手続を排除し、在日朝鮮人を国外追放するための政令第三三号「不法入国者等退去手続令」を制定し公布した。

ところがこれは、手続上の問題点が多かったため、包括的な法令の制定をするようにというGHQの指令によって、その後、「出入国管理令」（一九五一年十月四日、政令三一九号）が制定されるに至ったのである。

この管理令は、在日朝鮮人を適用対象としたものであり、従来の治安立法としての性格を継承し、それを一層発展させたものである。また同管理令は、ポツダム政令として成立し、対日平和条約発効の日に制定公布された「ポツダム宣言の受諾に伴い発する命令に関する件に基づく外務省関係諸命令の措置に関する法律」（法律第一二六号）によって法律としての効力が付与され、今日に至っている。

「出入国管理令」はアメリカの移民法の形態を基礎として立案された法律であり、入国と上陸とが区別されている点が特徴となっている。つまり、外国人の入国の段階と領土への上陸の段階とに分けている点は、まさに世界にその例を見ない。

一九五二年四月、サンフランシスコ条約の発効によって「外国人登録令」は廃止され、前年十月四日公布の「出入国管理令」（政令三一九号）が一部改正され、一九五二年、法律一二六号によって法律としての効力を付与し、そのまま存続させる方針がとられた。すなわち、五二年四月二十八日から、在日朝鮮人の管理は出入国問題及び強制退去問題が外国人登録から切り離されたのである。

こうして、一九五一年に制定された「出入国管理令」はその翌年、「外国人登録令」を改訂してつくられた「外国人登録法」とともに、在日朝鮮人を取締る弾圧法の二大基本法の一つとして機能するようになったのである。

# 二　出入国管理機構の実態

## 刑期なき牢獄・大村収容所

① **収容所の実態**　大村入国者収容所は、日本の西の果て長崎県大村市古賀島にあって、法務省が直轄する収容所であり、人呼んで「大村朝鮮人収容所」ともいわれている。

この地、大村は、かつて豊臣秀吉が朝鮮を侵略した際に、罪のない若者たちを数万人も連行し、マカオやインド、ベトナムなどへ奴隷として売り渡した因縁の地である。また九州一帯の大名であった大村親子を始め、鍋島、島津、松浦、立花らが朝鮮から陶工や学者などを数多く連行し、この地を経由したところでもある。

大村収容所は、一九五〇年十二月に長崎県針尾収容所より移転されたが、当初は定員一千名の旧海軍施設を改造した収容所であった。部屋は簡単な間仕切りで家族単位の生活ができるようになっていた。

ところが、一九五三年九月からは、同じ定員でもモルタル建築で小部屋式に改め、家族をも分離して男女を別棟に分け、夫婦でも土曜の午後一時から対面させる許可制に変わった。収容所は周囲五メートルのコンクリート塀に囲まれ、鉄扉で閉ざされた。

また、一九七二年十二月からは、定員二百五十名の鉄筋コンクリート造りに変え、運動場にも警備員とテレビカメラの目が光り、夜間逃亡に備えてのサーチライト付き望楼まで設置された。

それればかりか、被収容者との面会が許されるのは四等親族以上である。たとえ弁護士であっても警備官が付添い、会話の内容を刻明にメモするだけでなく、面会中は内外に警備官が立ち、カギまでかける始末であった。一般の刑務所では、弁護士が面会するときには警備官は立ち会わない。

にも拘わらず日本の法務当局は、大村収容所を「船便を待つための施設」であるとして、「決して刑務所ではない」と強弁している。そして、犯罪人ではないが行政法令に違反した「被処分者」であるとして、「出入国管理令」と「外国人登録法」にその根拠を求めている。

しかし、大村収容所は、明らかに外界から完全にしゃ断された「刑期なき牢獄」であり、「監獄以上の監獄」として、一般刑務所とは比較にならない人権侵害が行なわれており、在日朝鮮人追放の〝基地〟としての機能を果たしているのである。

たとえば、被収容者の中には入管側警備員や警察官の暴力による死傷者や自殺者、その未遂者などが続出しており、遺言状を書き残して死のハンストに突入した同胞もいる。

また、韓国からの亡命者が強制送還されて死刑台の露となったばかりか、韓国の特務工作員が入所者の動向を探ったり、北支持者と南支持者を対立させるなど、まさに大村収容所は、在日同胞にとっては基本的人権のかけらもない牢獄であり、怨恨の収容所となっていた。

この収容所の特徴は、第一に、幼児から老人に至るまで収容されているが、日本の法律が十四歳未満の者は犯罪人といえども責任を問わないにも拘らず、ここでは無差別に収容されて自由を拘束している点である。

第二は、「韓日癒着」の先兵的な役割を果たしている点だ。つまり「韓国駐日代表部福岡事務所長朴匡海」の名義で、身元報告書や在外国民登録申請書などが配布されており、公然と韓国籍が強要されている。

驚くべきことは、駐日韓国代表部員が被収容者を集め、「韓国は北進武力統一のために百万の大軍を準備している。

韓国は釈放される諸君に期待をかけている」などと反北宣伝まで行なっている事実だ。

当時、彼らは密航者を装わず、公然と収容所に出入しているが、日本当局はそれを黙認しているという。以前は、韓国の特務分子が密航者になりすまし、収容者の自治会幹部になったりして、思いのままに暴力沙汰やリンチを行ない、「朝鮮」といっただけで袋叩きにしたものである。

**② 収容所での弾圧と人権侵害**　一九五三年六月、長期収容を覚悟した被収容者たちが、日本当局の非人間的な取扱いに憤激し、無条件釈放を要求したことがあった。

しかし、当局は、警官四百名を動員して催涙弾の雨を降らせ、主導者を独房に監禁した。

被収容者はこれに抗議して座りこんだが、待機していた六百余名の警官隊は、「殺せ！」という指揮官の号令で狂犬のように被収容者を襲い、七名を撲殺しただけでなく、多数に重傷を負わせ、あたりを血の海に変えてしまった。

また一九五四年九月、被収容者たち全員が遺書を書いて闘うことを決議し、所内の真相を「世界の良心に訴える」ことにしたが、その一節はこうだ。

「(警備官は)『大和魂をみせてやろうか』といって、泥の革靴であたりかまわず蹴ったり踏んだりして、生死不明になった人間を再び雑巾のように引きずり上げ、ともえ投げにして、コンクリートの床にたたきつけた。『うーむ』というめき声、床はたちまち鮮血にそまっていく。時たま『アイグー』と消えていくような女の悲鳴も聞こえる。――このようにして生き地獄・大村収容所の朝の静けさが破られるのである」

これでは戦前の特高警察顔負けの虐待であり、かつて朝鮮人を野蛮な方法で迫害したのと同じことが、民主主義を標榜する現在の日本で公然と行なわれているのである。

こうして、一九五〇年十二月から一九五二年三月までに、不法入国者として二千七百二十五名が、また「外国人登録令」違反などの刑余者四百四十五名が七回にわたって強制送還された。

そしてサンフランシスコ講和条約発効後、一九五二年五月十二日には、八回目の強制送還者四百十名が韓国へ送られたが、その中には戦前からの日本在住者で、登録令違反などの刑罰者（一年以上の懲役実刑）が百二十五名も含まれていたのである。

このとき李承晩政権は、この百二十五名の引取りを拒否し、同月十四日に逆送還してきたが、日本側は彼らを再び大村収容所に収容してしまった。

彼らは日本の法の裁きに服した者であり、罪を償っていたにも拘わらず、社会復帰はおろか国外へ強制追放されたのであった。

したがって相手国が引取りを拒否した以上、釈放するのが法の理念からして当然であるはずなのに、日本当局は、不当にも再収容の措置を強行したわけである。

これに対し、在日朝鮮人は逆送還者の釈放を要求して闘い、収容所の内部でも逆送還者を中心として即時釈放を要求する闘争が連日くりひろげられた。

しかし日本当局が頑として強制収容を継続したため、同年十一月十一日、逆送還者はついに集団脱出を強行し、多数の負傷者と三十七名の検挙者を出した。

こうして李承晩政権は一九五四年七月、「不法入国者」を含め、すべての送還者受入れを全面拒否する旨の通告をした。そのため定員一千名のところへ千五百人が収容され、前近代的な虐待が相変らず続いた。

**③ 「出入国管理令」とその運用**　一九五五年一月七日、「出入国管理令」違反で大村に収容されている在日同胞の関係者会議が開かれた。

その模様を在日朝鮮解放救援会機関紙『救援情報』（第二六号）にみることにする。

「私の息子は十六歳ですが、不審尋問でとらわれ、いま大村にいます。何回も足を運んでもらちがあきません」と語る父親B氏。

「私の妻は大村にいるのですが、毎月三千円からのお金がかかります。それも私の生活では、長くつづけられません。また南朝鮮に送還するといっています。なんとか一日でも早く釈放できないものでしょうか」と心配する三多摩のニコヨン労働者。

一九五五年一月十八日、収容所からの釈放を要求し、警備員の虐待に抗議するハンストに参加したある同胞は、チリ紙に細かく次のような内部告発を書いた。

「すでに血を吐く者が二名、気力を失ったものが六、七名になっているが、奴らは強制的に担架にのせて入院させています。奴らは、これは一部の者の煽動によるものだと逆宣伝をしながら、放送を流して、主犯者は司法処分をうけなければならないし、二年以上を経過した二棟の登録違反者は、釈放審査をうける権利を放棄したものと認める、と脅迫しております」

こうした中で、一九五八年一月、当時の岸内閣は行き詰まっていた「韓日会談」の再開を条件として、釜山に抑留されている日本人漁夫と大村、浜松両収容所に収容されている朝鮮人の相互釈放に合意し、李承晩政権との間で了解の覚書を交換した。

その結果、日本人漁夫九百五十余名の送還と引換えに、大村収容所の「刑余者」四百七十四名が釈放されたが、「不法入国者」とされた千二百六十余名は逆に強制送還されてしまった。

「大村入国者収容所二〇年史」によると、一九五〇年十二月より一九七〇年九月末までに、七十五回にわたり一万六千三百九十一名の朝鮮人が強制送還されている。

また、一九五〇年より一九六〇年の十年間だけで、大村収容所の中で、事件の発生件数は二百三十一件となっており、その内容は、騒じょう事件三十四、ハンスト二十二、自殺者四、自殺未遂十六、自損行為七、暴行事件四十九、逃走事件三十五、外部よりのデモ二十二、その他四十二件となっている。

外部からはべ平連や九大などの学生、また日本の社会団体が「大村収容所を解体せよ」と叫んで、数十回に及ぶデモや抗議運動を展開している。

## 三　在日朝鮮人に対する強制追放

### 弾圧と追放政策

一九五二年七月十六日、日本政府は治安問題を重要な議題として閣議を開き、三時間半もかけて、法令違反者百二十五名の逆送還者の処置を含めた在日朝鮮人問題を協議している。

そこで結論に達したのは、在日朝鮮人を強制隔離するための「朝鮮人強制収容所」を設け、日本政府から〝不法朝鮮人〟と思われるものをそこへ収容するとともに、在日朝鮮人に対しては検挙第一主義をもってのぞむこと、を決定した。

この閣議では、なんと「朝鮮人強制収容所」を離れ小島に設ける案まで出たとも伝えられている。

それによれば日本当局は、その収容所の候補地として下関を選定し、下関入国管理事務所の設置推進を図っただけでなく、在日同胞の資産を凍結するための調査も極秘裏に進めたという。

かつてのヒトラーの「ユダヤ人収容所」、またアメリカの「日本人収容所」を想起させるような企図が、平和憲法下の日本で再現されようとしたのである。

当時、朝鮮戦争で数百万の同胞が死傷して行く悲惨な現実を見ている在日朝鮮人は、外国勢力による同族間の刹りくをやめさせるために戦争反対の運動を展開していた。

日本は朝鮮戦争の〝特需〟の恩恵によって不況から立ち直っているため、治安当局は戦争反対のビラ一枚であっても即刻逮捕する事件が相ついだ。

同時に日本当局は、在日朝鮮人を追放するために民族離間を企み、生活権をはく奪し、日本企業から朝鮮人たちを締め出す政策を推進した。

その結果、一九五二年度の在日朝鮮人の職業状況は、六三・六％が無職者となり、七％が日雇労務者となっている。

したがって「出入国管理令」の第二十四条を楯にとり、生活困窮者、浮浪者も強制送還できるとした日本当局にすれば、実に在日朝鮮人の七〇％以上をいつでも強制追放の対象にすることができる状況が生まれたのである。

こうした動きに対し、同年十一月、下関市議会が「朝鮮人強制収容所」建設に反対する決議をしたのを始め、下関市内の各労働組合も「収容所建設反対期成同盟」を結成した。

また十二月には青森県で、朝鮮人を夫に持つ日本婦人らが中心となって「朝鮮人強制追放反対委員会」を結成した。

こうして、在日朝鮮人を追放するための「出入国管理法案」が国会へ提出されようとする情勢の中で、同月七日には在日朝鮮人強制追放反対闘争全国委員会が結成され、追放反対の運動が全国的に展開された。

日本当局は、「出入国管理令」を治安立法として成立させ、在日朝鮮人団体の活動を規制し、強制追放を促進する目的で法の改悪を画策していた。それは退去強制の条項に明白に示されている。

現行の「出入国管理令」第二十四条の退去強制の事由は、第一に、不法入国者及び不法上陸者（同条一号）、第二に在留資格外活動者（同条四号イ）、第三に公共負担者、①らい病予防の適用を受けているらい患者（同条四号ハ）、②精神障害者で指定病院等に収容されている者（同条四号ニ）、③貧困者、放浪者、身体障害者で生活上国などの負担になっている者（同条四号ホ）、第四に刑罰法令違反者、①外国人登録に関する法令違反者で禁固以上の刑に処せられた者、但し執行猶予をうけた者を除く（同条四号ヘ）、②長期三年を越える懲役禁固に処せられた少年（同条四号ト）、③麻薬、阿片等の罪で有罪の判決を受けた者（同条四号チ）、④一年を越える懲役、禁固の実刑に処せられた者（同条四号リ）、⑤売淫又はそのあっ旋、勧誘、その場所の提供その他、売淫に直接に関係がある業務に従事する者（同条四号ヌ）、⑥不法入国、上陸をあおり、そそのかし助けた者（同条四号ル）、第五に治安攪乱者①憲法又は政府を暴力で破壊することを企て、主張し、その政党・団体の結成加入者（同条四号ヲ）、②公務員、公共施設、工場事業者に暴力活動を行なう政党・団体を結党・加入・密接な関係を有する者（同条四号ワ）、③日本国の利益又は公安を害する行為とみとめる者、正式手続きによらないで入国した者などが、強制送還の対象となる。

また右以外の在留者についても、刑罰法令違反の中で「外国人登録法」違反で禁固以上の刑に処せられた者、証明書不携帯罪や不申請罪で懲役一年以上の禁固刑をうけた者であれば、その対象となり得る仕組みである。

さらに、医療保護、生活保護などの「公共負担者」という名目でも強制送還の対象となっている。

たとえば一九六八年七月、李順子さんが生活保護を受けたとの理由で強制退去令をうけ、家族全員の身柄を大村収容所に送られた事件がある。

それだけではない。「韓日条約」の法的地位協定による「協定永住権者」にも強制退去令の発付がある。

その理由は、①日本で内乱に関する罪又は外患に関する罪、外患に関する罪で禁固以上の刑に処せられた者（執行猶予者を除く）、②日本で国交に関する罪により禁固以上の刑に処せられた者および外国元首、外交使節又はその公館に対する犯罪行為によって禁固に処せられ、日本国の外交上の重大な利益を害した者、③営利の目的で麻薬類の取締りに関する日本国の法令に違反し無期又は三年以上の懲役又は禁固に処せられた者（執行猶予を除く）及び麻薬の取締りに関する日本国の法令に違反して三回以上刑に処せられた者、④日本国の法令に違反して無期又は七年を超える懲役又は禁固に処せられた者など、以上の各項目に触れた際には強制送還されるのである。

特に②項の国交に関する罪は、外国の元首や外交使節、又はその公館に対する犯罪行為ということで、拡大解釈される危険がある。

たとえば大・公使館に投石したり、その政権への批判またはデモやビラ貼りであっても、その人間を検挙できる性格を持っている。これは、たとえ禁固三カ月であっても強制送還の対象となる。

入管令第二十四条の退去強制は、国際法的に、相手国が引取りを拒否した場合はそれを強要できないが、「韓日地位協定」に付属する合意議事録では、韓国が日本政府の要請に応えて、その者を引取ることが義務となっているため、確実に強制送還されるというわけである。

# 四　在日朝鮮人の管理法制と治安政策

## 出入国管理法案

① **六九年法案について**　日本政府は、一九六一年から「出入国管理令」を改訂する作業を始めたといわれている。そして一九六七年六月九日に、田中法務大臣の指示で、法務省内に「出入国管理令改正準備会」が設置された。

しかし、実際の準備はそれ以前、すなわち韓日会談における「法的地位協定」の交渉の中で推進されていた。同令の改訂作業に従事していた人の中に、一九六五年まで入国管理局参事官をしていた池上務という人がいるが、彼は早くから在日朝鮮人問題を治安問題と考え、在留権の規制を打ち出していた。

彼は、外国人が日本に居住できるか否かは日本政府の固有の問題として、「外国人は煮て喰っても焼いて喰っても差し支えない」と発言して物議をかもした人であり、人権を無視する極端な見解を持っている。

日本政府は、「出入国管理令」を改訂する理由として、第一に、ポツダム政令は連合軍占領時代の管理体制であるから、日本独自の自主管理体制をつくることが目的である、とした。第二は、観光客を含む短期旅行者に対して、出入国の手続きを簡素化するための在留資格を設ける、ということであった。

そして第三は、出入国の手続きが簡素化するに伴って、人の出入が増加し、不法な目的で入国した不良外国人に対する取締りを強化する、などである。

しかもそれは、戦前から引き続き居住している法律一二六号の該当者とその子孫に至るまで一律に適用することを画策したものであった。

一九六九年の法案改訂の内容は、同年六月に法務省で原案が発表された。それによると、在留権全般についての条件の付与の制度、外国人に対する営業許認可、免許制度、外国人宿泊届出制、在留状況調査のための事業調査権及び立入権、条件違反に対する中止命令、行為命令制度などがその主なものである。

この原案に対して、戦前から日本に居住し、講和条約後に外国人となった在日朝鮮人と、一時入国する外国人とを一律に適用することは不当であるとして、広範な反対運動が展開された。

問題点の第一は、遵守事項制を新設したことである。これは長期在留の外国人にまで制限を課することであり、これに違反した外国人に中止命令、行為命令と、その違反に対する処罰および退去強制ができることである。この狙いが、在日朝鮮人の政治活動の規制にあることはいうまでもない。

第二は、行政調査権制度を新設したことであるが、これは入国審査官および警備官の質問、文書もしくは物件の提示に対し、それに応じないときは罰金刑に処すという制度である。

これが拡大解釈されれば、すべての外国人の在留内容に立入る可能性が大きいため、在留権の規制となる。

第三は、退去強制手続の簡素化である。現行令の退去強制手続は、入国警備官の違反調査、審査官の審査、特別審査官の口頭審査、法務大臣の裁決と合せて四段階になっているが、これを入国警備官の違反調査、地方入国管理官の署長の口頭審理、法務大臣の裁決という三段階にしようとするものである。

つまり、簡素化により、審査が早ければ、退去強制も早くなるからである。

第四は、収容に関連する規定ならびに送還先の指定等の規定を改悪しようとした点だ。

日本の現行令の仮放免は、被収容者の情状により収容を一時停止する制度であり、保証金の限度額を三十万円から百万に引上げることなどである。

また送還先の指定も現行令では、退去強制を受ける者が送還先をきめる場合でも、第一次送還先は「その者の国籍または市民権の属する国」とし、第二次送還先からは、その者の希望を条件として、六カ所の送還先が指定できることになっている。

ところが六九年法案は、第二次送還先を指定するのに、本人の希望を削除し、六番目は、その他の国の欄に前各号に掲げるもののほか、退去を強制される者が希望する国と規定した。

第五は、行政訴訟による救済を困難にしたことである。

これは「韓日条約」締結後、日本当局が在日朝鮮人の取締りを強化するための管理政策によるもので、現行令では退去強制令書が乱発され、その取消しを求める行政訴訟が各地の裁判所に提起されている。そこで、退去強制令書発付手続と法務大臣の特別在留許可とを制度的に切離し、退去を強制されている者の救済手段とはなるものの、特別在留許可を法務大臣の恩恵的な権限の下におこうとする狙いがある。

②　**七一年法案について**　六九年法案が国会で廃案になった直後の七月、自民党の修正案が発表されたが、その内容は次の通りである。

①法律一二六号該当者およびその子に対しては、らい病患者、精神障害者、麻薬中毒者、または公共負担者になっても当分の間本邦以外に退去を強制しない。②法律一二六号該当者の子のうち、平和条約発効後に生まれた者について、当分の間「本邦に在留するのについて守るべき活動の範囲その他の事項」の遵守事項を付与しないことにする。③事実調査権による不陳述、虚偽陳述、または文書などの提出拒否について罰則の制裁をなくす。④退去強制後において、特別在留許可の出願期間中は強制送還が停止されるが、その期間を三日から七日に延長する。⑤保釈金は限度額を百万から五十万に減額する。そして付則に、政治活動禁止の条項は法律一二六号該当者およびその子にも適用されるとしたが、遵守事項として問題になるのは、第一に、「韓日条約」以後、韓国に対する在日朝鮮人の批判は、日本当局がこれを国益に反するとみなせば弾圧の対象となり得るため、重大な自由抑圧となる。第二に、入国審査官は外国人が入国するときこれを事前に審査し、在留資格を決定するが、現行令では不十分な点があるとして、「当該外国人が行なうべき活動を指定し、活動を行なうべき場所、機関等を指定することができる」という規定を新設したことである。

外国から観光客の資格で入国し実際は学業活動に従事する場合でも、在留資格の変更は現行令でも認められていない。法務省当局は、「法律一二六号該当者およびその子などは一般外国人と異なり、特定の在留活動をするために、わが国での在留を認められたものではないから、活動の指定という規制の適用を受ける余地はない」と説明する。

在日朝鮮人が基本的人権を守るために活動するのは特定の活動ではない。また外国人が日本において政治活動をするのは、マクリーン判決によって認められている。

問題は法律一二六号該当者の子供（但し一九五二年四月二十八日以後出生の者）で、現行令の取扱いでは二条十六項の在留資格が存在し、三年（一九八二年一月一日以後は五年）の在留期間を有している。これは七三年法案で解消する。

③ **七二年法案について**　まず七二年法案の名称「出入国管理法案」から「管理」を除いて「出入国法案」と改めた。そして問題になった七一年法案の政治活動禁止条項の適用問題を改正し、法律一二六号該当者およびその子を適用から除外したが、それは法案の本文においてではなく、付則の第十六条において「当分の間」その適用から除外する、とした。

このように、本文ではなく付則である上、「当分の間」という二重の暫定的な規定は、将来、再び規制を復活させる意図が濃厚であるという批判が生じた。また在留資格の相違によって政治活動の差異をつけるのは不合理であるという批判も生まれた。

次に、退去強制の手続を、七一年法案の三段階から現行令と同じく四段階制にした。

このように「出入国管理法案」は、一九六九年に国会に上程されたが、内外の世論の反対によって廃案となり、一九七一年も同じく、廃案となった。そして一九七二年には、「出入国法案」と名称を変えたが、三たび廃案となった因縁の法案である。

出入国管理法案が弾圧法として内外から反対の批判がたかまるなかで、その形態と名称を変えながら、三度も国会に提出されたが、そのつど審議未了かまたは廃案となった。日本の国会で三度も廃案となった法案の提出された例は少ない。ところが、七三年の国会で四度目を提案しようと図ったのである。その改正法案では、

④ **七三年法案について**　在留資格の問題において、法律一二六号該当者の子の在留資格の根拠となったいわゆる「特定在留資格」を廃止した。そして法務省令により、各在留資格に基づく在留活動の内容を微細に規制する方式であ

る。

また七一年、七二年法案で問題点の一つであった活動の種類、場所、機関指定の制度が吸収されて廃止された。このため、在日朝鮮人は在留資格による制限のほか、法務省令によって活動方法、場所、事業所に至るまで細かく規制されることになった。

さらに日本当局は新しく在留外国人の身分証明書制度を新設しようとしたが、外国人登録証明書のほかに、新たな身分証明書の制度を設けることは、明らかに在日朝鮮人の監視を強化するものとして内外の批判を浴び、この改正法案も廃案となった。

## 出入国管理及び難民認定法

一九八一年に出入国管理及び難民認定法が改正され、従来の強権的なものから一部がやや緩和された。

まず第一は、特例永住権が新設されたことである。法律一二六号該当者とその子弟について、新たに五年間の期間、一九八二年一月一日から一九八六年十二月三十一日までの間に永住権取得を申請した者は、無条件に永住権を許可することになった。なお右の者が五年の期間を過ぎた後も、この特例永住権が無条件に与えられるが、孫、ひ孫については除かれる。

第二は、再入国許可制度を改善したことである。つまり旅行証明書、あるいは再入国許可書を持って、一年の期間内でも制限つきで再入国ができるようになった（二六条一項、三項）。また許可を得て出国後に有効期間内に再入国できない「相当の理由があると認めるとき」は、在外領事館によって更に一年間の期間延長が許されることになった（二六条四項）。

再入国許可は「旅券を所持していない場合で国籍を有しないことか他の理由で旅券を取得することができないときは」(二六条二項)、再入国許可書の交付によっておこなう。この許可書は再入国にあたっては旅券とみなされる(二六条七項)。

第三は、退去強制の事由が整備されたことである。退去強制の理由のうち(法二四条四号)、のハの「らい病予防法の適用を受けているらい患者」、ニの「精神衛生法に定める精神障害者で同法に定める精神病院又は指定病院に収容されているもの」、ホの「貧困者、放浪者、身体障害者等で生活上、国又は地方公共団体の負担になっているもの」の三項目が削除された。そして新たに「覚せい剤取締法の規定に違反して有罪の判決を受けた者」が加えられた。

ここで問題となるのは法二四条四号で、リの「無期又は一年をこえる懲役若しくは禁固に処せられた者、但し執行猶予の言渡を受けた者を除く」と、への「外国人登録に関する法令の規定に違反して禁固以上の刑に処せられた者、但し執行猶予の言渡を受けた者を除く」の二つである。

特に自動車運転による業務上過失致死傷事件で、科刑の量によっては退去強制の事由と結びつきやすいことがある。しかし実際には、前科のある場合を除いて、懲役五年以上の者が退去強制令書を発付されるようになっている。

第四は、迫害国への送還を禁止することである。強制追放の送還先(法五三条)に関する規定に、新たに三項として「法務大臣が日本国の利益又は公安を著しく害すると認める場合を除き、前二項の国には難民条約第三三条第一項に規定する領域の属する国を含まないものとする」との規定を加えた。

第五は、仮放免の保証金の引き上げである。現行保証金の最高限度額の三十万円を三百万円に引き上げた。

第六は、「難民条約」への加入に伴う規定が新設された点だ。難民の一時保護のための上陸許可、難民の認定証明書、難民旅行証明書、永住許可の要件緩和、特別在留許可の特例などの諸規定が新設された。

このほかに短期滞在者、技術研修生の在留資格の新設、在留資格の変更許可、航空機乗客の特例上陸許可制度の新設、重要犯人等の外国人の出国留保、出入国手続の簡素化など、出入国管理の「合理化」に関するものがある。

このように日本当局は、従来の強権的取締り方法から、治安立法を基本にしながらも懐柔の方向へ転換しつつある。

ここで新たな問題として提起されることは、法務省入国管理局の坂中論文「今後の出入国管理行政のあり方について」の中で、在日朝鮮人のあり方を、①在日朝鮮人として生きる②帰化をする③帰国する、の三つに分けたことである。この件については在留権問題で論じたいと思う。

## 入管特例法

この法律は、一九九一年四月末の日本の通常国会で成立した。入管特例法、つまり正式名は「日本国との平和条約に基づき日本の国籍を離脱した者等の出入国管理に関する特例法」であり、これを省略して「入管特例法」と称している。この特例法は、同年九月二十七日の閣議において、同年十一月一日から施行することを政令で決定した。

この法律によって、戦前から日本に在留し、一般外国人とは異なる歴史的経緯及び永年日本に住む生活の実態を考慮し、その子孫にまで「特別永住」の資格を与えるとし、第一に、在日朝鮮人の在留資格を、これまで三種類に別れていた永住許可資格者や定住の在留資格だった人及び新たに生まれる子も加えて一本化した。第二に、退去強制の該当事由を減らした緩和措置がとられた。また第三には、在日朝鮮人が海外に出国し日本に再入国するまでの期間を特別の事情がない限り四年に拡大し、都合によっては、更に一年間は延長を認めるとして合計五年間の期間が認められた。「特別永住」についての展開は在留権問題に入ってから述べる。

# 第八章　在日朝鮮人と在留権

## 一　在日朝鮮人の歴史的推移

一九一〇年八月、日本帝国主義の植民地支配下に転落した朝鮮は、三十六年間、日本への奴隷的服従を強制された。朝鮮人が日本に来るようになったのは、日本の植民地支配により、土地の略奪、憲兵警察制度による武断統治によって、朝鮮では住むに住めなくなり、日本に流浪して来ざるを得なかったからであることはすでに見てきた。当時の日本は第一次世界大戦における軍需景気と、慢性的不況による企業の合理化の手段として、朝鮮の植民地低賃金労働者を必要としていた。

そして、日本は朝鮮人を侵略戦争に狩り出すために民族同化政策を推進し、「内鮮一体」、「皇国臣民化」を強制して、多くの朝鮮人を徴兵徴用などの名目で日本へ強制連行してきたのである。

日本へ連行されてきた朝鮮人は、炭坑や軍需工場などで危険な労働に従事させられ、タコ部屋に押しこめられて人間以下の生活を強いられた。

このような抑圧の中で呻吟していた在日朝鮮人は、一九四五年八月十五日、待ちに待った民族解放を迎えた。当時の在日朝鮮人の数は、すでに二百四十万名に達していた。

## 解放後の在日朝鮮人対策

日本の敗戦と同時に、それまで「日本国民」にさせられていた在日朝鮮人は、新しい祖国建設をめざして続々と帰国した。

一方、日本政府は在日朝鮮人に対し、日本はポツダム宣言の受諾による敗戦以後においても、講和条約を締結するまでは「日本国民」であり「日本国籍」を所有しているとして、その実態を無視し、あくまでも法形式論の上に立っていた。

にもかかわらず、日本政府は在日朝鮮人の参政権を否認し、戦前からの朝鮮人政策をそのまま引継ぎ、在日朝鮮人問題はすべて治安問題と結びつけ、取締りの対象として管理体制を強化していった。

在日朝鮮人の在留権を問題にするようになったのは、ＧＨＱが一九四六年四月二日に、「日本における非日本人の入国及び登録に関する覚書」を発表し、日本当局が一九四七年五月二日に「外国人登録令」（勅令二〇七号）を公布したときからである。

日本当局は同法令の施行に先立ち、在日朝鮮人に対し「当分の間は外国人とみなし」て登録に関する種々の義務を課し、その違反者には刑罰を科していたばかりか、場合によっては退去強制も辞さないとした。

こうして一九五一年十月、「出入国管理令」（政令三一九号）の制定によって、日本当局は在日朝鮮人に対する治安法規の管理体制を確立した。そして翌年四月二十八日、日本はサンフランシスコ条約の発効と同時に、在日朝鮮人を初めて外国人とした。

それにともなって、「ポッダム宣言の受諾に伴い発する命令に関する件に基づく外務省関係諸法令の措置に関する法律」（一九五二年、法律一二六号）が施行された。

この法律は、一九四五年九月二日以前から日本に在留している在日朝鮮人を法律一二六号と称し、この法律の該当者は「別の法律」によって、在留資格及び在留期間が決定されるまでは、暫定的にそのまま在留することができる、としたものである。

一般的に外国人とは、旅券をもって正式な手続をふみ、日本に入国してきたものをいい、旅券を持たずに入国してきたものは、不法入国者として国外に追放されるものである。

ところが、日本が講和条約を締結し、在日朝鮮人を外国人とした時点では、在日朝鮮人の誰一人として旅券は所持していなかった。また日本へ密入国をしてきたのでもないのに、現実に五十三万名の朝鮮人が〝旅券のない外国人〟として日本に居住していた。

このように日本当局は、在日朝鮮人の法的処遇が定まらないまま一般外国人を想定し、密入国者を対象にしてつくられた「出入国管理令」（入管令）の法律の中に、朝鮮人を閉じ込めてしまったのである。

日本当局は、現実に旅券を所持していない大量の外国人が出現しているのに、立法措置をもって在日朝鮮人を処遇すべき歴史的特殊事情があるにもかかわらず、命令措置による入管令の中に繰り入れてしまったのであるが、これは明らかに、日本当局の過ちである。

つまり日本当局では、在日朝鮮人は講和条約によってはじめて外国人になったとしたから、日本の法律では在日同胞が〝不法残留者〟となり、日本に在留することができなくなるため、「別な法律」をつくるまでは「当分の間」暫定的に、日本に住んでもよいとしたわけである。

これが在日朝鮮人の在留権を不安定にした、全く不当な措置であったことは勿論である。

## 「韓日協定」と在留権

一九五一年十月から始まった「韓日会談」は、一九六五年六月までの十四年間にかけて、無償三億ドル、有償借款二億ドルの供与ということで妥結成立したが、朴政権は事実上、それと引換えに在日同胞を売り渡してしまった。

それは第一に、「在日同胞は日本人になる運命にあるから、その子弟に日本の教育を受けさせる」うんぬんの約束をしたことである。第二は、いわゆる法的地位協定によって、従来までは拒否してきた法令違反刑罰者の服役後の国外退去強制に対し、朴正熙政権が引取りを約束し、それを成文化したことである。

こうして法的地位協定による「出入国管理特別法」(一九六五年十二月十七日、法律一四六号)が制定されてからは、日本当局による韓国籍の強要が一段と強まった。

朴正熙政権と在日団体では、日本政府がいっている法律一二六号者の「別の法律」とは、「出入国管理特別法」のことであるとして、協定永住権の申請を宣伝したが、韓国籍を条件としていることとも関連して、協定永住権申請者は、韓国籍所有者に限定されていた。

日本当局は、在日朝鮮人の在留権問題を協定永住権によって処理しようと目論んでいたが、申請受理期間が五年を経過しても予定した数には至らず、これは完全に失敗に終ったといえる。

日本当局は一九六九年から七三年まで、毎年のように「出入国管理令」を改悪しようと、四回にわたって国会に提出したが、世論の反対にあって廃案となってしまった。

一九七三年六月、米ソ首脳会談以後、世界が急速に国際化時代に入ったため、日本も先進国の仲間入りをするためには、それにふさわしい体制が必要となり、その模索をしはじめた。

ベトナム難民が一九七五年五月に初めて千葉に上陸した時にも、日本の入管令や国内の状況からして受入れには困難な問題があったが、世界の世論の手前、初めてベトナム難民の受入れを決定した。

そして、一九七九年六月に国会で「国際人権規約」を批准してからは、立法措置を急いだが、これは経済大国となった日本が先進国の一員として、国際舞台で評価されるポストの必要性があったからである。そのことは、やがて国連人権委員会の理事国に立候補するための布石となって現われた。

こうして一九八一年五月、日本の第九十四国会で、「出入国管理令の一部を改正する法律案」と「難民の地位に関する条約等への加入に伴う出入国管理令その他関係法律の整備に関する法律案」が成立した。これは「出入国管理及び難民認定法」に改められ、在日朝鮮人の在留権が従来よりは改善されるようになった。

## 二　在日朝鮮人の在留資格と状況

### 在日朝鮮人の在留状況

在日朝鮮人の在留に対する法的権利である在留権は、日本当局によって極めて複雑な形態をとり、それぞれ違った在留資格が規定されている。その内容は次の六つの形態で区別されている。

①法律一二六号該当者（法一二六―二―六）

一九五二年四月、「ポツダム宣言の受諾に伴い発する命令に関する件に基づく外務省関係諸命令の措置に関する法律」が施行されたが、この法律一二六号二条六項の規定に該当する人々のことである。

つまり、戦前（一九四五年九月二日以前）から日本に居住し、引続き日本に在留する者とその子弟で、このときまでに日本で生まれたものは「別に法律で定めるところによりその者の在留資格及び在留期間が決定されるまでの間、引続き在留資格を有することなく本邦（日本）に在留することができる」ことになっている。

しかし、このときまでに生まれた子弟は限定されているので、その人数は減少する一方である。

②特定在留者（四―一―一六―二）

これは右の法律一二六号二条六項該当者の子で、一九五二年四月二十九日以後、日本で生まれた者がその対象となっている。

一九五二年の外務省令一四号一項二号（後に法務省令となる）で、「特定の在留資格」が与えられているものである。その在留期間は三年であり、在留期間を更新しようとすれば、三年ごとに「出入国管理令」第二一条の「在留期間の更新」をうけ、法務大臣は、「当該外国人が提出した文書により在留期間の更新を適当と認めるに足りる相当の理由があるときに限り、これを許可することができる」（出入国管理令、第二一条三項）ことになっている。

法律一二六号該当者の子は、三年ごとに法務大臣の許可が必要であり、「適当と認める相当の理由」の有無に関する審査をしたのちに、引続き在留できるという不安定な在留となっている。これを「特定在留者」と呼んでいる。

③特別在留者（四―一―一六―三）

この種の在留者は二種類に分類されるが、その一つは、法律一二六号該当者の孫、つまり②の特定在留者の子である。一九五二年五月の外務省令第一四条一項三号の該当者として、法務大臣が特別に在留を認める者で、在留期間は三年以内となっており、三年ごとに期間の更新を受けることは、②の特定在留者と同じである。

しかし、②の特定在留者と③の特別在留者との間の在留資格の相違は、③が「法務大臣が特別に在留を認めた者」となっていることから、②よりも、その不安定性は一層深刻である。

二つ目は、法律一二六号該当者や特定在留者が、刑罰法令違反などによって退去強制の事態が発生し、退去強制手続が開始されたがために在留資格を剝奪された者である。

また一時帰国し、あるいは日本にいる親兄弟や親類を頼って、入国手続を経ないで日本に入国した者が、法務大臣の特別在留許可によって在留する者なども特別在留者と呼んでいる。これらの者の在留期間は三ヵ月から三年であり、不安定な在留者である。

④協定永住権者

これは一九六五年六月二十二日に、韓日法的地位協定（一九六六年一月発効）に基づいて協定永住を申請し許可された者である。つまり一九六六年一月より、一九七一年一月末日までに永住許可条件に基づいて申請した者に付与されたものである。しかし、これは韓国籍を必要要件としていることから内外から強い批判がある。

⑤特例永住権者

この件は、八一年改正の「出入国管理及び難民認定法」の付則「永住許可の特例」に基づいて永住を申請し、許可された者である。

これは法律一二六号該当者とその子弟の中で、一九八二年一月から一九八六年十二月末日までの間に、永住権の取得を申請した者に対しては無条件に許可することになっている。

但し、法律一二六号該当者の子については、五年を経過した後でもこの特例永住権が与えられるが、その孫、ひ孫については除かれるため、一般永住権を申請することになる。

⑥一般永住権者（四―一―一四）

「出入国管理令」第四条第一項一四号の規定に基づく普通の永住申請者に対し、許可された者を一般永住権者と呼んでいる。

一九八二年一月から「出入国管理法」の改正でその一部の要件が緩和され、従来の一般永住権については、法二二条により「①素行が善良であること、②独立の生活を営むに足りる資産又は技能を有すること」の二つの要件を必要とし、これに加えて、法務大臣が「その者の永住が日本国の利益に合致すると認めたときに限り、これを許可することができる」ことになっていたが、今回の改正によって、その者が永住権許可を受けている場合、または法律一二六号該当者の配偶者及びその子である場合には、前記の二つの要件が必要なくなった（法二二条二項但書）。

従って、一二六号該当者の孫、ひ孫は、その大部分は特例永住権を取得した者の子であるか、あるいは孫であるから、この改正によって一般永住権が容易に取得できることになる。

## 一二六号該当者と在留の不安定

在日朝鮮人に対する在留権が問題になったのは、サンフランシスコ条約発効以後である。

ところで前述した法律一二六号は、在日朝鮮人に対する目先の方便としての暫定的なものであり、在留権の保障としては不安定なものである。

この点について一九七二年六月十六日、衆議院法務委員会で吉岡章入国管理局長が、「すでに御承知の通り、一二六号該当者の方々は、在留資格なしに在留期間を定めずに日本に滞在しておられますが、これはあくまでも暫定的な、御指摘の通り、ある意味において非常に不安定な身分でございます……」と答えているように、在日朝鮮人は暫定的な在留としてしか認められていないのである。

従って現在の在日朝鮮人の在留資格は、前述のごとく何種類にも分かれており、夫婦や兄弟間であっても在留資格が異なるので、在留に対する安定度がそれぞれ違っている。

このため、在日朝鮮人に対する法的処遇、とくに在留権問題の解決が重要な課題となっているのはいうまでもない。法律一二六号該当者の家庭では、父母は永住権者であるのに対し、子供たちはすべて特定在留者であり、孫たちは特別在留者となっているのが一般的である。

つまり父母は「別の法律」が定められるまで日本にいられるが、その子、孫たちには在留の保障がないのである。また「別の法律」ができた後においてでも、法律の内容如何によっては在留資格も変わり得るのである。

このような状態を一日も早く解決するためには、何よりも日本政府が、在日朝鮮人に対してバラバラに認めている在留権を一律にすることである。そして、一二六号該当者及びその子、孫たちに対する制約のない在留権を認めるべきであり、そのためには、まず日本当局が在日朝鮮人を治安問題の対象としてとらえている従来の朝鮮人対策を改めることである。

## 三　在留権保障と今後の動向

### 在留権保障の要求

日本政府は、在日朝鮮人を歴史的経緯からくる特殊事情によって、日本に長く生活の本拠を持つに至った外国人としての特別な処遇を保障すべきである。

戦前から日本に在留している法律一二六号該当者とその子孫に対しては、新しい特別な在留権をつくり、在留資格と在留期間に制限をつけるべきではない。また新しい在留権者に対しては、バラバラになっている在留資格を一本化すべきである。

そして在日朝鮮人に対する居住権を保障し、就職などの各種の社会保障を権利として認めるべきである。

さらに日本当局は、外国人登録証明書の不携帯などの事件が毎月数千件に達していることとも関連して、常時携帯や指紋制度などを全面的に廃止し、そのために「外国人登録法」を抜本的に改正すべきである。

日本当局は、在日朝鮮人問題を同化とか帰化などによって〝解決〟しようとするのではなく、日本に在留する外国人としての正当な立場を認め、その在留権を正しく保障すべきである。

## 退去強制の廃止を

退去強制は、在日朝鮮人にとって死活問題である。日本人は犯罪を犯しても、刑罰によって償えば再び社会に復帰できるが、在日朝鮮人は刑罰を受けた後でもその刑期によっては国外へ退去強制となるのである。

入管法による退去強制は、法律一二六号該当者及びその子孫で、協定永住権者は「懲役七年以上の実刑」が対象となるが、協定永住権者以外は実刑一年以上で（実例は懲役五年以上）国外へ追放されるのである。

入管法の八一年改正で、らい病患者、精神障害者、公共負担者などの退去強制事由が削除されたことは、難民条約の加入とも関連して、人権を尊重する配慮があったものとして歓迎すべきことである。

だが、戦前から日本に在留している法律一二六号該当者及び子孫に対しては、退去強制条項がそのまま残されている。

しかも法務大臣が、日本国の利益または公安を害する行為を行なったと認定した者は退去強制となるのである。

在日朝鮮人は、その八六%が日本で生まれ育った二世・三世であるが、彼らが国外追放になったとしたら、本国に身寄りがなく、自国の言葉も知らない世代が多いこととも関連して、これでは生活手段を持たない人間を追放したことになるであろう。

日本当局は、在日朝鮮人の中に犯罪者がいたとしても、日本の法律によってそれを償った後には社会復帰の機会を与えるべきであり、法律に従って刑に服した者に、さらに社会復帰の機会を与えずして国外へ追放することは、二重の責め苦を加えることにはならないだろうか。

その意味で、在日朝鮮人刑罰者の退去強制の条項は廃止すべきである。

## 在留権制定の基本構想

一九七六年五月十九日、稲葉法相が法務省入国者収容所長および入国管理事務所長合同会議で発言した内容が次のように報じられた。

「当面の入管行政の課題として、①外国人の在留管理事務の合理化、改善化をはかる。②朝鮮半島出身者で協定永住を申請しなかったもの（総連系）や台湾出身者らの法的地位の実態に即した処遇について、速やかに基本方針を確立する。③これらの方針実現のために、出入国管理制度の新しい基本法を制定する――などの方針を明らかにした。このうち総連系朝鮮半島出身者・台湾出身者の法的地位の問題は、四月の『入管白書』で初めて触れた新方針で、今回、大臣訓示の中に取り上げられたことにより、法務省の基本的な政策の一つとして位置づけられることになった」（朝日新聞）

この記事には「在日朝鮮人らの法的地位確立、新基本法制定急ぐ」という見出しが付けられていた。

ここでいう「基本法」が如何なるものであるかは明らかではないが、それは「出入国管理基本法」のような立法を行なう構想であるのか、あるいは、これまで日本当局が四回も国会で審議未了・廃案となった「出入国法案」の中に、別な原則的規定を設けることとなのか不明である。

しかし、韓日法的地位協定と「出入国管理特別法」にもとづく協定永住権を取得しなかった在日朝鮮人の在留権について、「基本方針」を確立した上で新しい立法を行なうという稲葉法相の言明は、長い間、未解決のままに放置されてきた在日朝鮮人の在留権問題に、日本当局が本格的に取りくみ始めたとみなしてよい。

こうして日本当局は、在日朝鮮人問題を処理するための「別な法律」の基本構想として、入管法の全面改正を前提とした七六年度方針をうち出したわけである。

これは在日朝鮮人の在留権問題を解決するための、八一年法改正をつくる端緒となった。

しかし、法務省入国管理局の、坂中英徳氏の論文「今後の出入国管理行政のあり方について」に見られるように、重大な問題点が立ちはだかっている事実も否定できない。

坂中論文では、在日朝鮮人が外国人として日本に在留することには「根本的な疑問」があり、日本人になることが「その実体と将来の動向に適合するものであるとの基本的認識」に立って、職業に門口を開くことを中心にして、帰化のための「社会環境」づくりに力を入れるべきである、としている。

そして、それにはまず「先決問題」として在留権を安定させることが必要であると述べている。

ここで注意すべきことは、日本当局が帰化を前提として、各種の社会的保障を与える必要がある、としている点だ。

これは坂中氏個人の考えではなく、入管体制を司る官僚たち全体の見方を示すものではないだろうか。

それは一言でいって日本当局が在日朝鮮人に権利を与えるのではなく、懐柔策によって帰化をさせる方向への環境づくりとして、社会保障の開放を目ざしていることを示している。

日本当局は、在日朝鮮人に対し当初から今日まで、一貫して抑圧と差別のもとで義務を押しつけることはあっても、自ら権利を与えたことはなかった。現在、獲得している権利は、すべて彼ら自身の運動によるのである。

## 特例法による在留権

一九九一年十一月一日から「入管特例法」(正式名称は「日本国との平和条約に基づき日本の国籍を離脱した者等の出入国管理に関する特例法」—以下省略して「特例法」)が施行された。この法律では、サンフランシスコ平和条約が発効した一九五二年四月二十八日以降も引続き日本に在留している同胞のほとんどが適用対象となっている。この特例法が適用された人には「特別永住」という在留資格が付与される。今までの在日同胞の法的地位や処遇は、その国籍や世代によって異なり、必ずしも安定したものではなかったが、この度の法改正によって、従来よりは安定した在留資格を持つようになった。今、日本に在留している外国人は、登録者数約一二八万一六四四名(一九九二年十二月末現在、法務省統計)であり、そのうちの在日朝鮮人総数は六八万八一四四名であるが、五九万一九三名が「特別永住」となっている。

この度の特例法による特別永住許可者は、その第三条によって、「平和条約国籍離脱者又は平和条約国籍離脱者の子孫」に対して次の四つを一本化して「特別永住」権を与えたものである。その第一は、入管特例法により削除された一九五二年(昭和二七年)法律一二六号二条六項該当者であり、第二は、入管特例法により廃止された「日本国に居住する大韓民国国民の法的地位及び待遇に関する日本国と大韓民国との間の協定の実施に伴う出入国管理特例法」に基づくいわゆる「協定永住」の許可を受けている者、第三は、入管特例法により削除された入管法附則九項の規定による永住権(いわゆる「特別永住」)一般的には特例永住とも呼称する永住の許可を受けている者、第四は、入管特例法により削除された入管法別表第二の「平和条約関連国籍離脱者の子」の在留資格（旧特定在留者―法―四―一―十六―二）を持っている者である。

ここでいう「平和条約関連国籍離脱者」とは、一九四五年九月二日、つまり日本が降伏文書に調印した日の以前から引き続き日本に在留している朝鮮半島出身者でサンフランシスコ平和条約の規定に基づき平和条約発効日である一九五二年四月二十八日をもって日本の国籍を離脱した者のことであり、その平和条約国籍離脱者の子とは、一九四五年九月三日から一九五二年四月二十八日の平和条約発効日までに日本で出生し、その後も引き続き日本に在留している者で平和条約発効によって日本国籍を離脱した者のことである。また、入管特例法が施行された以降に日本で出生する平和条

## 在日同胞の推移（解放後）

| 年　度 | 人口数 | 年　度 | 人口数 |
|---|---|---|---|
| 1945(昭和20) | 1,155,594 | 1975( 〃 50) | 647,156 |
| 1946( 〃 21) | 647,006 | 1976( 〃 51) | 651,348 |
| 1947( 〃 22) | 598,507 | 1977( 〃 52) | 656,233 |
| 1948( 〃 23) | 601,772 | 1978( 〃 53) | 659,025 |
| 1949( 〃 24) | 597,561 | 1979( 〃 54) | 662,561 |
| 1950( 〃 25) | 544,903 | 1980( 〃 55) | 664,536 |
| 1951( 〃 26) | 560,700 | 1981( 〃 56) | 667,325 |
| 1952( 〃 27) | 535,065 | 1982( 〃 57) | 669,854 |
| 1953( 〃 28) | 556,084 | 1983( 〃 58) | 674,581 |
| 1954( 〃 29) | 556,239 | 1984( 〃 59) | 680,706 |
| 1955( 〃 30) | 577,682 | 1985( 〃 60) | 683,313 |
| 1956( 〃 31) | 575,287 | 1986( 〃 61) | 677,959 |
| 1957( 〃 32) | 601,769 | 1987( 〃 62) | 673,787 |
| 1958( 〃 33) | 611,085 | 1988( 〃 63) | 677,140 |
| 1959( 〃 34) | 619,096 | 1989(平成元) | 681,838 |
| 1960( 〃 35) | 581,257 | 1990( 〃 2) | 687,940 |
| 1961( 〃 36) | 567,452 | 1991( 〃 3) | 693,050 |
| 1962( 〃 37) | 569,360 | 1992( 〃 4) | 688,144 |
| 1963( 〃 38) | 573,284 | 1993( 〃 5) | 682,276 |
| 1964( 〃 39) | 578,545 | 1994( 〃 6) | 676,793 |
| 1965( 〃 40) | 583,537 | 1995( 〃 7) | 666,376 |
| 1966( 〃 41) | 585,278 | 1996( 〃 8) | 657,159 |
| 1967( 〃 42) | 591,345 | 1997( 〃 9) | 645,373 |
| 1968( 〃 43) | 598,076 | 1998( 〃 10) | 638,828 |
| 1969( 〃 44) | 607,315 | 1999( 〃 11) | 636,548 |
| 1970( 〃 45) | 614,202 | 2000( 〃 12) | 635,269 |
| 1971( 〃 46) | 622,690 | 2001( 〃 13) | 632,405 |
| 1972( 〃 47) | 629,809 | 2002( 〃 14) | 625,422 |
| 1973( 〃 48) | 636,346 | 2003( 〃 15) | 613,791 |
| 1974( 〃 49) | 643,096 | 2004( 〃 16) | 607,419 |

※資料出所

1945年は日本政府の国勢調査

1946年は連合軍司令部の指令による調査の記録

1947年より2004年までの資料は外国人登録による法務省の統計

約関連国籍離脱者の子孫（旧特別在留者の法—四—一—一六—三）は、出生の日から九十日以内に居住地の市区町村の長を通じて法務大臣に特別永住許可申請をすれば「特別永住」を許可されることになっている（入管特例法第四条）。そのほかに、平和条約関連国籍離脱者およびその子孫で入管法別表第二の「永住者」を除く在留資格、たとえば朝鮮籍の父親と日本人の母親との間に生まれた子で日本国籍を離脱した者、永住者の配偶者等、定住者（旧特別在留者—法四—一—一—三）の在留資格をもっている者は、地方入国管理局へ法務大臣宛に許可申請をすれば「特別永住」を許可されることになっている（入管特例法第五条）。

この度の法改正で特徴的なのは、再入国許可の有効期間の特別措置である。従来は、朝鮮籍である特例永住者と、いわゆる「協定永住者」との間にも差別政策が存在し、朝鮮籍の者に対しては、再入国の期間を最長一年しか認めておらず、しかも、実際には三ヵ月間の再入国期間を与えて在日朝鮮人を抑圧していた。今度の法改正で「特別永住者」は再入国許可の有効期間が四年になり、事情によっては、さらに一年間延長する許可が受けられるので、最長五年の再入国の期間が認められるようになったことである。

ただ一つ残念なことは、特別永住者の資格者でも退去強制をされる事由が残ったことである。日本国内での内乱、外患または国交に関する罪により禁固以上の刑に処せられた者、外国の元首、外交使節または、その公館に対する犯罪により刑に処せられた者で、日本の外交上、重大な利害が損なわれたと認められた者、そして、無期または七年以上の懲役または禁固刑に処せられた者で、日本の利益が害されたと法務大臣が認定した者に限っては退去強制されることになっている。

退去強制に関しても従来は、「協定永住者」が七年以上の懲役刑に処せられた者のみ退去強制の対象となるのに対し、特例永住者は一年以上の懲役刑を受けただけで退去強制されていた。朝鮮籍の者に対する露骨な差別を行なっていたのである。しかし、今度の法改正による大幅な緩和措置によって、この差別は解消された。退去強制の対象は、「特例永住者」も協定永住者と同じ七年以上の懲役刑の者のみとなったのである。

# 第九章　在日朝鮮人と社会保障法

現在、在日朝鮮人は日本の社会で差別と偏見に苦しめられ不安定な生活を余儀なくされている。このような問題は、本質的には、かつて日本帝国主義が朝鮮を植民地支配したことに起因している。戦時中は朝鮮人を強制連行し、戦争が終わると、もはや朝鮮人は不必要な存在だとして、政策的には国外追放を画策してきたのが実状である。

諸般の事情によって日本に在留するようになった在日朝鮮人は、さまざまな生活問題を解決していかねばならなくなり、そのために民主主義的民族権利の問題が大きく浮かび上がってきたのである。

# 一　在日朝鮮人の社会保障

## 医療保険制度

**健康保険**（被用者保険）　この保険の種類には、①健康保険、これには政府管掌健康保険と組合管掌健康保険とがあり、②船員保険（疾病部門）、③日雇労働者健康保険、④各種共済組合保険などがある。

この被用者保険には、誰でも加入ができるようになっており、「何人も人種、国籍、信条、性別、社会的身分、門地、従前の職業、労働組合の組合員であること等を理由として、職業紹介、指導等について差別的取扱を受けることがない」と職業安定法第三条は規定している。

この中で健康保険は、常時五人以上の従業員を使用している事業所では、強制適用によって加入することになっている。しかし農林水産業や旅館、クリーニング店、其他のサービス業は強制適用から除外される。

**厚生年金**―被用者年金の代表的なものである。満二十歳から年金に加入して六十歳（女子は五十五歳）の間に二十年間の年金を積立てると、老齢年金が受けられる。また障害年金と遺族年金などの制度があり、国籍条項がないので在日朝鮮人も加入できるようになっている。

しかし厚生年金に加入するには、事業適用所があって健康保険が適用されるのと同じ条件が必要である。また、厚生年金加入者には健康保険（被用者保険）者と同じく、事業主がその保険料の半額を負担しなければならない（厚生年金保険法第八十二条)。

**国民健康保険**―住民保険である国民健康保険は、一般住民を対象としてつくられた制度であり、健康保険、つまり被用者保険に加入できない地域住民が加入する。

国民健康保険には、市町村（東京都の二十三区を含む）と国民健康保険組合との二つの種類がある。

被保険者が疾病などで医療機関に療養の給付を受ける場合には、市町村（東京都二十三区を含む）管掌では、治療に要した金額に対し三割を一部負担金として支払う。

但し結核予防法第三十四条、第三十五条の規定による医療（看護・移送を含む）に関する給付を、結核予防法指定医療機関で受けた場合は、一部負担金の支払を要しない。精神衛生法第三十二条適用の医療についても、一部負担金は不要である。

例外として、土建組合や土木組合などの健康保険組合管掌では、被保険者が医療機関に療養給付に対する支払負担金が一割以下のところもある。

**国民年金**―国民年金とは国民年金法の定める年金にして、保険料徴収をたてまえとする拠出制の老齢年金、通算老齢年金、障害年金、母子年金、準母子年金、遺児年金、寡婦年金など七つの種類の年金制度がある。その他、死亡一時金の支払制度もある。

七十歳以上の老齢者、重度の身体障害者、母子などの低所得者に対し、国庫負担による無拠出制の老齢福祉年金、障害福祉年金、母子福祉年金などもある。

従来、国民年金は拠出制及び各種の無拠出においても、その被保険者の資格は日本国民であることが要件となっていた（第七条、第五十六条、第六十一条、第七十九条）。それ故、在日朝鮮人は被保険者となることができないばかりか、各種の福祉年金の支給を受けることもできない。

国民年金に加入するには重複をさけるために、第一に他の種類の年金に加入していないことと、第二に日本国内を住所地として居住していること、第三には、二十歳以上で六十歳未満であることが条件であり、国民年金法の国民皆年金政策によって、強制加入の対象となっている。

在日朝鮮人に国民年金が適用されたのは、一九八二年一月一日からであり、それは日本が難民条約に加入して、その効力が発生すると同時に、国籍条項が撤廃されたからである。

しかし、この時点で三十五歳以上の人や障害状態にある人、また母子状態にある人は年金の対象外に置かれた。

①拠出制年金　この制度は事前に一定の保険料を定められた金額として、一定期間を支払っておくのが条件である。

②無拠出制福祉年金　この年金制度は、拠出制の年金に加入しても、加入前の事故は年金の対象にならない。それを救済するために補完的、経過的福祉年金制度を設けて、これらの人たちが年金を支払わなくても年金が支給される制度である。

その対象は、老齢福祉年金、障害福祉年金、母子福祉年金、準母子福祉年金である。

老齢年金――この年金は国民年金に加入して、満二十歳から満六十歳に至るまで二十五年間、国民年金を支払わなければならない。

在日朝鮮人は、一九八二年一月一日から国民年金に加入の資格を取得しているので、この時点で三十五歳以上であれば国民年金に加入する資格はあっても、六十歳までに二十五年間の積立支払が加入期間の不足によって履行できなくなり、よって年金はもらうことができなくなる。

ただし、一九八二年以前に他の種類の年金、厚生年金などに加入したことがあれば、その期間の年金を加算して二十五年以上になれば通算老齢年金としてもらえる。

通算老齢年金――これは年金の必要期間に満たないがために、年金の支給を受けられない人の救済手段として通算年金通則法が法制化され、その基本を設定したものである。

それによると、二つ以上の異なった制度で支払った年金の期間を合算できることを認めている。つまり国民年金が二十五年に満たない期間に対して、厚生年金を始め他の七つの種類の年金との組合せができることである。

障害年金――この年金は国民年金に加入した後に、病気や事故によって起きた障害に対して支払うものである。しかし在日朝鮮人は一九八二年一月一日から年金加入の資格を得ているが、障害の原因が年金に加入した以後に発生していなければ受給資格は認められない。

また、一九八二年一月一日以後、二十歳未満の人が障害状態になった場合は、国民年金加入資格の年齢となる二十歳までは障害福祉年金が支給される。母子年金や準母子年金なども障害年金に準じている。

経過的福祉年金――この福祉年金は、年齢加入資格対象外の人に救済措置として設けられた制度である。日本政府が一九五九年十一月一日、初めて年金制度を設けた時点で、七十歳以上の人には老齢福祉年金が支給され、二十歳以上の障害状態にある人には障害福祉年金、母子状態にある人には母子福祉年金が支払われた。

ところが、在日朝鮮人が国民年金加入資格を得た一九八二年一月一日の「国民年金法改正にともなう難民条約関係法律整備法」には、その救済措置としての経過的福祉年金は適用されなかった。これが差別によるものであることは明らかである。

ただ年金加入後に、期間の不足とか、保険料を滞納した場合などは、補助的福祉年金が支給される。

## 新しい年金制度

**①新年金制度の概況**―一九八六年四月一日から改正される年金制度は、本格的な高齢化社会の到来に備えたもので、

二十一世紀の年金の確立を図る「新しい年金制度案」が一九八五年四月二十四日、国会で可決された。

この新しい年金制度は、一九九五年までに、公的年金に共通する基礎年金制度をつくるために設けたものである。それによって従来の国民年金を基礎年金とし、厚生年金の報酬比例年金をそれに上乗せする制度をつくり、いわゆる「二階建年金」を制度化したものである。

この新しい年金制度で特記すべきことの一つは、在日朝鮮人は一九八二年一月一日から国民年金に加入するようになったが、それ以前の期間に対する経過措置がなかったため、当時三十五歳以上の朝鮮人は年金に加入する資格はあるが、期間の不足分を厚生年金などによる合算で二十年にならない限り老齢年金は受けられなかった。今度の新しい年金制度で、一九八二年一月以前の未加入であった空白期間を経過措置として認めることになったことである。

もう一つは、婦人年金権を確立したことである。

厚年年金に加入している人とその妻は、新制度の国民年金に加入することになるが、国民年金の保険料は新しい厚生年金保険制度によって、厚生年金からまとめて拠出するようになるので、妻は保険料を支払う必要がなくなる。

新しい年金制度は一九八六年四月から実施されるが、この時点で六十歳以上の人は老齢給付に関して、従来どおりの年金が受けられる。また五十九歳以下の人も、段階的に新制度に移行していくようになる経過措置がとられている。

②**基礎年金制度**―新年金制度は、従来の国民年金を「全国民に共通する基礎年金制度」に改正した。厚生年金は、原則として「基礎年金と報酬の金額によっての比例に応じた上乗せの年金を支給する制度」に改正して、厚生年金の二階建方式の年金制度に編成したことである。

このように、現行の国民年金と厚生年金とが合算されて基礎年金制度が創設された。つまり国民年金は、基礎年金を支給する公的年金制度の土台として、二階建方式の基礎となる一階の部分となる。

③**年金加入者**―新年金制度による年金加入者の第一号被保険者は、国民年金に加入した二十歳以上六十歳未満の自営

業者などである。第二号被保険者は、厚生年金保険の被保険者で、第三号被保険者は、厚生年金保険被保険者の被扶養配偶者で、二十歳以上六十歳未満の人をいう。

第一号被保険者は、日本に住む二十歳以上六十歳未満の人は引き続き国民年金に加入するが、六十歳以上六十五歳未満の人も任意に加入することができる。

第二号被保険者は、厚生年金加入者であるが、国民年金には自動的に加入され、国民年金保険料は厚生年金保険料の中に含まれている仕組になっている。

第三号被保険者は、厚生年金加入者が扶養しているその妻で、二十歳以上六十歳未満の人は国民年金に加入できるが、保険料は納めなくても厚生年金保険料から充当される。

また厚生年金保険の被保険者は、在職中であっても、六十五歳になると年金受給者となるので、被保険者ではなくなり、したがって厚生年金保険料を払う必要はない。

なお、船員保険の職務外年金部分も、厚生年金に統合されることになる。

④**年金の内容**―年金の土台となる基礎年金は、老齢基礎年金、障害基礎年金、遺族基礎年金の三種類に統合され、厚生年金は老齢厚生年金、障害厚生年金、遺族厚生年金の三種類に統合される。

老齢年金――老齢基礎年金とは、国民年金と厚生年金を合算して統一金額にし、それを基礎にしたものであり、新しく厚生年金被保険者の妻も基礎年金には自動的に加入する仕組みになっているため、被保険者と同じく厚生年金保険料を二十年間払えば年金が受けられる。

老齢厚生年金は、厚生年金に加入していた人が、老齢基礎年金としての定額部分に報酬月額の比例部分を上乗せした部分が老齢厚生年金として支給される。

障害年金――障害基礎年金は、国民年金に加入している人が障害の状態になったときに受けられる年金である。

現行の障害年金と障害福祉年金の各一級、二級は、新年金制度から障害基礎年金（一級、二級）として統合される。

障害厚生年金は、厚生年金加入中に障害で障害基礎年金を受けるようになったとき、これと合せて障害厚生年金（一級、二級）が受給できる。

現行の厚生年金では、障害年金（一級、二級、三級）及び障害手当金制度になっているが、新年金制度では障害厚生年金（一級、二級、三級）と障害基礎年金（一級、二級）及び障害手当金として支給される。

しかしながら、在日朝鮮人に国民年金の加入を認めた一九八二年一月一日の時点で二十歳以上の障害者に対し、障害基礎年金は排除された。その結果、約三千人の在日朝鮮人障害者が、この制度の適用を受けられなくなった。これは日本国民が一九五九年十一月一日から国民年金制度を実施したときの経過措置として支給されたのとは明らかに違った差別である。

老齢福祉年金——この制度は、日本政府が国民皆保険制度を実施する過程で五十歳を超えた人が国民年金に加入していなくても、七十歳になれば年金を受けられるように、その救済手段として創設された年金制度である。

在日朝鮮人に対しては、七十歳を超えても老齢福祉年金が適用されないために約六万人の高齢者が無年金状態に置かれている。以上のように、在日朝鮮人高齢者と障害者に年金が支給されていない状態に対し、一部の自治体では暫定的な救済措置を講じているところもあるが、それよりも国民年金制度における根本的な差別をなくすべきである。

遺族年金——遺族基礎年金は、国民年金に加入している人や老齢年金を受けられる加入期間のある人などが亡くなったときに、その妻や子は遺族基礎年金が受けられる。現行では母子年金、準母子年金、遺児年金を統合して遺族基礎年金とした。

遺族厚生年金は、厚生年金加入者が亡くなったときに受けられる。

現行では遺族年金としているが、新年金制度では、子のある妻と子供だけの場合に対しては、遺族厚生年金と遺族基礎年金が受けられる。子供のない妻に対しては、遺族厚生年金のみが受けられるように改正された。

## 二　在日朝鮮人の差別問題

### 戦争犠牲者に対する援護法

①旧軍人・軍属――日本の侵略戦争に軍人・軍属として動員された朝鮮人は三十七万名にものぼり、日本に強制連行された者は百五十六万名に達するといわれ、その死亡者は約五万名と推定されている。

日本の恩給法によると、外国人は年金としての恩給は受けられない（恩給法九条）。また戦傷病者戦没者遺族等援護法、戦没者等の妻に対する特別給付金支給法、戦傷病者特別援護法、未帰還者留守家族等援護法等のいずれも、日本の国籍をもたない朝鮮人は適用されていない。

同じ戦争犠牲者でありながら、朝鮮人であるというだけで障害年金、遺族年金、遺族給与金などが受けられないのである。

ドイツでは、戦争犠牲者援護法によって、戦争犠牲者は国籍を問わず支給しているのとは全く対照的である。

②被爆者援護――一九四五年八月、米軍機の原爆投下によって、広島では四万八千人（広島原爆協議会）、長崎では一万三千人（長崎市原爆資料係）、計六万一千名の朝鮮人が被爆し、四万名が死亡したと推定されている。

生き残った被爆者もほとんど死亡したと推測されるが、日本政府は原爆症で苦しんでいる朝鮮人に治療の手をさしのべず、放置したままである。

日本政府は、一九六五年に原爆被爆者実態調査を国家的規模で行なったが、朝鮮人被爆者については一言もふれてはいない。

原爆特別措置法、原爆医療法は国籍に関係なく、原爆症と認定した場合には「被爆者健康手帳」を与えるとしている。したがって朝鮮人被爆者にも当然その手帳が与えられ、治療を受ける権利がある。

しかし、本国に帰った多くの朝鮮人被爆者は、治療を受けに日本へ来ることさえできないのが現実である。

このような事態について、韓・日両政府は目をつぶっているが、日本民間団体による在韓被爆者診療医師団の河村虎太郎医師は、「韓国にいる被爆者の悩みは、日本の被爆者に比べて一層深刻である。就職戦争のきびしい韓国では、身体の弱い被爆者は良い職に就くことができず、底辺の生活をしている者が多い。健康保険も生活保護法もない韓国では、収入の低い被爆者はろくろく治療を受けることができない」と語っている。

韓国より被爆者孫振斗氏が原爆治療のため密入国し、一九六四年四月から七八年四月までの十四年間、被爆者手帳の交付を受けるために苦闘した事実はよく知られている。

一九四四年の統計によると、広島には八万一千八百六十三名（内務省警保局）の朝鮮人がいたが、直接の被爆者のほかに原爆投下後、主に朝鮮人が爆心地中心部の被爆者の救援や整理に狩り出されたため二次放射線によって被害をさらに大きくしたと孫振斗氏は証言している。

また韓国原爆被害者協会の会長である趙判石氏は、韓国にいる二万余名の被爆者も、日本人被爆者と同等に救済されることを要求し、世論も日本政府に対し、韓国内被爆者への援護措置を強く要求している。

## 従軍慰安婦（女子挺身隊）

日本が中国へ本格的な侵略を開始した一九三七年頃から日本軍による強姦事件が多発し、現地住民の反日感情が悪化してきたのを抑えることと、性病を防ぐことを目的に一九三八年三月、「軍慰安所従業婦等募集に関する件」として北支方面軍司令官副官より北支方面軍及び中支派遣軍参謀長あてに通牒案が出された。これについて「陸軍省兵務課でこれを作成し派遣軍などに通達」（一九九二年一月一二日、朝日新聞）したのが始まりである。

戦時旬報（後方関係）波集団司令部（陸機密第七四五号、昭和十三年三月四日）指令によると、慰安所の状況「1、慰安所の所管警備隊長および憲兵隊監督のもとに警備地区内将校以下のため開業せしめたり」として慰安所を軍の管理下に置くことにした。慰安婦を集めるために警察当局とも連携を密にし、十七歳から二十歳までの未婚の朝鮮人女性を軍人の看護を名目とする勤労挺身隊として半強制的に、あるいは、半ばだまして狩り出した。これを朝鮮では「処女供出」とか「処女狩り」として恐れていた。

このようにして狩り出された朝鮮人女性は、最初は従軍看護婦の仕事や洗濯、炊事などを行なっていたが、夜になると強制的に軍人の慰安婦にさせられた。やがて、戦争が激化するに従って、軍を統制し、忠誠を誓わせるための「配給品」となった。国家権力が慰安婦を制度的に奨励し利用したのである。一九四四年八月に「女子挺身隊勤労令」が公布されると、朝鮮人女性を女子挺身隊として強制的に連行しては軍の慰安婦にした。徴用の過程については元下関労報動員部長吉田清治氏の手記『朝鮮人慰安婦と日本人』に詳しい。

また、朴寿南女史の『アリランのうた――沖縄からの証言』では、沖縄には七十の慰安所に最低七百人の朝鮮人慰安婦がいたと記しており、沖縄タイムス（一九九一年四月三十日）では、「オリのような柵《さく》のついた慰安所で、兵隊たちが行列を作り、女性ひとりで一日に三十人もの相手をさせられた」という生き残りのペー・ポンキさんの証言を紹介している。こうして連行されて行った朝鮮人女性は、「日本が敗戦の噂を聞いて朝鮮人慰安婦を現地に置き去りにして自分たちだけ逃げたり、塹壕《ざんごう》に集めて爆破し、洞窟に隠れている慰安婦に出てこいといっては機関銃で射殺するなどの蛮行を日常茶飯事のごとくはたらいた」と『朝鮮人慰安婦』(在日韓国民主女性会)でも記している。

こうして、挺身隊の名のもとに連行され慰安婦にさせられた朝鮮人女性の数は約二十万にも達すると推定されている。日本政府は、戦後四十七年も経過しているのに朝鮮人慰安婦の問題に対して、いまだ何の補償もせず、資料さえ自ら提供しようとしていないのである。

## 生活保護法

生活保護法は、国民が最低限度の生活が維持できなくなったときに、生活権として政府に要求する権利である。日本政府は外国人に対し、生活保護法の趣旨からして原則的にその適用は認められないとしており、権利としてではなく、「当分の間」これを暫定的に認めるという恩恵的なものとしている。

在日朝鮮人の歴史的経緯からすれば、生活に困窮している在日朝鮮人にも日本人と同じく当然の権利として、日本当局に生活保護法による保護を受ける権利を要求できる立場にある。

ところが日本当局は、同法が「生活に困窮するすべての国民」(第一条)と限定していることから、それを日本国民に限るとして、外国人に対しては治安上、人道上の立場から厚生省通達で「生活保護に準ずる保護を行なう」とする方針を打ちだしているのである。

生活保護法には次の七つの種類がある。それは①生活扶助、②教育扶助、③住宅扶助、④医療扶助、⑤出産扶助、⑥

生業扶助、⑦葬祭扶助であり、前項各号の扶助は、要保護者の必要に応じ、単給または併給として行なわれる（生保法第十一条）。

この面における差別の第一に教育扶助がある。民族教育を否定する立場から、各種学校は学校教育法の第一条に規定する義務教育でないから、教育扶助は認められないというのである。

これは在日朝鮮人の民族教育に対する不当な差別措置であり、国際人権規約にもとるものである。

もう一つは、外国人の生活保護を実施する段階に入ると、必ず入国管理事務所へ通報（出入国管理令第六十二条）することになっている点だ。

この通報によって、生活保護を受ける在日朝鮮人は国外へ強制退去（入管令第二十四条）の対象となり、実際に退去強制を強行するかどうかは、入管当局の胸三寸で決まるのである。

また在日朝鮮人は、「当分の間、法の準用」によって保護法が適用されているため、関係当局の不当な処分に対しても、不服申立ての審査請求や再審査請求をすることができない。

これは生活保護法の基本である人権保障制度の目的に反し、差別をつくりだす要因ともなっており、全く不当な措置であると言わなければならない。

一九五六年、日本当局は保護打切りの口実を探すために、警察権力を動員して「朝鮮征伐」という名目までつけ、一斉調査を強行したことがある。

この調査の名目は生活保護の内容調査ということになっていたが、実際は在日朝鮮人の思想動向の調査に主目的があったと言われる。

その後、一九六六年の「韓日条約」による、いわゆる法的地位協定においても、朴正熙政権は在日朝鮮人の窮乏に対して何ら配慮をしなかった。

そのことは厚生省社会局が、「外国人保護の取扱について」の中で、「同協定が発効になっても、生活に困窮する外国人に対する生活保護の取扱いは、従来と何んら変わらない」としたことにも現われている。

日本が難民条約に加入した一九八二年一月一日以降も、国民年金問題などでは国籍条項を廃止したが、生活保護法については基本的な改正が行なわれなかった。ただ、退去強制の件が廃止されただけであり、基本的な「法の準用」の点では変わりなく、依然として差別的な保護行政がつづいているのである。

## 児童扶養手当、児童手当

児童扶養手当は、父と生計を同じくしていない児童に対して、その母か養育者に支給されるものである。

一九六一年、児童扶養手当法が制定されたが、これは児童の母か養育者が日本国民であることを条件としている（第四条）。

一九七一年に成立した児童手当法は、三人以上の児童（十八歳未満）を監護する父母か、その他の生計維持者に、義務教育修了まで手当金を支給する制度である。

しかしこの法律でも、日本国籍を手当金支給の条件としているため、実質的には朝鮮人に対する差別にほかならない。

また、特別児童扶養手当等の支給に関する法律でも、重度障害者が日本国民であることを要件としており、朝鮮人はその対象となっていない。

しかし、地方によって独自な条例を定め、国に準ずる手当金を支給している自治体もある。

たとえば、川崎市では川崎市児童手当支給条例を制定したし、東京都も都条例を制定して、児童育成特別手当などの名目で支給している。

これらは自治体が自ら条例を定めたのではなく、在日朝鮮人の運動と、それを支援する日本国民との連帯によって、地方自治体が独自に定めたものである。

これらの児童手当金支給を、法律によって在日朝鮮人に適用するようになったのは、難民条約を批准したあとの一九八二年一月一日からである。

## 住居と就職への差別

これは第一に、公営住宅などへの入居を規制している問題であり、第二に、就職などへの差別による日本企業や公務員への進路が閉されている問題である。

**①住居の問題**　一九五一年の公営住宅法は、第一条で「国及び地方公共団体が協力して、健康で文化的な生活を営むに足りる住宅に困窮する低額所得者に対して低廉な家賃で賃貸することにより、国民生活の安定と社会福祉の増進に寄与することを目的とする」とうたっている。

しかし、これまで外国人は納税のいかんにかかわらず、公営住宅の利用については、これを権利として要求することはできないとして、在日朝鮮人を公営住宅から閉めだしてきた。

また日本住宅公団法と地方住宅供給公社法は、法律や施行規則において国籍を要件としていないにもかかわらず、日本住宅公団法に基づく公団住宅内規で「日本国籍を有する勤労者であること」を条件にしている。

さらに、公社住宅に入居するために融資を行なう住宅金融公庫（地方住宅供給公社法第四十五条）は、「現に外国の国籍を有するもの及び無国籍者、外国法人に対する貸付を行なわない」（一九七二年四月二十八日、住宅金融公庫副総裁通牒）との方針をとっているので、外国人が排除されるのは言うまでもない。

しかし、在日朝鮮人の公営住宅への入居資格を獲得する運動が拡大するや、兵庫県では「議会の意向、地域の住宅事情、入居を希望する外国人の事情を総合的に勘案して入居を認めても差しつかえない」（一九七五年、兵庫県建築部長）と言明し、一九七六年三月に、県営住宅入居資格に関する「国籍条項」を廃止した。

そして一九七八年九月には、埼玉県蕨市が市営住宅入居権と児童手当の権利を認めるなど、自治体の新しい動きが全国的に広まった。

日本当局は、このような状況の中で、一九八〇年四月一日から、住宅公団及び住宅供給公社などの公営住宅への入居、分譲に対しては「国籍条項」を廃止し、在日朝鮮人にもそれを認める決定をした。

と同時に、入居、分譲などによる貸付を認めていなかった住宅金融公庫、国民金融公庫からの融資も認めるようになったのである。

これは在日朝鮮人が民族的差別に反対し、民族権利を守るための生活権擁護運動をした大きな成果である。

**②就職への差別**　戦後四十年という長い年月は、在日朝鮮人の構成にも大きな変化を生み、約九〇％近くが二世、三世という新しい世代にとって代わられた。

新しい世代の多くは高等教育を受け、広く社会にも進出する機会を求めているが、日本の社会構造は、依然として門戸を閉ざし受け入れを拒んでいる。

たとえば、就職についていえば、日本の一流大学出身者であっても朝鮮人であるがためにそれに見合った職業につくことは許されず、そのほとんどがパチンコ店か飲食業などに従事し、自己の才能を生かす機会を逸している。

芸能界やスポーツ界には、在日同胞が少なからず進出しているが、朝鮮人であるとわかれば人気に影響するとして、自分の国籍をかくさなければならない卑屈な生き方を余儀なくされている。

一九八四年三月、兵庫県下の日本の公立高校六十校を卒業した朝鮮人学生に対して、「兵庫在日朝鮮人教育を考える会」が進路調査を行なったことがある。

それによると、五八％に当たる百八人が進学を希望しているが、残りの四二％に当たる八十人は、自営業や縁故関係、中小零細企業まで含めた就職を希望している。

その業種部門と人員を見ると、①自営、縁故関係七人、②同胞系金融機関七人、③事務系十七人、④販売・現業部門二十七人、⑤企業・職種不明十二人、⑥不採用十人となっている。

就職希望者八十人のうち、十人が不採用とは日本人の場合ではあり得ないことであるが、不採用になった理由を調べてみると、面接の時に①国籍のことを詳しく問いただされた、②優秀な成績なのに「おとなしい」というあいまいな理由をつけられた、などとなっている。

一九八三年九月、大阪府八尾市在住の高校生、李昌宰君と孫秀吉君は、郵便局外務職員（配達業務）の受験を「国籍が日本でない」との理由で拒否された。

しかし、郵政省採用規定及び人事院規則などには、外務職員の国籍条項はなく、郵便職員応募用紙にのみあることが明らかとなった。

このように、公務員や大企業に就職をする場合、法律的に国籍上の問題がなくなっても、末端機関においては民族差別的な内規をつくって、就職への道を閉ざしているのである。

一九八四年十一月、長野の小学校教員採用試験に合格した梁弘子さんに対して、日本の文部省は国籍が外国人であるとの理由で教諭の任命を拒否し、講師なら認めるとした事実は記憶に新しい。

これについて文部省は、法律を楯にしているが、実際の理由は、「日本国民としての基礎の育成には日本人が当たるべきだ」との「国民教育論」の立場に立っているのである。

しかし東京をはじめ、十五都府県の自治体では「国籍条項」を廃止しているため、三十人を越える外国人教諭が教鞭をとっている。

一九八二年九月の国公立大学外国人教員任用特別措置法によって、八四年二月に在日朝鮮人としてはじめて国立大学助教授となった金在萬氏をはじめ、国立大学で講師以上の教官に任用された外国人は九三年七月現在五十一名、助手は九十五名にもなっているが、公立大学、私立大学は相当数に達する。

現在、教育問題が国際化してゆくなかで、在日同胞の教育者に対しても差別と偏見を捨て、登用の門を開くことが切に望まれる。

また、一九七四年六月、日立製作所の朴鐘碩氏入社拒否事件は、労働基準法違反であるとの判決で勝訴したが、この面でも門戸を大きく開くことは、時代の趨勢であると言えるだろう。

日本における外国人の人口増加にともない市民社会においての様々な問題が改善する方向へと変りつつあるが、民族学校出身者の処遇は、長い間、彼らの生活に密接な問題となってきた。

一九九〇年代に入ってからは朝鮮学校に対する処遇の改善の兆しが見えてきた。民族学校へ通う生徒に対しＪＲ定期券の学生割引率差別の是正、制約されながらも日本のスポーツ団体による競技への参加、国立大学の大学院への進学の道が開かれるなどの大きな前進があった。二〇〇〇年代に入ってからは、大学入試資格の弾力化と国家資格の取得上の差別も徐々に是正されてきた。朝鮮大学卒業生に司法試験の一次試験の免除があり、保育士試験、社会保険労務士、税理士の受験資格がそれぞれ認められるようになった。

こうして、在日朝鮮人の民族教育を受けている子弟が日本で共生社会の構成員として認められてきたことは、在日同胞の明日への展望が開けつつあり、今後も大いに期待したい。

# 第十章　在日朝鮮人と国籍法

## 一　国籍問題と在日朝鮮人の処遇

### 民族の解放と国籍

在日朝鮮人は一九一〇年八月、「韓日併合条約」によって日帝の植民地支配下に置かれた。この時から朝鮮の国籍は奪われ、日本の「国籍」が押しつけられた。

一九四五年八月十五日、日本は敗戦に追いこまれ、同年九月二日、ポツダム宣言を受諾する降伏文書に調印したが、この時から朝鮮は、三十六年にわたる日帝の植民地支配から解放され、朝鮮民族は独立した。

朝鮮が独立したことにより、朝鮮民族は日本の植民地支配期の「国籍」から離脱し、新しい民族自決により独立した朝鮮の人民となった。

ところが日本政府は、朝鮮人は在日朝鮮人を含めて、すべて一九五二年四月二十八日のサンフランシスコ条約の発効日まで日本国籍を所有している、として朝鮮国籍を認めようとしなかった。

一九五二年四月十九日、法務府民事局長による「平和条約の発効に伴う朝鮮人台湾人等に関する国籍及び戸籍事務の処理について」(法務民事甲第四三八号)の通達によって、「朝鮮及び台湾は、条約の発行の日から日本国の領土から分離することとなるので、これに伴い朝鮮人及び台湾人は、内地に在住している者も含めて日本の国籍を喪失する」としている。

そして一九四七年五月二日、「外国人登録令」の公布にあたって、在日朝鮮人を当分の間は外国人とみなして外国人登録を押しつけ、日本への入国をも規制し、場合によっては国外への退去強制を強行した。

つまり日本政府は、朝鮮人に対して、サンフランシスコ条約発効までは日本国籍を所有しているとしながら、他方では朝鮮人は外国人であるから外登令の該当者であるとした、全く矛盾した措置をとったのである。

このことから判断しても、GHQと日本政府は、その場あたりの御都合主義で在日朝鮮人対策を行なってきたことがわかる。

それがために、在日朝鮮人は時によっては日本国籍所有者となり、ある時には外国人となるなど、日本政府の都合によって法律の条文まで書換えて処遇された。

このようにして在日朝鮮人は「外国人登録法」に基づき、指紋押捺と常時携帯を義務づけられ外国人登録証明書を交付されたのである。

当初実施された「外国人登録令」では、在日同胞の国籍はすべて「朝鮮」と記載された。

他の分断国家の国民に対しても以前の国名、すなわちベトナム、ドイツ、中国として記載された。

一九五二年十月十四日の、法務省入国管理局長通達は、「中国国籍の記載に関する件、中国人の外国人登録については、その本籍が中国本土であると台湾であるとを問わず、いずれも原票の国籍欄の記載は中国とすること」としており、従って現在に至っても、外国人登録証における国籍に対しては問題を残さなかった。

## 国籍用語説

一九五〇年一月十一日と二月二十日、GHQは日本政府に対して、外国人登録証明書の国籍欄に、それまで使用されていた「朝鮮国籍」から「韓国」又は「大韓民国」の用語を使用するように、駐日韓国代表部が希望していることを伝える覚書を出した。

これについて同月二十三日、日本政府は法務総裁談話の形で、国籍問題は「これは単なる用語の問題であって、実質的な国籍の問題や国家の承認の問題とは全然関係なく、朝鮮人、韓国人、大韓民国人の何れを用いるかによって、その法律上の取扱いを異にすることはない」とした。

また法務省民事局長は、「二つの朝鮮の国号について、今般連合軍総司令部の勧告にもとづき」、「本人の希望によって韓国または大韓民国なる呼称を採用してもさしつかえないこととなった」としながら、一方においては「一部朝鮮人で、登録証明書の国籍欄の記載を朝鮮民主主義人民共和国とすることを申請することがあっても申請に応じない」ようにする「外国人登録事務取扱に関する件」(民事局長通達五四号)を発したのである。

その後、一九五二年十月二十三日、在日朝鮮人代表が法務省鈴木入国管理局長と登録の更新問題で会見したとき、国籍変更問題について「国籍選択は自由である」との確約を得、同年十一月には福岡県飯塚市浦田で、「韓国」を「朝鮮」に書き換えることが認められた。これは国籍選択の自由に関する最初のケースである。

しかし一九六五年十月二十二日、「韓日条約」が調印され「法的地位協定」が締結された際、日本政府は、韓国を朝鮮半島における「唯一の合法的政府」であるとした。

これを前提として、外国人登録における国籍の記載問題についても、従来の〃用語説〃を取消して〃国籍説〃に切換え「朝鮮」は符号であり、「韓国」は実質的には国籍である、との次のような政府統一見解を発表したのである。

「①外国人登録の国籍欄には、本来の外国人の国籍を記載するものであって、その国籍を確認する方法は、所持する旅券またはこれに代わる国籍証明書によって行なっている。

②在日朝鮮人は、もと朝鮮戸籍に属し、日本国内に居住していたまま日本国籍を失い外国人となった特殊事情から、旅券またはこれに代わる国籍証明書を所持していないので、便宜の措置として「朝鮮」という名称を国籍欄に記載したものである。この意味において、「朝鮮」という記載は、かつて日本の領土であった朝鮮半島から来日した朝鮮人を示す用語であって、何らの国籍を表示するものではない。

③ところが、それらの者の中から「韓国」(又は「大韓民国」)への書き換えを強く要望してきた者があるので、本人の自由意志に基づく申立てと、その大部分には韓国代表部発行の国民登録証を提示させたうえ「韓国」への書き換えを認めた。このような経過によって「韓国」と書換えたものであり、しかも、それが長年にわたり維持され、かつ実質的に国籍と同じ作用を果してきた経過等をかんがえてみると、現時点から見れば、その記載は大韓民国の国籍を示すものと考えざるをえない。

④最近「韓国」に書き換えた者の一部から「朝鮮」に再書き換えを希望するものが出て来たが、右に申したとおり、外国人登録上の「韓国」という記載が大韓民国の国籍を示すものと考えられる以上、もともと国籍の変動が単に本人の希望のみによって自由に行なわれるものではないという国籍の本質にかんがみ、本人の希望だけで再び書き換えをすることはできない。」

このような日本政府の統一見解によって、一九六五年十二月三日、法務省は朝鮮籍より韓国籍への書き換えは認め、韓国籍から朝鮮籍への書き換えは原則として認めないことを再確認している。

これは、日本政府が「韓国」、「朝鮮」の何れも朝鮮人を示す一つの符号であり、用語であるとの見解を発表しておきながら、それを公然と反古にした背信行為である。

特に許せないことは、「朝鮮」、「韓国」の両方を国籍としたのでなく、「朝鮮」は符号であり、「韓国」は国籍であるとした点だ。

こうして日本当局は、あらゆる機会を利用しては在日朝鮮人に「韓国」籍を強要する政策を推進し、法的地位協定による「永住権」の問題に韓国籍を条件とするなどして、その増加を図ったのである。

## 朝鮮国籍を取り戻す運動

南北朝鮮の分断を固定化し、朝鮮の統一をはばむ「韓日条約」による「法的地位協定」は、永住権をえさに韓国籍を押しつけ、在日同胞の分裂を策したものである。

従って、韓国籍の強要が、朝鮮籍を取り戻す運動に火をつけたのは当然の成り行きであった。

韓国籍の同胞の中には、本人の知らないうちに韓国籍に変えられていた人、また「外国人登録証の国籍は用語に過ぎない」という当局の言明にだまされて、当面の利益のために韓国籍に変えた人が多かったが、日本政府の統一見解が出されてからは、自分の過ちに気づいた人たちが続出した。

こうして一九六五年十月二十五日、全国から東京に集まった朝鮮国籍回復要請者たちによる大会が開かれたのを契機として、朝鮮国籍を取り戻す運動は全国的に拡大されていった。

これに対し法務省は、一九七〇年八月五日付で「市町村長限りで韓国から朝鮮への書き換えを行なわないこと」という旨を都道府県知事に通達した。

しかし、福岡県田川市では、同年八月十四日、在日朝鮮人十四名の申請を受理し、外国人登録原票と登録証明書の国籍欄を「韓国」から「朝鮮」に書き換える措置をとったのである。

そして同年九月、田川市議会では「在日朝鮮人の韓国籍から朝鮮籍への変更に関する意見書」を採択し、市長が断行した八月の書き換えについては、市議会議員二十八名のうち旅行中の一名を除いて、二十七名全員がこれに賛成した。

これが口火となって、韓国籍から朝鮮籍に書き換える運動は全国的に広がり、革新自治体が中心となって、「政府の統一見解は不当であり、これに基づく韓国籍から朝鮮籍への書き換えを禁じた政府の一連の通達は違法である」として、韓国籍強要政策への協力を拒否したのである。

そのため法務省は一九七一年二月二十七日、「外国人原票の国籍欄の記載を韓国から朝鮮に訂正する場合の取扱いの改正について」(入管局長通達一八一〇号)を発し、「大韓民国在外国民登録法による国民登録がなされていないこと、韓国旅券の発給がなされたことのないこと、いわゆる協定永住許可がなされていないこと」の三条件が確認されたときは、各市町村長は朝鮮籍への訂正をしてもよろしいと認めた。

にも拘わらず、日本政府は依然として、「韓国は国籍であり朝鮮は符号である」との本質的な見解は変えようとしていない。

これは国籍に関する基本的人権の無視であり、韓日関係の癒着に起因する不当な態度である。

## 二　在日朝鮮人の人権と国籍法改正

### 国籍法改正の背景

日本政府は、一九八五年一月一日から「国籍法及び戸籍法の一部を改正する法律」（法律四五号、一九八四年五月二十五日公布）を施行した。

これは、日本政府が一九五〇年に制定した国籍法は、国際化が進むにつれて、それに照応することができなくなったからである。

元来、世界各国における国籍は、二つの潮流として区分されている。一つは、居住している国で生まれた子には、その国の国籍を与えている生地主義を取っているアメリカやブラジルなどがあり、もう一つは、親の血統により国籍を決めている血統主義とがある。ところが、その血統主義にも、父親の国籍だけの継承を認める日本などの父系血統優先主義と、父母の何れかが自国民であれば、その子には自国の国籍を与えるフランスや西ドイツ、ビルマ、フィリピンなどの父母両系主義とがある。

これは、世界各国が、一九七〇年代に入ってから男女同権が進み、父系血統優先主義から父母両系主義へと変わっていったからである。

日本のこの法律も、このような世界的潮流の中で、一九八四年五月の国会において従来の日本の国籍法である父親が日本人の場合にのみ日本国籍を認めていた父系優先血統主義を改め、父母のいずれかが日本人であれば日本国籍を認めるという、父母両系血統主義を採用したのである。

世界各国が国籍法を改正するに至った直接の契機は、「婦人に対するあらゆる形態の差別の撤廃に関する条約」（婦人差別撤廃条約、一九八〇年）の草案が論議されたことからであった。

これは一九一九年、イギリスの婦人運動により「性別による欠格に関する法律」によって男女同権が認められたのち、国籍においても男女平等を求める動きが活発となり、第二次世界大戦後、「世界人権宣言」が国連で決議されてから、各国で国籍問題を基本的人権の問題として積極的に取り上げるようになったことと関連している。

同宣言の第十五条には、「何人も一つの国籍を持つ権利を有する。何人も、ほしいままにその国籍を奪われることなく、また、その国籍を変更する権利を否認されることはない」と規定している。

また一九七九年に批准された「国際人権規約」のB規約の第二十四条では、「すべての児童は出生後、直ちに氏名を有し、国籍を取得する権利を有する」とし国籍取得を当然の権利として規定している。

日本当局は、一九八一年に改正された「出入国管理及び難民認定法」が国会で成立したことにより、内外人の平等の原則がうたわれ、在日朝鮮人に対する差別問題も、基本的人権の立場から是正せざるを得ない形となった。

そのような状況の変化の中で改正された国籍法は、従来の男性優位血統主義の立場から、国際的にはより開かれたものとなったといえよう。

しかし、この国籍法の改正は、いわゆる国際結婚、あるいは帰化の問題とも関連し在日朝鮮人が直接の利害関係者となっていることを見落してはならない。

## 在日朝鮮人と国籍法改正の内容

**①父母両系主義による国籍**　国籍法の改正によって、従来の父系血統主義から父母両系主義を採用することになり、出生した子は、出生時の父または母が日本国民であるときは日本国民とする、とした。

しかし、国籍法改正以前に生まれた子には、これが適用されない。改正法施行の日に二十歳未満である者については、一定の条件で施行後三年間に限り、法務大臣に届け出ることによって日本の国籍を取得することができるが、父母両系主義を採用したことによって二重国籍になる子が多くなるのは目に見えている。

たとえば、在日朝鮮人の夫と日本人妻との間に生まれた子供は、これまでは父親の国籍だけを取得していたのが、国籍法の改正によって母親の日本国籍をも取得できるようになったからである。

国籍は、立法上、「人はいずれかの国籍一個のみを有するべきである」のが理想であり、そうでない場合は、弊害や義務の衝突などが発生する。

日本国籍法が改正される以前では、父が朝鮮人で母が日本人の婚姻によりできた子は、朝鮮と日本の両方の国籍を所有する二重国籍保持者となる。また、それが法律上によらない事実上の婚姻であっても、成人に達する前に父親が認知をすれば、その子は朝鮮人としての国籍が取得され、二重国籍者となる。但し、この場合には六ヵ月以内に日本国籍を離脱しなければ、いったん取得した朝鮮・韓国籍は喪失する。

**②二重国籍**　このようにして、二重国籍者となったものは、外国人として出入国管理法や外国人登録法が適用されない。このため日本政府は、このような二重国籍を防止する必要上、国籍の選択制度を新設した。

つまり、二十歳から二十二歳の間に、朝鮮国籍か日本国籍を選択しなければならないのである。

外国の国籍を有する日本国民は、二重国籍となった時が二十歳に達する以前である場合は二十二歳に達するまでに、その時が二十歳に達した後であるときは、それから二年以内に法務大臣に対して、日本の国籍を選択し外国の国籍を放棄する旨の宣言をしなければ、日本の国籍を失うものとする、というのである。

朝鮮国籍を選択するには、日本の国籍を離脱するか、または朝鮮の国籍を選択して、日本の国籍を放棄する旨の選択を宣言し、市（区）町村長に、日本国籍か朝鮮国籍かを離脱する届け出をしなければならない。

また法律の規定によって、国籍選択の期限を過ぎても選択の申請をしない場合には、法務大臣は六ヵ月以上の期間を定めて、外国の国籍の離脱に必要な手続きをすべき旨を催告することができるものとし、その者がその期間内にその手続をしないときは、自動的に日本の国籍を失うことになる。

**③帰化**　従来、日本人と結婚した在日朝鮮人の帰化条件は、在日朝鮮人が夫であるか妻であるかによって、居住の条件などに差異があった。

新しい国籍法では、夫と妻を同一の条件にして、「(1)引き続き三年以上日本に住所又は居所を有し、かつ、その婚姻の後一年を経過した者、②引き続き一年以上日本に住所又は居所を有し、かつ、その婚姻の後三年を経過した者」に限るとしている。

また従来は、帰化する本人は独立の生活能力があることが条件となっていたが、改正後は原則として、世帯単位で生活能力があるかないかを判断することになった。

そして二重国籍を防止する必要から、帰化の時には従来の国籍（朝鮮・韓国）を消失することが必要であるが、特別の事情がある場合には、従来の国籍を取り消すことなく、例外として帰化を認めることになった。

さらに帰化取消の問題については、帰化を申請する際、偽りやその他の重大な不正手段により帰化の許可を得た者については、帰化許可後の五年間以内であれば、法務大臣はそれを取り消すことができるものとした。

許可を取り消される者は、事前の聴聞の手続を置くが、法務省が取り消した時から日本の国籍を失う、となっている。

## 三　国籍法改正と同化政策

### 帰化と同化政策

国籍法の改正によって、日本でも国際化が進み、在日朝鮮人にとって新しい問題が提起されることが予測される。従来の国籍法では、父が外国人であり、母が日本人であった場合、その子はすべて外国籍であったのに対し、新改正法では日本国籍の取得者となるばかりか、二十歳未満の子供にも父母両系主義による経過措置があって、日本国籍を取得する道が開かれたからである。

日本当局は従来、単一民族の血統主義によって、日本人と血縁関係または身分上のつながりのない外国人の帰化に対して厳しく、基本的には認めない方針をとっていたが、在日朝鮮人に対しては積極的にそれを受入れる措置をとっている。

日本当局からすれば、帰化することは即日本人に同化することであり、そこに朝鮮民族としての民族性はないもの、あってはならないものとしている。

在日朝鮮人が帰化する場合の動機はさまざまであるが、特に一世が少なく、二世・三世が多数を占めているのは、かれらが祖国の現状をよく知らないことなどにも起因している。

なぜ帰化をするのかと聞くと、「日本で生活するのに都合がよい」とか「民族差別がなくなる」からなどという人が多いが、これが非常に単純な誤った発想であることはいうまでもない。

これは、アメリカやヨーロッパなどにおいて市民権を取得するのと同じ発想からきており、それを取得すると永住できるという考え方である。

アメリカなどは多民族社会であり、一定の期間居住すると市民権が得られ、子供が出生すると、法律上は生地主義であるから市民権が得られ、国政にも参加できるようになっている。市民権を取得したとしても、本国の国籍には何ら影響を与えない二重国籍制度をとっているのである。

日本でも国籍法の改正で父母両系主義による二重国籍制度になったが、日本での国籍取得は、本質的に日本民族への同化を意味しており、日本当局の同化政策の一環として、その線上にあることを肝に銘ずべきである。

従って日本での帰化は、欧米での朝鮮系市民とか、日系市民とかなどの開かれた少数民族的なものとは本質的に違っていることを、深く認識することが大切である。

## 帰化しても差別される

日本政府が国籍法を父母両系主義に基づいて改正した理由の一つには、それなりの国内事情があった。それは日本国内に約八十四万人の外国人が在留しその八四％に当たる六十八万人が在日朝鮮人であるからである。

在日朝鮮人の帰化には、それなりの事情もあるが、特に国際結婚によるものが多い。

しかし、国際結婚などにより日本に帰化したとしても、従来から続いている在日朝鮮人への差別がなくなるかといえば、決してそうではない。

差別の問題も新しい形態で姿を現わしてくるものであり、日本におけるそれは朝鮮民族の血統そのものに対する差別であり、いわれなき偏見による民族への蔑視的感情からきているものであるから、たとえ帰化して氏名を日本人的に改めたとしても、その血統がわかれば、やはり差別されるのである。

日本の社会は、帰化した人の前身を知ろうと思えば、戸籍上でも簡単に識別できる仕組みになっているから、かくすことは不可能に近い。

元来、人間は社会的存在であるがゆえに、自ら社会を形成し、それぞれが社会の主人公としての役割を果たしている相関関係にあるから、在日朝鮮人であれ、日本人であれ、それぞれの社会の人間的なつながりの中で生きていくものである。

従って帰化をするということは、その社会や人間的なつながりからの脱落を意味しているのであるから、その脱落者が白眼視されることは自明の理であるといえよう。

たとえば、こんな実例がある。

かなり以前から日本に在留していた韓国系三世の日本人A氏が、国会議員に立候補しようとした。A氏は現職国会議員の秘書であり、東大出身で大蔵省畑のエリートコースを歩んできた人であった。

ところが立候補直前になって、誰も知らないはずの帰化があばかれ、選挙民の差別感情があおられたため、ついに立候補を断念してしまったのである（「黒シール告訴事件」『週刊朝日』一九八三年六月三日号）。

このように、たとえ帰化しても、当人が社会的に頭角を現わす段になると、いつどこで、その過去の「ルーツ」がほじくり出され、いわれなき差別と偏見による中傷から、その地位を社会から葬り去られるかわからないのである。

# 第十一章　在日朝鮮人と風俗営業法

戦後、日本で数多くの法令がつくられた中で、風俗営業法ほど、重要な内容を持ちながら、一般には余り理解されていない法律もまた珍しい。

一九八四年八月八日、「風俗営業等取締法の一部を改正する法案」は参議院本会議で可決され、法律第七六号として一九八五年二月十三日から施行された。

この法律は、従来の風俗営業等取締法を、青少年の非行の増大とも関連して、いわゆるソープランド（トルコ、特殊浴場）やポルノショップなどの性産業の抜本的規制を図るため、その解決案として改正されたといわれている。

この法改正によって従来の警察の担当領域が大幅に拡大され、戦後の改革で失われた行政警察権の回復をもくろむ新しい取締りの形態が出現したのは無視できない。

そして、在日朝鮮人が多くしめているサービス業に介入し、その企業権を脅かし、生活権を奪う弾圧法となって現われている。

# 一　風俗営業法の経緯と主な内容

## 戦前の風俗営業法

戦前の日本の警察は、風俗営業法（以後風営法）が規制の対象としている風俗関係の営業に対して、広範な領域にわたる強力な警察権を持っていた。

それは風俗営業、貸席、私娼といった売春や芸妓の取締り、賭博の取締りなどの権限から、カフェー、バー、喫茶店、料理屋から旅館、浴場、映画、演劇などの営業に対する許・認可権など、広範囲にわたる行政的取締りの権限であった。

これは警察犯処罰令（一九〇八年、内務省令一六〇号）、行政警察規則（一八七五年、太政官通達二九号）、行政執行法（一九〇〇年法八四号）などの法令によって警察に強力な権限が与えられていたからである。

その取締りの内容は、営業開始時に警察の許可申請を必要条件とし、衛生、建築、公安や風俗などの見地から微細にわたって規制を行ない、その遵守事項を点検するために、警察官が立入ることのできる臨検の権限と法令の違反、または一般に「公安ヲ害シ風俗ヲ紊ス虞ア」る場合には、警察権による営業停止や許可取消しができるようになっていた。

こうして警察は広範な行政警察権を確立し、特高警察に代表される政治警察と並んで、日本の国内治安を支える二つの強大な権力となって暴威をふるったのである。

しかし戦後、連合軍占領下の民主改革の中で新憲法が制定されると、これらの規制は全面的に撤廃され、これらの風俗営業はすべて警察の監視から解放されることになった。

そして警察の権限範囲も、犯罪の捜査を中心とする司法警察権に限定されたのである。

それに伴い、旅館や興行、浴場などは、公衆衛生上の見地から厚生省の所管に属する旅館業法（一九四八年、法一三八号）、興行場法（同四八年、法一三七号）、公衆浴場法（同四八年、法一三九号）などによってその管轄の規制を受けることになった。

しかし警察当局は、失われた行政的権限の回復を狙って工作をつづけ、一九四八年、風俗営業取締法（法一二二号）の制定にこぎつけた。これが行政警察権復活の手がかりとなったのはいうまでもない。

この法律の対象となったのが、①待合料理店、カフェー、その他客席で客を接待し遊興または飲食をさせる営業、②キャバレー、ダンスホール、その他の設備を設けて客に遊興をさせる営業、③玉突場、麻雀、その他の設備をそなえて客に射倖心をあおる恐れのある営業の三種類であるが、これを地方条例で規制することにし、公安委員会の許可制のもとで、許可の取消、営業の停止などの行政処分を行なうとしたのである。

## 警察権限の拡大化

このように当初、風営法は守備範囲のごく限られた法律であり、その立法趣旨においても、「風俗犯で最も実質的内容をなすものは売淫と賭博であって、こうした犯罪がこの種の営業にはとかく起こりやすいので、これを未然に防止するために、防犯的な見地からこの種の営業を規制する」ものであり、「警察機関が犯罪予防の目的のために必要な、最少限度の行政権限を行わんとするもの」であるとしていた（一九四八年五月二十七日、衆議院治安および地方制度委員会における政府説明の答弁の要旨)。

ところが警察当局は、この風営法を手がかりとして権限拡大をもくろみ、高度成長にともなう第三次産業の増大、新種の風俗産業の登場、少年非行、それに不良化防止を主たる理由として掲げたのである。

こうして一九五四年には、パチンコ業を風俗営業の対象とし、玉突場をその対象からはずすなどし、一九五四年には、法の名称を風俗営業等取締法と改め、深夜営業を営む飲食業にも規制を広げ、警察官の立入りを定めた。

また一九六〇年には、少年非行の温床として問題となっていた深夜喫茶を新たに同法の規制対象とし、行政警察の権限の拡大を図った。

つづいて一九六四年には、深夜営業の飲食店の営業場、時間などについても条例で規制しうる旨が明記され、法違反者に対しては深夜以外を含めた営業全体の停止など、規制がより強化され、年少者の立入禁止事項などが風俗営業の条例に明文化された。

一九六六年及び一九七二年の法改正では、風俗環境の浄化という新たな目的によって、個室付浴場業及びモーテル営業の地域規制が行なわれることになった。すなわちソープランド(トルコ、特殊浴場)については地域制限を設け、同営業者が風俗犯罪を犯した場合は、公安委員会に最高八カ月の営業停止ができる権限が与えられた。

これにより、深夜営業の飲食店やソープランド(トルコ、特殊浴場)などの営業にも、戦後の改革で解体されたはずの行政警察権が再び頭をもたげ、営業停止などの行政処分権を持つに至ったのである。

一九八〇年代に入ってからは、警察主導による〝市民警察〟を前面にしたアピールによって、ポルノ雑誌や自動販売機の規制、有害図書の規制、非行、そそのかし行為の規制、青少年の深夜外出の制限など、少年犯罪が増加しているとして風営法改正の必要性をマスコミ等を通じて世論づくりをした。

そして、従来から立法化がむずかしいとされてきた青少年保護条例を制定し、その取締りを強化するための条例の改正まで一挙に行なった。

こうして警察権限の拡大を図る風営法の改正が推進されたのである。

## 二　改正風営法の規制と内容

### 改正風営法の規制

日本政府は一九八四年五月十日、新しく風俗営業法の改正法案を国会に提出し、八月にそれを可決して、一九八五年二月十三日より「風俗営業等の規制及び業務の適正化等に関する法律」として施行した。

改正風営法は、風俗産業と呼ばれているサービス業に対する規制強化を狙ったものであり、従来の八カ条の条文も、一挙に五十一カ条に増大した。

一九四八年以来、実に十三回に及ぶ改正であるが、その内容は、かつてのいまわしい時代の法律の復活ともいうべきものであった。

従来の風営法は、地域的な特殊性を考慮して、その規制を都道府県条例に委任していたが、今回の改正では、法律の中にそれを一律的に組み入れ、規制を一段と強化している。

そして警察官の立入権が更に強まり、業務報告、資料提出、質問、検査権などを与え、違反したときには許可の取消し、営業停止などができるようになった。

また風俗営業にゲーム機設置の営業を加え、風俗関連営業の業種を拡大し、それを規制の対象とした。

さらに警察が営業所の管理者に助言及び指導を与えることができるようにし、不適切と認めた管理者の解任まで営業者に命ずることができるようにした。

それぱかりではない。許可基準の限定や遊技機械の認定も、国家公安委員会の規制で定められるようにまでしたのである。

## その目的と内容

風営法を改正した目的は、性産業に対する国民世論の喚起と、少年非行の増大を背景として風俗営業の規制対象を拡大し、警察の行政取締り権限を強化することにあった。

改正風営法の要点は次の通りである。

まず風営法の対象を、風俗営業の許可を必要とする料飲関係営業としたことである。

風営適正化法が適用される営業は、第一に公安委員会の許可を要する風俗営業であるが、それは①キャバレー②待合、料理店、カフェー③ナイトクラブ④ダンスホール、ダンス教習所⑤低照度飲食店（照度一〇ルクス以下）⑥区画席飲食店（客席五平方メートル以下）⑦麻雀、パチンコ、その他の賞品提供遊技場⑧ゲーム機設置営業などである。

第二には、風俗関連営業で公安委員会に届出を必要とする営業であるが、それは①個室付浴場業②ラブホテル、モーテル③ストリップ劇場、個室ヌード④ポルノショップ、ビニ本屋⑤個室マッサージなどである。

第三は、その他の飲食店営業であるが、これは①深夜飲食店（深夜とは午前〇時から日の出までをさす）②深夜酒類提供飲食店③それ以外の飲食店④興行場営業などである。

## 改正風俗営業法による対象営業（警察庁）

| 法令別 | 業態別 | 業種別 | 定義の概要 |
|---|---|---|---|
| 風俗営業（許可営業）第一条第一項 | 飲料関係営業 | 1号営業（キャバレー等） | キャバレーその他設備を設けて客にダンスをさせ，かつ，客の接待をして客に飲食させる営業 |
| | | 2号営業（料理店，カフェー等） | 待合，料理店，カフェーその他設備を設けて客の接待をして客に遊興又は飲食をさせる営業（前号に該当する営業を除く） |
| | | 3号営業（ナイトクラブ等） | ナイトクラブその他設備を設けて客にダンスをさせ，かつ，客に飲食をさせる営業（第1号に該当する営業を除く） |
| | | 4号営業（ダンスホール） | ダンスホールその他設備を設けて客にダンスをさせる営業（第1号又は前号に該当する営業を除く） |
| | | 5号営業（低照度飲食店） | 喫茶店，バーその他設備を設けて客に飲食をさせる営業で，客席における照度を10ルクス以下として営むもの（第1号から第3号に該当する営業を除く） |
| | | 6号営業（区画席飲食店） | 喫茶店，バーその他設備を設けて客に飲食をさせる営業で，他から見通すことが困難であり，かつ，その広さが5㎡以下である客席を設けて営むもの |
| | 遊技場営業 | 7号営業（パチンコ屋等） | 麻雀屋，パチンコ屋その他設備を設けて客に射幸心をそそるおそれのある遊技をさせる営業 |
| | | 8号営業（ゲーム機設置営業） | スロットマシン，テレビゲーム機その他遊技設備で本来の用途以外の用途として射幸心をそそるおそれのある遊技に用いることができるものを備える店舗その他これに類する区画された施設において当該遊技設備により客に遊技させる営業（前号のものを除く） |
| 風俗関連営業（届出営業）第一条第四項 | 1号営業（トルコ風呂等） | | 浴場業の施設として個室を設け，当該個室において異性の客に接触する役務を提供する営業 |
| | 2号営業（ストリップ劇場等） | | 専ら，性的好奇心をそそるため衣服を脱いだ人の姿態を見せる興行その他の善良の風俗又は少年の健全な育成に与える影響の著しい興行場営業 |
| | 3号営業（モーテル，ラブホテル等） | | 専ら異性を同伴する客の宿泊・休憩の用に供する政令で定める施設（政令で定める構造又は設備を有する個室を設けるものに限る）を宿泊・休憩に利用させる営業 |
| | 4号営業（アダルトショップ等） | | 店舗を設けて専ら性的好奇心をそそる写真その他の物品を販売し，又は貸し付ける営業 |
| | 5号営業（政令で定める営業） | | 前各号に掲げるもののほか，善良の風俗，清浄な風俗環境又は少年の健全な育成に与える影響が著しい営業（性風俗に関するものに限る） |
| 深夜における飲食店営業等 | | | 深夜において，設備を設けて客に飲食させる営業（風俗営業，風俗関連営業に該当するものを除く）等 |

また風俗営業の許可を受けられない人は、①禁治産者、準禁治産者又は破産者で復権を得ていない人、②一年以上の懲役あるいは禁錮刑を受け五年を経過しない人、③その他、この法律、刑法、売春防止法、職業安定法、労働基準法、児童福祉法違反などのうち、一定の罪で一年未満の刑を受け、その執行を終わってから、また執行を受けなくなってから五年を経過しない人、④集団的又は常習的な暴力的不法行為、その他、国家公安委員会規則で定める行為を行なうおそれのある人、⑤精神病者、またはアルコール、麻薬、覚せい剤などの中毒者、⑥風俗営業許可の取消しの日から五年を経過しない人、⑦未成年者などは相続の場合における例外があり、また営業の相続が認められるようになった。

そして営業場所などの制限があり、その一では、営業所の構造、設備は国家公安委員会規則で定められた基準に合わなければならない。その二は、営業を制限する場所は条例で定められるとしている。

なお、以上の制約をうける営業の内容については、前ページの表を参照されたい。

## 許可条件と種類

①風俗営業は、学校、図書館などから百メートル以内、風俗関連営業は二百メートル以内の地域では営業できないが、すでに営業しているものは認められる。

②この他は条例によって禁止区域を定める。

③十八歳未満の年少者の立入りと従業を禁止し、立ち入り禁止を営業所の入口に表示すること。違反は六カ月以下の懲役もしくは三十万円以下の罰金が科される。なおこの処罰は、その年齢を知らなかったという理由では免れることはできない。

④法の許可基準、手続や遵守事項などのうち構造および設備の維持、営業時間の制限、照度ルクスの規制、広告及び

宣伝の規制、料金の表示、十八歳未満の年少者の立ち入り禁止の表示。
⑤相続—営業者が死亡した場合に、被相続人の死亡後六十日以内に相続の手続を行ない承認をうける。
⑥営業時間を一時間延長し午前〇時までとする。
⑦スロットマシン、テレビゲーム機やその他の遊技設備を備えた店舗、これに類する区画された施設において客に遊技させる営業を風俗営業許可対象業種に加える。
⑧キャバレー、カフェー、料理店等の許可業種の店舗は、その接待に規定を設ける。
⑨ダンス教授所で十八歳未満の者に客の接待、ダンスをさせないこと。十八歳未満の者を午後十時以降立入らせないこと。
次に、新たに性産業を風俗関連営業と規定し、届出制としたことである。
①営業禁止区域及び営業禁止地域を設定する。
②十八歳未満の者は、従業員の業務と客としての立ち入りを禁止する。
また、深夜の飲食店営業等の酒類提供禁止を解除し、一方的な規制措置を設置したことである。
①主として酒類を提供する風俗でない深夜のバー、スナックなどの営業は警察に届出る。
②十八歳未満の立ち入り及び就労は午後十時までとする。但し健全な少年の育成に支障のない飲食店には現行どおりとする。
③二十歳未満の者には、酒類及びタバコを提供してはならない。
④卑わいな看板や広告、宣伝を規制する。
⑤公然わいせつ、売春防止法違反、淫行勧誘などを行なったときや、風営法上の処分に違反したときは八カ月以内の営業停止。営業禁止区域において既得権として営業している場合は、廃止処分も課すことができる。

⑥客引き行為、行き過ぎと判断される看板、広告など、軽い違反には指示があたえられる。この指示に違反すると営業停止処分。

さらに、風俗営業者、風俗関連営業を営む者および、深夜において飲食店営業を営む者は従業員名簿を備え付ける、としている。

次に、警察官は条例の実施について、必要があるときは風俗営業の営業所に立ち入ることができる、としている。また公安委員会がこの法の施行に必要な限度において、報告または資料の提出ですませるようにし、立ち入る場合は、自身を示す証明書を携帯し、関係者に提示しなければならない。警察官の立ち入りを拒否すれば十万円の罰金である。

また「風俗環境浄化協会」という民間組織が全国に一つ、また各都道府県に設置される。

## その種類と範囲

改正風営法は、規制対象の営業種類と範囲を大幅に拡大して政令、国家公安委員会へ委任をしている。

その範囲は、①許可営業としての風俗営業、②届出営業としての風俗関連営業、③深夜における飲食店営業、④興行場営業などであるが、このうち②の風俗関連営業には、性産業と呼ばれるものが包括されており今後現われる新しい性産業の営業までも予想して改正をしている。

特に性産業の規制は、刑法、売春防止法、児童福祉法、職業安定法などの取締り規定の運用により、司法的に抑制できるにもかかわらず、別な風俗関連営業の条項に盛られたのは理解に苦しむ。

また風営法の改正によって警察権限が拡大され、健全な飲食業者の営業と生活が脅かされるだけでなく、場合によっては顧客にも警察権力のおよぶことが憂慮される。

そのために在日朝鮮人のサービス業者は日本の業者とともに、国会や関係官庁、諸団体に対し、接待に関する定義や深夜酒類提供店等に関する規定などの削除を訴え、従業員名簿の備え付けや警察官の立ち入り、質問、検査の削除を要求し、要望書を提出して積極的な陳情を行なった。

その結果、衆議院では十二項目に及ぶ付帯決議が、参議院では「風俗営業の規制等の改善対策確立に関する決議」を行ない、参議院地方行政委員会には風俗営業等に関する小委員会が設置されて、改正風営法の運用を監視していくこととなったのである。

問題となった接待の定義については、国会でも与野党からの批判が多かったため、衆議院の付帯決議は「接待の意義については、風俗営業の重要な要件に当たるので、その具体的内容について明確な基準を定め、都道府県の警察の第一線に至るまで周知徹底すること」とし、参議院の決議では「社会通念上風俗営業と認められるものについて、具体的に明確な基準を定め、恣意的な業態変更とならないよう都道府県警察の第一線に至るまで周知徹底すること」となった。

また質疑の中で、政府・警察庁は、これらの決議を尊重することを重ねて表明している。

立ち入り検査の件については、政府の修正案では「①公安委員会は、この法律の施行に必要な限度において、風俗営業者等に対し、その業務に関し報告又は資料の提出を求めることができる。②警察職員は、この法律の施行に必要な限度において、風俗営業又は風俗関連営業の営業所に立ち入ることができる。深夜においては、設備を設けて客に飲食させる営業の営業所についても同様とする」とした。

そして「立ち入るときは、その身分を示す証明書を携帯し、関係者に提示しなければならない」、「この権限は、犯罪捜査のために認められたものと解してはならない」など、警察官の立ち入りについてのワクをはめ、付帯決議で「警察職員の立ち入りに当たっての留意事項として、職権の乱用や正当な営業者に無用な負担をかけないよう適正な運用をすべき旨を、都道府県警察の第一線に至るまで周知徹底すること」とした。

# 三　改正風営法は在日朝鮮人弾圧法

## 営業書類と指紋

改正風営法は、先にもふれたように、風俗営業は許可制であり、風俗関連営業は届出制としている。これらの営業を開始する場合は、総理府令で定められた書類一式が必要である。その書類に添付するものに問題が生じたのである。

総理府令第一号の「風俗営業等の規制及び業務の適正化等に関する法律に基づく許可申請書の添付書類等に関する総理府令」によって次のものを提出しなければならない。

1、風俗営業等の許可申請書には、総理府令第一条四の(イ)により、「最近五年間の略歴を記載した書面及び住民票の写し、外国人の場合には外国人登録証明書の写しを添付しなければならない」。

2、深夜における酒類提供飲食店営業などの届出書には、同府令第十二条一の(ハ)によって「個人であれば住民票の写し、外国人の場合には外国人登録証明書の写しを添付しなければならない」となっている。

改正風営法は、総理府令に基づき、書類申請者の住所や氏名、生年月日などを知るための手段として、日本人の場合には住民票で足りるとしている。その趣旨からするならば、外国人にも住民票と同じ外国人登録済証明書でよいはずである。

ところが、この法律は、外国人に対してはきびしくなっており、住民票と同じ外国人登録済証明書では受理されないのであり、外国人登録証明書そのものの写しを添付することを条件としている。

外国人登録証明書には、本人の住所、氏名、生年月日、写真や指紋のほかに十五項目にわたる記載事項が記入されている。

例えば、京都府警では、書類提出者が外国人登録済証明書を添付したところ受理されず、外国人登録証明書の、十五項目全部の写しを添付することが条件であるとした。

これに対し、在日朝鮮人は、外国人登録証明書の、全項目の写しの提出条件は、基本的人権を侵害するものであるからとして当局の善処を要請したが、京都府警防犯課では「総理府令に従って全国レベルでやっていることで府警だけの見解を述べる立場ではないが、間違ったことはしていない。」(京都新聞八五年三月十日)と反論している。

このように、在日朝鮮人に対する民族的な差別を露骨にしている法律が施行されると、警察当局は、指紋押捺制度の廃止などで外国人登録法の抜本的改正を求める世論が高まる中で、かたくなにまで外国人登録証明書そのものの写しの提出を求めている。

警察当局は、何故にこうまで外国人登録証明書そのものの写しの全ページでなければならないのであろうか。その本当の狙いは一体何んであろうか。

それは、日本に在留している外国人の大多数をしめている在日朝鮮人の監視体制をもっと強化するために、警察当局が在日朝鮮人の写真や指紋を収集する必要があるからである。

## 営業届出にも民族差別

営業の届出には、法第五条第一項の総理府令で定めた書類一式が必要であるが、問題となるのは、「法第四条第一項第一号に掲げる者に該当しない旨の市町村（特別区を含む）の長の証明書」、つまり禁治産者、準禁治産者、破産者ではないとの市町村長（区長）の証明書を添付しなければならないことである。

ところが外国人の場合には、市町村長の証明書が発行されないので提出不可能である。

それを知っている警察当局は、警察庁からの指導によって市町村長の証明書に代わるものとして、日本人二名の保証人の証明書を提出するようにしている。

しかし、在日朝鮮人が保証人となっても差しつかえないことであり、それを拒否する法的根拠は何もない。

ところが県警察当局によっては、在日朝鮮人の証明書で受理するところと、受理しない地方が生まれている。

たとえば、神奈川県や埼玉県などでは日本人の証明書を要求し、在日朝鮮人の証明書を拒否している。これは警察当局が在日朝鮮人に対して民族的差別をしていることを意味し、在日朝鮮人の企業権に介入しようとする不当な差別政策から生じたものだといわざるを得ない。

次に、在日朝鮮人で焼肉店を経営している業者に対して、警察当局が公安委員会（風営法）への届出の対象にしようとしていることである。

まず法的にいえば、焼肉店は公安委員会への届出の対象とはなっていない。

「酒類提供飲食店営業とは客に酒類を提供して営む飲食店営業のうち、営業の常態として通常主食と認められる食事を提供して営むもの以外のものをいう」（警察庁「法」解釈基準）

つまり、常態として主食提供者で主に営業するラーメン屋、焼肉店、寿司屋などは酒類を提供しても風営法の届出提出の対象ではないというわけである。

国会答弁でも、参議院風俗小委員会の志苫議員の意見に対して、警察庁が回答したとき「焼肉店は風営法の対象外にある」としている。

それにも拘わらず、大阪、兵庫、秋田、宮崎などの各地では、県警察当局が在日朝鮮人の焼肉店を訪問して、風営法による届出を強要している。また一部の県においては、ボトルキープをしているとの口実で届出を強要している。

これは明らかに法の乱用であり、在日朝鮮人の焼肉店業者に対する不当な弾圧策動である。

## 改正風営法は弾圧法

風営法の改正によって、警察当局は広範な各分野の風俗営業に対する取締りの権限を手中にした。本来は犯罪を取締るだけの司法警察が、風営法によって企業の内部に入り込み、行政警察権まで確立し強大な権限を持つにいたった。

従って在日朝鮮人が企業としているサービス業のかなりの部分に、警察権が介入する恐れがある、在日朝鮮人のサービス業は、日本人が経営しているサービス業よりもはるかに弱い経済的土台の上にある。

そのため、もし警察権力が在日朝鮮人の業者に不当な介入をするようなことがあれば、その経営を維持することは殆ど困難な状況にある。

それは、在日朝鮮人が商工業者となった歴史的な経緯からしても明らかである。

一九九二年十二月末現在、日本全国にパチンコ店が約一万八千軒あるといわれており、その中の約半数近くが在日朝鮮人の経営だとされている。従って警察当局がこの法律を改正した裏には、在日朝鮮人のパチンコ業者をしめだす企図があるとささやかれるのも無理からぬ話である。

たとえば、在日朝鮮人は交通事故を起こして執行猶予になったとしても、その営業許可が取消しになる可能性が多分にある。

それは従来のように、地域の特殊性を考慮に入れた弾力性のある行政ではなく、改正法が画一的な規制によって、規制や政令の委任規定を多くし、公安委員会や警察への白紙委任ともいうべき自由裁量権の拡大によって警察権力が在日朝鮮人の営業に立入り、それを停止することもできるからである。

つまり規定の運用によっては、在日朝鮮人の経営する店に集中的に立入り検査をし、微細な問題を理由にして弾圧することもありうるわけである。

従って、警察官が店舗内に立入り、自由に帳簿や書類などを検査し、その関係者に質問することができるとした第三七条第一項などは、戦前の行政警察権と全く同一であるというほかはない。

たとえば、在日朝鮮人の店に警察官が立入検査をした際、店員が知らないうちに十八歳未満の客がいたのを発見し、その注意を受け、再び警察官に店内で十八歳未満の客を発見されれば、第二九条違反として営業停止処分となるのである。

店の立場からすれば、店内のお客に十八歳未満の客が入っているかどうかを確認する方法がないので、警察官の職権をもってすれば、やり方次第では如何ようにでもできる仕組みとなっている。

さらに見逃せないのは、警官の質問調査権によって得られた資料を税務署に渡し、税務問題で弾圧を加えることができる点である。

万が一、このような事例が在日朝鮮人の経営する店舗に集中した場合、同じ業者のうちでも弱者に入る不利な条件にある在日朝鮮人は、営業すらできなくなってしまうのである。

　このように、改正風営法は在日朝鮮人を意識してつくられた弾圧法であり、在日朝鮮人にとっては生活権にかかわる重大な問題となっているのである。

# 第十二章　在日朝鮮人と人権

人権とは、人間が人間であるがゆえに、当然所持する権利のことをいうのである。それは、人間が人間として生きるための根源的権利である。

第二次世界大戦によって、多くの人命が失われた結果、人類は生命の尊さを改めて考えさせられるようになった。世界の人々によってヒューマニズムが叫ばれ、人間の尊厳は何にもまして貴重であるとの認識の上に立ち、人権を保障することに対しても見直されるようになった。

従来の人権の保障は、自国民の人権の保障を主眼としていた。

しかし、戦後の世界的な人道主義の潮流の中で、人権保障に対する考え方も変っていった。それは人権の保障が、個人の国籍や民族によって区別されるのではなく、外国人とか自国民という区別をせず、「人間」を中心として取り扱うように変ってきたことである。

それによって、人間がすべての主体であり、主人であるとして、国籍や民族の上に人間を位置づけているのが、基本的人権となっているのである。

在日朝鮮人の歴史は、人権を守るための運動の連続であり、その中で生活の糧を追求してきた。

近年に至って、人権問題が国際的に重要な問題として提起され、人権問題がその国の発展水準を占うバロメータとしてとらえられるようになった。

# 一　人権の歴史

## 人権のはじまり

本来、すべての人間は、平等の権利をもっている。人間の歴史の発展過程で階級が生まれたが故に、差別が生まれ、そこから人権を問題にするようになった。

人類は、二百万年という長い歴史の発展過程で、その大部分は自然との戦いに明け暮れていた。そのために、人間と人間との関係は問題ではなく、その日の飢えと寒さをしのいで生きるのを最大の問題としていた原始時代があった。このきびしい自然とのたたかいの中で、人間は道具をつくりだし、農業や牧畜を始めるようになってから、はじめて人類に文明が生まれた。それ以後、人間にとって、社会関係が問題になるようになった。

文明の発生によって、私有財産や階級がうまれ、やがて国が誕生した。

人類の歴史上、国家が形成されるようになったのは、家族が集まって氏族となり、氏族が集まって部族となって、その部族の連合体が国家に発展していったからである。

当時、ヨーロッパの北部では、それぞれの家族には長があり、氏族は、家族長が集まって運営されていた。この共同体的な運営が慣習法をつくり、それを守らせて土地や奴隷も共同体のものとして原始共同体的な性格を受けついでいた。その後、文明の発展にともなって、ギリシャやローマでは、私有財産制度が生まれてくると、奴隷の個人所有が行なわれるようになり、そこには当然、階級が生まれてきた。

今から約二千三百年以前のギリシャのアテネに最初の民主国家が生まれた。これは、従来の奴隷制の専制国家から商工業の発展にともない、古代民主主義的な制度をもった新しい都市国家が出現したのである。

しかし、この国家は、依然として、奴隷制度をもっており、奴隷は人間としてではなく商品として取扱っていた時代であった。

やがて、氏族制度や奴隷制度が崩壊してくると新しい農奴という身分制度が出現した。農奴は、奴隷と違って家族や家畜をもち、一定の土地を貸し与えられて経営した。これは従来の奴隷時代から見れば、ある程度の人権が認められたことになり、これが封建制度の始まりとなった。

封建制度は、国王を中心にして、家臣や領主があり、その下に農奴がいるように身分制度がつくられた。

この身分制度は、親と子、孫と続き、何代でも世襲によってその身分を維持し、国王から農奴に至るまで、その身分制度によって国家が運営された。これによって、その身分以上の生活は許されず、身分に相応する生活を義務づけられた。

中世紀に入って朝鮮や中国、日本では身分制を維持するための手段として儒教という思想が利用され、西洋ではキリスト教が利用された。

こうして、身分制が完全にできあがると、人間の生命も、身分によって左右された。犯罪を犯しても、貴族か農奴かによって無罪か有罪かを決定した。

領主は、自分の領地内の農地や手工業者たちの作った生産物に一定の現物税とも言える年貢をもって割当てていた。

農民や手工業者たちは、年貢を納めた残りは、商品として流通した。また、これを専門に取扱う商人が現われた。この種の商人が領主の住む城下に集まってきて都市が形成された。都市に住む人は、市民と呼ばれ、それをブルジョアとも称していた。

ヨーロッパでは、十世紀頃から都市が形成された。それは、商工業の発達を基礎として生まれたものであり、経済の中心地となったばかりか、軍事的な性格をもおびていた。

このように従来は、身分制によって、領主と農奴との関係は、土地を介して領主の支配をうけていたが、手工業者は、職種の多様性とも関連して、領主の支配から独立し、国王と直接の結びつきとなっていた。

そして、都市に集まった市民は、各自の利害関係によって結ばれていた。これらが、たがいに共通している利益を守るために団結してゆくのである。

そのために、市民自身が、自らの代表として、市長や市会議員、国会議員などを選び、議会を召集して決議をする自治権が確保されるようになった。

十三世紀頃には先進国であるイギリスやフランスでは、議会制度がつくられたが、それも、身分によって違っていた。貴族は貴族だけの議会をもち、その価値も高かった。平民は平民だけの議会をもつが、それには、限られた権利しか与えられていなかった。

裁判権も、いままでの裁判は領主が裁判権をもっていたのであったが、これも市民自身によって独立した都市裁判所を持つようになった。（現在の裁判制度は、立法・司法・行政の三権分立によって、それぞれ独立の機能を果している。）

そして、市民は領主へ年貢を納めるのではなく、国王へ税金として納めるが、それも各個人としてではなく、都市そのものの割当に従って支払うようになっていた。

こうして当時の都市は、自由で人権が認められる社会となっていた。そして、農奴が都市へ流入しては、一定の期間になると市民権が与えられた。これが民主主義の始まりであり、資本主義への芽ばえとなったのである。

## イギリスの人権

イギリスでは、早くから人権問題が社会的に重要な位置をしめていた。それは、国民の人権を国王に直接認めさせる自由と人権に対する歴史的な伝統をもっていた。

**マグナ・カルタ**　一二一五年六月に、人権憲法として成立したマグナ・カルタは、近代的意味においても、世界で最初の自由や人権を保障する法規として重要な位置をしめるものであった。

当時、イギリス国王と議会側（封建貴族や領主）との間で、王位の期間契約違反に対する不満から、領主や封建貴族は、都市の市民まで味方に引き入れて、国王と抗争し、議会側の勝利となったことによってマグナ・カルタが成立した。

これは、封建貴族が国王との権力争いに、市民まで味方に引き入れることで、市民にも利益の保障を認めた憲法だからである。

それ以後、イギリスは、国王と議会との間の勢力の均衡を保ってきたが、一六〇〇年代に入って再び抗争がおこった。

**権利請願**　この運動は、一六二八年六月にイギリス国王チャールズ一世がスペインやフランスとの戦争によって生じた財政難を打開するため、国会で法的な承認をへないで、人民から多額の税金を徴収したことから始まった。

議会では、国王が法律を無視して大権を行使したときに、人民の救済手段として「請願の権利」を認める決議をした。国王は、止むなくこれを承認したので、権利請願が人権を保障する法律となった。つまり、国王であっても、「国会の一般的承諾にもとづいて定められたのでない限り、税金、賦課金、援助金、その他同種の負担の支払を強制されることはない」としたのである。

**権利章典**　この権利宣言は、一六八九年にジェイムズ二世の圧政に対して、議会側が武力で反抗し、ジェイムズ二世の長女、メアリと、その夫ウィリアムとの協力によって、ジェイムズ国王を追放し、一六八八年に名誉革命が成就した。ウィリアムは、国民協議会を召集し、協議会は、権利宣言を起草し、これを承認することを条件として共同君主とし国王についた。

この権利宣言は、イギリスの人権宣言であり、一般的には権利章典と呼び、「臣民の権利および自由を宣言し、王位継承を定める法律」として十三カ条からなっている。

この法律は、当時のイギリス植民地であったアメリカの独立運動にも大きな影響を与えた。

## アメリカの人権

アメリカ大陸では、イギリスの植民地支配から離脱するために、一七七六年には独立戦争が始まっていた。アメリカの各地域は、自らの独立する政治機構を樹立するための運動が展開されていた。

アメリカ独立宣言がでる前の一七七六年五月にバージニア独立宣言である「権利章典」（バージニア憲法）が発表された。

この宣言は、トマス・ジェファソンやジョージ・メーソンらによって草案されたが、その原典は、イギリスの権利請願や権利章典に見る人権宣言の影響によるものである。その宣言は「バージニア人民代表が完全にして自由なる会議において制定した権利の宣言。その権利は、政治組織を基礎として、人民およびその子孫に属するものである。」とし、その第一条には「すべて人は生来ひとしく自由かつ独立しており、一定の生来の権利を有するものである。これらの権利は人民が社会を組織するに当りいかなる契約によっても、人民の子孫からこれを奪うことのできないものである。かかる権利とは、すなわち財産を取得所有し、幸福と安寧とを追求獲得する手段を伴って、生命と自由とを享受する権利」であるとした。第2条では「すべての権力は人民に存し、したがって人民に由来するものである。行政官は人民の受託者であり、かつ公僕であって、常に人民に対して責任を負うものである。」とも規定している。

この草案者らが中心となって作成した「アメリカ独立宣言書」（一七七六年七月四日、大陸会議《コングレス》において一三のアメリカ連合諸州（代表）の満場一致による宣言）が発表された。それによれば「人類の発展過程に、一国民が従来他国民の下に存した結合の政治的紐帯を断ち、自然の法」に従い、すべての人は平等に造られているとし、生命、自由および幸福の追求の権利を保障するために独立した政府をつくるものであると宣言した。また、「長期にわたる暴虐と強奪が人民を絶対的専制権力に従わせようとするときには、そのような政府を打倒して、新しい政府をつくることは人民の権利であり、また義務でもある」とも宣言している。

## フランスの人権

フランスは、一六一五年にブルジョア革命が成功し、ルイ一四世の絶対君主制のもとに国王を始め貴族たちは、ぜいたくの限りをつくしていた。農民たちは、農奴制によって農産物の出来高の八〇％までは国王や貴族、領主たちに納入しなければならなかった。そのうえ、農作物の不作でパン屋や食料品屋を襲う暴動が各地で起こっていた。

ルイ一六世の代になって、国王の莫大な借金の利息を支払うために財政は破綻し、財政を再建するには貴族や教会にまで税金をかけることになった。

これに不満をもった貴族たちが国王に反乱を起こし、ブルジョア階級や聖職者まで反乱に引き入れた。かれらは、国王に対し、一七五年間も開かれなかった三部会の議会の召集を要求した。三部会とは、貴族部会、僧侶部会、平民部会のことを言い、ブルジョア階級は平民部会に所属していた。

ブルジョア階級は、身分制の差別による議会に不満を持ち、国王に議会の改革を要求したが拒否された。彼等は、平民部会を三部会から独立した議会とし、国民議会と称した。

これが、封建的身分制議会から新しい民主主義議会へと発展していったのである。このときが一七八九年六月であり、この議会で憲法を制定した。ここでは、国王に不満をもった僧侶や貴族たちが参加して革命勢力となり、フランス革命へと発展していったのである。

同年七月に国民議会は、「人権宣言」（人間および市民の権利の宣言）を採択し、新しい国家の基本を明確にした。人権宣言の第一条には「人は自由かつ平等な権利をもって生まれ、そして生きている」と宣言した。

国王側は、一部の僧侶や貴族を味方にして外国に軍事的支援をもとめ、一七九二年四月に国民議会へ宣戦を布告した。同年八月に国王の要請でオーストリアとプロシア連合軍十万の軍隊がフランス領内へ侵入した。

祖国の危機を救うため数万のフランス青年が義勇軍として、外国軍と戦い勝利した。国内では、各地で民衆が蜂起し、国王を始め、反革命分子が追放され、翌年の三月にはパリ・コミューンが組織された。

コミューンは、立法・行政権をもった市民の支配による自治体革命政権であった。また、パリ・コミューンは、市民的な自治組織を基礎として各地のコミューンと連合した国家をつくろうとした。

そして、一七九二年八月に立法議会を召集して憲法を改正し、王制を廃止して共和制を宣言した。また、選挙法を改正し、満二十一歳以上の男子に選挙権を与え、特権階級のための封建的な諸々の権利はすべて廃止した。

こうして、世界史上初めて、近代的ブルジョア民主主義政権が生まれたのである。

しかし、安定した政権に到達するには時間が必要であった。一七九五年にも憲法が改正されて、権利義務の宣言がだされた。また、一八一四年には、憲章における権利宣言がだされ、一八四八年になってフランス共和国は、完全な民主主義政府の憲法を制定した。憲法前文の第四には、「フランス共和国は、自由・平等および友愛を原理とする」とし、第五には「フランス共和国は、自国民を尊重させることを欲する故に、外国の国民を尊重し、征服を目的とするならの戦争を企図することなく、何れの人民の自由に対しても、その実力を決して用いることがない」と宣言している。

以上のごとく、フランスにおけるブルジョア革命以後の民主主義は、共和制と帝制、革命とクーデタを繰り返す中で発展した。

一八七〇年にプロシアとの戦争で敗北したがために、第二帝制が崩壊し、第三共和制が生まれてからは、第二次世界大戦までつづいた。

## ドイツの人権

ドイツは、一九一九年に第一次世界大戦の敗戦によって社会主義革命が起こり、帝政を廃止してワイマール憲法を制定した。ドイツ国内各邦の憲法も、ワイマール憲法の原則に従って、新たに憲法が制定された。たとえば、プロセイン憲法の場合でも、基本権に関する規定は、ワイマール憲法によって保障された。それは、自由・平等が保障されたからである。

しかるに、一九三三年にナチスが政権を取ってからは、授権法によってワイマール憲法は国家の基本法たる意味を失ってしまった。

その以後、ナチス政権は、他国へ侵略を開始し、日独伊の三国同盟による第二次世界大戦を引き起こした結果、数千万の尊い生命が犠牲となった。

## 第二次世界大戦後の人権

第二次世界大戦は、人類に戦争の悲惨さと平和への尊さを教えた。そして、人間の生命の尊厳が改めて問われるようになった。

世界人権宣言が一九四八年十二月に国連総会で決議された。その第一条には「すべての人間は、生れながら自由で尊厳と権利について平等である」と規定している。

従来の基本的人権は、国際法においても、国家を単位としており、各国は自国民の保護を主観とし、個人の人権については問われることがなかった。

世界人権宣言は、基本的人権を保障するためには、人間が中心でなければならないとした点で画期的なものであった。この宣言以後、世界各国は、人間を中心とした人権の保障に変わっていった。

たとえば、西ドイツ憲法は、一九四九年十月に制定された。その第一条には「①人間の尊厳は不可侵である。これを尊重し、かつ、保護することは、すべての国家権力の義務である」とし、「②ドイツ国民は、それゆえに、世界における各人間共同社会・平和および正義の基礎として、不可侵で、かつ譲渡し得ない人権を認める」と制定している。

東ドイツ憲法も一九四九年十月に制定されたが、その第三条の(1)には「すべての国家権力は、人民から発する」とし、第六条の(1)は「すべての市民は、法律の前に同権である」として国籍の如何を問題にしていない。そればかりか、第十一条の(1)は「外国語を使用する共和国の国民層は、立法および行政によって、その自由な民族的発展が促進されなければならない」として「母国語を使用することの自由」を保障している。

フランスは、一九四六年十月に第四共和国憲法で、従来の権利宣言である「一七八九年の権利宣言によって承認された人および市民の権利および自由並びに共和国の諸法律によって承認された基本原理を厳粛に再確認する」とした。

日本は、一九四六年十一月に連合軍よりポツダム宣言の第十項に「言論・宗教および思想の自由ならびに基本的人権の尊重は確立されるべきこと」を日本政府に要望した。このこともあってか日本の憲法第十一条には「国民は、すべての基本的人権の享有を妨げられない」とし、また「基本的人権は、侵すことのできない永久の権利として、現在及び将来の国民に与えられる」とうたっている。

また、第一四条には「すべての国民は、法の下に平等であって、人権、信条、性別、社会的身分又は門地により政治的、経済的又は社会的関係において差別されない」と規定している。この限りにおいて日本の憲法は、日本国民を主観とした人権の保障となっている。

## 二　在日朝鮮人の人権

### 戦前における在日朝鮮人

朝鮮が日本の植民地支配下に入った一九一〇年八月以後、寺内総督の武断統治によって、多くの朝鮮人が流浪の民となっていった。

朝鮮人が日本にくるようになったのもそれが原因であり、土地調査事業の名目で土地を取り上げられ、加えて政治的弾圧によって、朝鮮では生きるすべをなくしたからである。

一九一八年に、外国人の入国を取締る法律として「外国人入国に関する件」（内務省令第一号）が公布された。これには「①旅券又は国籍証明書を所持せざる者、②帝国の利益に背反する行動を為し又は敵国の利便を図るおそれある者、③公安を害し又は風俗をみだすおそれある者」などとなっており、そのほか、浮浪者、伝染病患者、貧困者その他救助を要すべきおそれのあるものは、「地方長官（東京では警視庁）において上陸を禁止することを得る」（同令第一条）とあった。

一九三九年三月、「外国人の入国、滞在及退去に関する件」（内務省令第六号）が公布されたが、これは一九一八年法を一部改正し、それを引き継いだものである。この法律は、警察権力による命令で、外国人の入国や在留の取締りをするものであり、反国家的活動を行なうおそれのあると思われる外国人に対しては、入国を拒否するという非常に厳しい出入国管理法であった。

戦後、一九五〇年に制定された破壊活動防止法がそれにとって代わるまで、この法律は生き続け、その効力をもっていたのである。

しかし戦前における外国人関係の法律は、朝鮮人が「日本臣民」とされていたのでその対象外にあった。それとは別に、一九一三年の「朝鮮人識別資料に関する」通達や、一九一六年の「要視察朝鮮人視察内規」の通達、また一九二五年の治安維持法などによって、朝鮮人を取締ってきたのである。

その後、日本の侵略戦争の開始と総動員計画による徴用令や徴兵令などによって、多くの朝鮮人が日本に強制連行された。

記録によれば、日本に住むようになった朝鮮人の数は、一九〇五年に三百三名、一九一〇年に朝鮮が日本の植民地となった年には七百九十名であり、一九一八年の土地調査令による土地調査事業の完了時と、第一次世界大戦の終結時には二万二千二百六十二名となっている。

また一九三一年、日本が中国東北地方（旧満州）へ侵略を開始したときには三十一万八千二百十二名であったのが、一九三七年に中国へ本格的に侵略を開始し、一九三九年に国民総動員法が実施され強制連行が始まったときは九十六万一千名となり、第二次世界大戦の終わる一九四五年八月には、約二百四十万名にも達していたのである。

## 戦後の在日朝鮮人

一九四五年八月十五日、日本の敗戦により朝鮮民族は解放され、在日朝鮮人は、民族の自主性によって独立国家を樹立するために全力をあげていた。

在日朝鮮人は新国家建設に寄与するために帰国を急いだが、他の一方では、明日の生活問題を解決するための就職など深刻な問題が行く手に立ちはだかっていた。

日本では一九四五年九月二日、ポツダム宣言受諾による降伏文書に署名した時点から連合軍による占領政策が始まった。

一九四五年十一月、連合軍司令官は最初の基本指令で、日本占領及び管理のために、「朝鮮人は軍事上の安全の許す限り解放国民として扱うが、必要な場合には敵国人として扱われることがある」とした。

これは日本の敗戦まで朝鮮人を「日本人」としていた関係上、連合軍の占領政策に必要な場合には〝敵国人〟、つまり日本人として取扱うことがある、としたものである。

ところが日本政府は、一九五二年四月二十八日の講和条約の発効をもって、初めて朝鮮人は日本の支配から解放されたとみなしているのである。

てよい。

そのため、日本の法律では、解放後約七年間も朝鮮人を「日本国民」とし、実質的にその解放を認めなかったといってよい。

そこで朝鮮人には、本国にいようが日本に在留していようが、日本人と同じ権利義務が生じるという理不尽な対応が行なわれたが、それも義務は日本人と全く同様に押しつけられたのに、権利の問題では外国人であるとして、その取扱いを異にしてきたのである。

それは第一に、選挙権・被選挙権問題で、従来は有資格者であったものが、一九四五年十二月に改正された衆議院議員選挙法の付則、参議院議員選挙法の付則、地方自治法の付則において、朝鮮人の選挙権は当分の間停止する、との措置によって参政権を拒否したことに現われている。

第二は、一九四六年四月二日に「非日本人の入国及び登録に関する覚書」により、一九四七年五月二日の「外国人登録令」（勅令第二〇七号）および同法施行規則が公布、施行されたが、これによって内務大臣の定める者および朝鮮人は、当分の間これを外国人と見なす（同法二条）と規定したことである。

第三には、一九四七年六月二十二日の「出入国管理事務局設置に関する覚書」によって、占領軍司令官の出入国許可者に対する管理を日本政府が行なうことになった点と関連している。

そのため日本政府は、一九四九年八月一日に「出入国の管理に関する政令」を公布し、それに基づいて一九五〇年九月三十日、「出入国管理庁設置令」を公布して、外国人の出入国の管理、登録、退去強制に関する業務を実施することにした。

そして一九五一年十月四日に「出入国管理令」が制定されたが、その第二条第二項で、在日朝鮮人は当分の間、外国人と見なされる、としている点である。

にもかかわらず、「義務」の問題に対しては、日本人と全く同じ義務を課し、特に在日朝鮮人子弟に対する教育に対しては、在日朝鮮人は「日本国民」であるから日本の教育基本法に従わなければならないとしたのである。かつて、日本によって奪われた民族教育を取り戻すため、在日同胞は寺子屋式、青空教室から始まって、各地で自主的に民族学校を建設していった。

しかし一九四八年一月、日本の文部省は、朝鮮人はその子弟に朝鮮の教育をしてはならず、「日本国民」として日本の学校へ就学させる「義務」があるから、朝鮮人学校は認められないとして、民族教育を否認したのである。

このように、日本政府は在日朝鮮人に対して、日本の一方的なご都合主義によってそのつど使いわけしてきたのである。

この問題を日本が在日朝鮮人問題をかかえているのと類似しているドイツの場合と比べてみると一層はっきりする。ドイツは第二次大戦中に隣国のオーストリアを侵略し、その領土を強制的にドイツに併合して、オーストリア人に「ドイツ国籍」を強制し、彼らを「ドイツ国民」であるとした。

その後、ドイツの敗戦によって誕生した西ドイツは国籍問題規制法によって、かつてオーストリア人に強制した「ドイツ国籍」を、オーストリア独立と同時に抹消し、オーストリア国籍の回復を認めると明確に規定している。そして、ドイツに在留しているオーストリア人に対しては、彼らの自由意志による国籍選択の権利をあたえ、自由な国籍選択を認めたのである。

しかし日本では、在日朝鮮人に対して、国籍の選択の意思を問う措置は何一つとられなかったばかりか、むしろ不当な差別政策を強行したが、それは今日に及んでもさまざまな影を落としているのである。

## 三　戦後の在日朝鮮人の人権

### 占領下の在日朝鮮人の人権

解放後、二百四十万名もいた在日朝鮮人はほとんど帰国し、諸般の事情によって日本に残留するようになった同胞は、一九四八年の統計では約六十万となっている。

日本に残った大多数の朝鮮人は、それまで多少の収入でもあった職場から追放され、生活手段を失ってしまった。これは在日朝鮮人にとって重大な死活問題となった。

しかし日本政府は、日本に残留した朝鮮人は自由意志で残ったのだから、それによって生じるすべての問題については責任を負わないとして、一般外国人と同じ処遇による取扱いをしようとした。否、出来ることならその全員を追放しようとさえしたのである。

そのことは日本政府が在日朝鮮人の治安と取締りのために、次々と成立させた法律が物語っている。

一九四七年五月には在日朝鮮人を対象とした「外国人登録令」が施行され、登録証明書の常時携帯義務を負わせ、それに違反した場合には罰則を課すとしたが、一九四九年十二月にはそれを更に改悪して、在留期間を三年に設定し、全国一連番号制とし、その違反に対する罰則を強化するなど、治安立法的性格をより露骨にしていった。

そして一九四六年八月には「出入国管理法」制定のための閣議決定をし、同年九月には出入国管理連絡協議会を設立した。

これは在日朝鮮人の強制追放を前提としたもので、一九四九年九月には朝鮮人聯盟の強制解散を強行し、その財産を接収したばかりか、それと併行して朝鮮人学校の閉鎖令を発令し、民族教育の抹殺を図ったのである。

このような状況の中で、吉田内閣は占領軍最高司令官マッカーサーあての書簡（これは一九四九年八月末から九月初旬までに送付したと推定され、総理府用箋を使用している）を送っているが、それは当時の日本政府がどのような在日朝鮮人対策を立案していたかを見る上で、きわめて示唆的である。

吉田内閣は同書簡で、まず「私はこれらの朝鮮人がすべて、彼らの生国の半島に送り返されることを欲するもの」とし、その理由として、第一に「日本の食糧事情」をあげ、第二に、「日本経済の再建に貢献していない」とし、第三に「犯罪」をあげているのである。

それればかりか、同書簡は、「朝鮮人の送還計画」まで立案し、その可否をマッカーサーに具申している。

同書簡をうけとったマッカーサーは、在日朝鮮人送還計画の実施時期が不適当と判断し、吉田内閣への回答は送らず情勢の推移を見ることにしたといわれるが、その回答草案では、マッカーサーが吉田内閣の提案にはほぼ同意していると伝えられている。

このように、当時の日本政府は在日朝鮮人に対して悪意にみちた〝理由〟をあげ、民族的偏見による朝鮮人追放のための具体的対策を進めていたのである。

## 一九五〇年代

前述したように、日本が独立を回復すると同時に、それまで日本の法律上「日本国民」とされていた在日朝鮮人六十万は、突然、旅券をもたない外国人とされてしまった。

日本政府はこれらの外国人に対し、「在留資格を有することなく在留することができる」などとして、「別の法律」ができるまでの暫定措置を講じたが、これが在日朝鮮人の在留権を不安定にした誤った措置であることはいうまでもない。

こうして日本政府は、外国人管理のための治安立法として従来の法制を整備し、「出入国管理令」を発布し、「外国人登録令」を改悪して法律一二六号の「外国人登録法」を即日、公布施行した。

この「外国人登録法」は新たに指紋押捺制度を導入し、罰則を強化したために、在日朝鮮人の反対運動によって数回、実施が延期され、三年後の一九五五年に至ってようやく施行された。

このような中で多くの在日朝鮮人は朝鮮民主主義人民共和国への帰国の道を選び、その数はすでに十万名を越えている。

## 一九六〇年代

一九六五年六月に、十四年間もかけた「韓日会談」が妥結した。

日本政府は、朝鮮民主主義人民共和国に対しては、旧植民地支配による戦後処理をしようとせず、それを未解決のままにしながら、他の一方では戦後処理のための「韓日協定」を結んだのである。

「韓日協定」調印後、日本当局はいわゆる法的地位協定によって永住権制度をつくり、在日朝鮮人に在留資格を与えることで問題を解決しようとした。

しかし、それは韓国籍を条件としており、そのために日本政府の統一見解によって、朝鮮籍より韓国籍への書き換えは認めるが、韓国籍から朝鮮籍への書き換えは原則として認めないことを再確認し、あらゆる機会を利用しては在日朝鮮人に韓国籍を強要した。

日本当局による韓国籍の強要が、朝鮮籍を取り戻す運動に火をつけ、福岡県田川市での朝鮮籍への書き換え措置を皮切りに、全国各地で朝鮮籍を取り戻す運動が展開されたのは周知の通りである。

あえていうまでもなく、「韓日協定」は在日同胞間の対立を煽り、38度線の分断を日本に持ち込んだだけであり、在日同胞の権益を擁護するどころか、彼らを日本に売り渡す重大な誤りを犯した。

それは当時の朴政権が、在日同胞は「日本人になる運命にある」として、「日本の義務教育を受けさせる」ことを約束したところに集約的に見られる。

これに基づき、日本政府は一九六五年十二月に二つの文部次官通達を出しているが、その一つは、在日朝鮮人子弟に日本の公立学校への入学を認める、というものであり、もう一つは、朝鮮人学校を認めないという方針のもとに日本の学校教育法による「各種学校」として申請しても、朝鮮人学校は認可しないとしたのである。

これは日本当局が、在日朝鮮人子弟を日本人に同化させるために企図したものであり、旧植民地時代の「皇民化教育」と同じ発想から生まれたものである。

こうして、その翌年の一九六六年から朝鮮人学校をつぶすための「外国人学校法案」が三年間連続して上程されたが、在日朝鮮人の反対運動と広範な日本国民の反対によって、この法案は廃案となった。

そのような情勢の中で、一九六八年四月、美濃部東京都知事によって朝鮮大学校が各種学校として正式に認可されたが、これは朝鮮人学校が日本の法体系の中で、在日朝鮮人の民主主義的民族教育が守られたことを意味しよう。

一九六九年に入ると、「出入国管理法案」を国会へ上程しようとする動きがあったが、これは在日外国人の在留権を制限するための法案であり、結局、その大多数を占める在日朝鮮人の政治活動を規制するところにその目的があった。

しかしこの法案は、一九六九年から一九七三年の四年間にわたって、毎年連続して国会に上程されたが、これもそのつど内外の強い反対にあって審議未了か廃案となった。

## 一九七〇年代

一九七〇年代は、世界の緊張が緩和され、国際的に協調の方向へと流れを変えた歴史的な年代であった。

一九七二年一月のニクソン米大統領の中国訪問、同七月の南北朝鮮による「七・四共同声明」など一連の世界史的な出来事が相ついで起こった。

このような情勢の中で日本政府は、従来の朝鮮敵視政策を見直さざるを得なくなり、在日朝鮮人問題の解決を急がなければならなくなった。

それは当面、在日朝鮮人に対し、朝鮮籍の人たちの再入国許可を与えることであり、朝鮮民主主義人民共和国と第三国への自由往来を法的に保証しなければならない問題であった。

一九七三年六月の米・ソ首脳会談以後、世界は急速に国際化時代へと入っていった。日本は先進国の仲間入りをするために、国内的にもその受け入れ体制を整える必要があった。ベトナム難民の受け入れは、そうした時流によったものである。

しかし朝鮮人問題となると、それは不当不法のそしりをまぬがれまい。

かつて、日本の侵略戦争に協力させるために日本に強制連行された同胞やその子孫に対しては、戦後、在留権を与えないまま暫定的措置による在留として現在に至っている。また生きる道を求めて密入国した同胞は、日本当局の非人道的処置によって強制送還されている。

これらの密入国者や外登証不所持の人々も難民問題の解決の一環として、その在留を認めるべきではないだろうか。

このような状況の中で、一九七六年五月、稲葉法相が在留権制度の基本構想を発表したが、それはいわゆる法的地位協定による協定永住権を取得していない法律一二六号者、およびその子孫に対して永住権を認めるための在日朝鮮人の法的地位のことであり、問題となっている「別の法律」の基本構想であったといえる。

一九七九年六月、日本政府は「国際人権規約」を批准した。これによって、日本の建設省や大蔵省は通達を出し、従来、公共住宅の入居、分譲資格、公的機関の融資資格などで、日本国民でないとの理由で拒否してきた国籍条項を撤廃し、在日朝鮮人にもその門戸を開放した。

また社会保障制度においても、児童手当、児童扶養手当、国民年金などで国籍条項を撤廃したが、これによって社会保障に関するかぎり従来のような国籍条項による法律上の民族差別は基本的にはなくなったといえよう。

## 一九八〇年代

一九八一年五月、日本の国会で「出入国管理及び難民認定法」が成立し、八一年改正法として、一九八二年二月一日から施行された。

これは二つの法律からなっており、一つは「出入国管理令の一部を改正する法律案」であり、もう一つは「難民の地位に関する条約等への加入に伴う出入国管理令その他関係法律の整備に関する法律案」である。

まず「出入国管理令」の一部改正に関しては、過去一九六九年から一九七三年まで四回にわたって改正案が国会に上程されたが、今回の改正案は、在日朝鮮人の在留権を保障する見地から見て、以前の改正案と比較すれば一応前進したものといえる。

それはまず、特例永住権制度を新設したことで、「韓日協定」による協定永住権を申請していない法律一二六号の在日朝鮮人に対し、無条件に永住権を与えることになった。同時に、一般永住権の一部の要件が法律一二六号者の孫、ひ孫に対して緩和されている。

しかし、ベトナム難民問題で大騒ぎをし、その問題を解決するために、それまで放置してあった数十万人の在日朝鮮人の在留権問題を解決するという、日本当局の考え方には納得できないものがある。

また国民年金問題もそうである。

「国際人権規約」A規約の第九条は、「この規約を締結した国は社会保険、その他の社会保障についてのすべての者の権利を認める」と定めている。日本が「国際人権規約」のA、B両規約を批准したのは一九七九年六月二十一日であり、三カ月後の同年九月二十一日には法律上の効力が発生しているため、当然、立法措置を講じて在日朝鮮人に対する社会保障、特に問題となっている国民年金への加入措置をとるべきであった。

ところが一九八一年の「難民条約」への加入に伴って急遽立法措置を講じたのであるから、これは在日朝鮮人をおもな対象にしたのではなく、ベトナム難民問題の処理を急ぐ必要からであり、そのためには、在日朝鮮人問題を素通りできなかったからである。日本政府のこのような考え方は、在日朝鮮人に対する差別からきたものであるといわざるを得ない。

もう一つは、一九八二年一月から在日朝鮮人は国民年金に加入できるようになったが、受給資格の問題で、二十歳から六十歳までの間に二十五年間の掛金をかけないと、それが受給できないことになっている点である。

そのため、一九八二年一月に三十五歳を過ぎた在日朝鮮人には、原則として受給資格がないので、無年金者となってしまったのである。

日本が国民年金制度を発足させたときや沖縄復帰のときなどは、国民年金の加入に伴い、加入期間の不足を経過措置によって救済し、加入者には無年金者にならないように配慮したが、在日朝鮮人にはその経過措置を認めていないのである。これは明らかに民族差別からきているというほかない。

以上のように、日本当局には未だ民族排外主義によって、在日朝鮮人に対する権利を制約しようという傾向があり、外部に向かっては開かれた国際社会をうたいながら、内部においてはこのような差別がまかり通っている事実は、きわめて遺憾である。

いま日本は経済大国として、先進国として世界の注目を集めている。その日本に在日朝鮮人六十八万人が生活しているのである。

したがって日本当局は在日朝鮮人に対する同化政策をやめ、民族差別を一掃するための法律的立法措置をとるべきである。

# 第三版【増補】

一二八頁より継続

## 第六章 四 外国人登録法の改正

在日朝鮮人運動によって外国人登録法は、これまでの間に改正が行われてきたが、一九八七年（昭和六十二年）法律一〇二号及び一九九二年（平成四年）法律第六六号による改正は、いずれも指紋押捺制度の見直しを図るためのものであった。すなわち、前者は、指紋押捺回数を原則一回限りとすること及び登録証明書の様式をラミネートカード化することに伴う調整方法の変更を主な内容とするものである。また、後者は、日本の社会への定着性を深めた永住者及び特別永住者については、指紋押捺制度を廃し、新しい同一人性確認のための手段を導入することを主な内容とするものであった。

一九五二年（昭和二十七年）に外国人登録法の制度とともに人物の特定及び同一人性の確認のため導入された指紋押捺制度は、在日朝鮮・韓国人の反対運動が展開され、署名運動や街頭での集会、国会や地方自治体等に対する要請運動が積極的に展開された結果、外国人登録法の改善を求める意見を採択する地方議員も多数に上がった。特に在日朝鮮・韓国人は、その歴史的経緯を考慮し、指紋押捺を廃止せよとの運動が激しくなっていったのである。

その結果、日本政府は一九八五年（昭和六十年）五月、閣議において外国人登録法の指紋に関する政令の改正を決定し、従来の指を回転させながら押す「回転指紋」から指印を押すようにして押す「平面指紋」に改め、同年七月から施行することとし、（昭和六十年政令第一二五号）、また、この機会に従来用いていた黒色の指紋用インキに代え、手指を汚さないよう、無色の液を用いて特殊紙に指紋を押す方法を採用し、外国人の心理的負担を緩和する改善措置を講じたのである。

一九八七年（昭和六十二年）法律第一〇二号による入管法の改正を経て、指紋押捺制度を含む外国人登録法の再改正を行うこととなった。この時の外国人登録法改正の概要では、

①登録事項としての「在留資格」を「在留の資格」に改め、入国管理法（入管法）に定める在留資格のほか、いわゆる協定永住等外国人が日本に在留できる法的地位、資格を登録で事項に含めることとした。

②十六歳以上の外国人は、新規登録を受けた日又は前回確認を受けた日から五年を経過する日前三十日以内に登録事項の確認の申請をしなければならないとなっているのを、新規登録を受けた日等の後の五回目の誕生日から三十日以内に確認申請を行わなければならないことに改めることにした。それに新規登録の申請に際し、旅券を提出しない等のため、その者の在留の資格が確認されていない者及び在留期間が一年未満である等のため指紋を押していない者についての確認申請を行わなければならない期間は、新規登録等を受けた日から一年以上五年未満の範囲内において市区町村長が指定する日から三十日以内とすることとした。

③十六歳以上の外国人は、新規登録又は登録証明書の引換交付、再交付若しくは切替交付等の申請をする場合に、指紋を押さなければならないことになっているのを改め、登録証明書の引換交付、再交付若しくは切替交付の申請に際し、その者が既に指紋を押捺している場合には、市区町村長から、「登録されている者と当該申請に係る者との同一性が指紋によらなければ確認できないとき」等を理由に指紋の押捺を命じられたときを除き、更に指紋を押すことを要さないこととすること。

④市区町村の長が外国人に交付する登録証明書の作成に関する事務の一部を、地方入管管理局の長において処理することとすること。

⑤改正法律の施行の日は、公布の日から一年以内の政令で定める日（昭和六十年六月一日とする）であった一九九二年（平成四年）法律第六十六号による改正では、永住者及び特別永住者に対する指紋押捺制度の廃止、それに代わって写真、署名及び一定の家族項目の登録による同一性確認手段の採用等を取ることにした。（平成五年一月八日に施行）。

この改正によって、

一、永住者及び特別永住者については、指紋押捺制度を廃止すること。

二、十六歳以上の永住者及び特別永住者は、新規登録等の申請の際に登録原票及び署名原紙に署名することとし、当該署名を登録証明に転写すること。

三、永住者及び特別永住者の登録事項として、家族事項（本邦にある父母及び配偶者の氏名、生年月日及び国籍、世帯主にあっては、さらに世帯の構成員の氏名、生年月日、国籍及び世帯主との続柄）を追加すること。

以上のほか、主な改正点は次のとおりである。

①署名をしていない永住者及び特別永住者については、登録の確認申請の期間を指定すること。

②旧法下で公布された登録証明書を所持する永住者及び特別永住者は、新法施行後、いつでも新様式の登録証明書の交付を受けることができるものとすること。

③地方入国管理官署において写真撮影を行うことができることとするための根拠を政令で定める。

④不署名罪の規定を設けるなど、罰則その他の関連規定を整備すること。

なお、政府案に対する衆議院の審議において、次の二点を内容とする修正が行われた。

（1）居留地の変更登録義務違反に係る罰則について自由刑を廃止し罰金刑のみとすること

（2）法律の交付の日から施行日の前日までの間に十六歳に達する永住者及び特別永住者について指紋押捺を要しないものとすること。また、改正法等の審議の際、外国人登録制度のあり方について検討し、法施行後五年を経た後の速やかな時期までに適切な措置を講ずべきことと、外国人登録証明書の常時携帯制度・提示義務等に関する規定の運用に当たっては、外国人の日常の生活に不当な制限を加えないよう配慮すべきこと

などを内容とする附帯決議が行われた。この外国人登録法の一部改正法案第一二三回衆議院議員本会議に提出し、一九九二年

（平成四年）五月二十日に可決成立したのである。

その後、一九九九年（平成十一年）八月十三日に第一四五回国会において、「外国人登録法の一部を改正する法律」（平成十一年法律第一三四号。以下「改正外登法」という）が成立し、二〇〇〇年（平成十二年）四月一日から施行された。改正された外国人登録法の概要等は次のとおりである。

一、非永住者に対する指紋押捺制度の廃止

外国人登録法は、同一性を確認する手段として、一九五二年（昭和二十七年）に指紋押捺制度が導入されたが、不当性を追及する反対運動により、一九九二年（平成四年）には、永住者等については指紋押捺制度が廃止された。その後六年余りを経て定着してきたので、それまで指紋押捺義務が課せられていた非永住者についても、これを廃止し、永住者等と同様の署名及び家族事項の登録という同一性確認手段を採用することとした。

二、登録原票の管理に関する規定の整備及び一定範囲の開示制度の新設

改正前の外登法には、登録原票は原則として非公開とされていたが、この度の改正によって、登録原票の非公開の原則を継続しつつ、外国人本人のほか、同居の親族、国の機関、地方公共団体、弁護士等から正当な目的により、登録原票の開示に係る照会があった場合には、登録原票の内容の一部の開示を認める規定を新設するとともに、併せて登録原票の管理に関する規定を整備することとした。

三、永住者等に係る登録事項の一部削減

外登法においては、氏名、国籍をはじめ二十項目の登録事項が設けられていたところ、永住者等については、日本社会への定着性が高く、「職業」及び「勤務所又は事務所の名称及び所在地」の登録の必要はないと考えられたため、これらの事項の登録を要としないこととした。

四、永住者等に係る登録証明書の切替期間の延長

改正前の外登法では、原則として「五回目の誕生日」ごとに確認申請。すなわち登録証明書の切替交付申請をしなければならないとされていたところ、永住者等については、在留の資格、在留期間に変更が生じることが少なく、確認期間を伸長しても登録の正確性の確保に支障がないと考えられたことから、その確認期間を「七回目の誕生日」に伸長することとした。

五、居留地変更に係る代理申請範囲の拡大

改正前の外登法は、本人自ら出頭して各種の登録申請を行うことを原則とし、十六歳に満たない場合又は疾病その他身体の故障により自ら申請をすることが出来ない場合のみ、同居する配偶者、子、父母等が本人に代わって申請を行うこととされていたが、本人の負担を軽減等の観点から同居の親族が本人に代わって変更登録申請を行うことができることとし、代理申請の範囲を拡大することとした。

六、常時携帯義務違反の取り扱い

登録原票の開示に係る罰則を整備するとともに、特別永住者が登録証明書の常時携帯義務に違反した場合の罰則を刑事罰から行政罰に改めた。この改正に伴い、入管法第二三条第一項で規定されている旅券等の常時携帯義務違反に対する罰則も、特別永住者については刑事罰から行政罰に改めた。

こうして改正外登法が国会で可決される際、「永住者は外国人登録証の常時携帯を義務付ける必要性、合理性について十分な検証を行い、旧制度の抜本的な見直しを検討すること」等の附帯決議がなされた。

一四九頁より継続

# 第七章　五　出入国管理及び難民認定法の改正

## 平成十一年改正入管法

これは、一九九九年（平成十一年）八月十三日、第一四五回国会において「出入国管理及び難民認定法の一部を改正する法律」（平成十一年法律第一三五号）が成立、二〇〇〇年二月十八日から施行された。

この法律を改正する背景は不法入国者が不法就労活動に従事している問題と不法在留者の問題を取締まるのが目的である。

一、不法在留罪の新設

入管法が改正前では、在留期間を経過して日本に不法残留する行為に対する罰則は存ずるのに対し、不法入国又は不法上陸後に日本に不法に在留する行為を直接の処罰対象とする罰則は設けられていなかった。加えて、不法入国又は不法上陸後三年を経過した場合には、公訴時効により、これらの罪に係る刑事責任を問えなかったが、改正によって、不法入国者等が、日本に上陸した後、引き続き不法に在留する行為を処罰する規定を新設知ることとした。

二、被退去強制者に対する上陸拒否期間の伸長

改正前の入管法においては、不法残留等により退去強制された者に対する上陸拒否期間が「一年」とされていたが、これを「五年」に伸長し、退去強制されたものが相当期間、日本に再度入国することができないようにした。

三、再入国許可の有効期間の伸長

改正前の入管法においては、再入国許可の有効期間を「一年超えない範囲内」としていたところ、日本への投資や企業経

営等を目的として在留する外国人や日本人と婚姻して在留する外国人など、日本に長期間在留する外国人が増加していたことから、これらの外国人の日本と諸外国との従来の利便を図るため、再入国許可の有効期間を「三年を超えない範囲内」に伸長した。

四、附帯決議

一九九九年（平成十一年）に改正入管法が衆・参議院の法務委員会において可決される際に、「日本政府は被退去強制者の上陸拒否機関の延長や不法在留罪の新設に伴い、在留特別許可等の各制度の運用に当たって、家族的結合等の実情を十分に考慮すること、また、特別永住者に対して、再入国許可制度の在り方について検討するとともに、その運用については、人権上適切な配慮をすること」等の附帯決議がなされた。

**平成十三年改正入管法**

二〇〇一年（平成十三年）十一月三十日、第一五三回国会において、「出入国管理及び難民認定法の一部を改正する法律」（平成十三年法律第一三六号）が成立し、二〇〇二年三月一日から施行された。

この法律は、二〇〇二年五月から六月にワールドカップ、サッカー大会の開催に当たり、いわゆるフーリガン対策と国際会議の開催に伴う暴動対策等で、外国人の犯罪対策の必要性が緊急な課題となっていた。また、外国人の上陸・在留審査を実施する規定を設けること、法務大臣の権限委任に関する規定を新設することを目的として入管法の一部改正が行われた。

一、フーリガン等対策のための上陸拒否事由及び退去強制事由の整備

改正前の入管法には、国際競技会や国際会議に暴動等を起こす可能性のある外国人や、国内でそのような行為に及んだ外国人に直接対決できる上陸拒否又は退去強制事由は規定されておらず、一定の禁錮・懲役の刑に処せられている場合でない限り、これらの者の上陸を拒否し、又はその退去を強制することができなかったことから、これらの者を迅速かつ的確

に国外に排除することを可能とするため、新たな上陸拒否事由及び退去強制事由を設けることとした。

二、外国人犯罪対策のための上陸拒否事由及び退去強制事由の整備

改正前の入管法においては、正規在留者については、刑罰法令に違反して有罪判決を受け、これが確定した場合であっても、業務事犯罪の場合を除き、無期又は一年を超える懲役又は禁錮の実刑判決を受けた場合でなければ退去強制事由に該当しないこととなっており、犯罪を犯した外国人であっても、別の執行猶予を受け、あるいは一年以下の実刑に処せられた場合には、その者の退去を強制することができなかった。

そこで、犯罪を犯した外国人により厳正に対処するため、入管法別表第一の上欄の在留資格をもって在留するもので、刑法、暴力行為等処罰に関する法律又は盗犯等の防止及び処分に関する法律に定める一定の罪を犯し、懲役又は禁錮に処せられたものについては、刑の執行猶予の言渡しを受け、又は一年以下の実刑の処せられた場合も含め、その退去を強制できることとするとともに、当該判決の宣告を受けた者で、その後、出国して日本外にある間はその判決が確定し、確定の日から五年を経過していないものの上陸を拒否することとした。

三、偽変造文書対策のための退去強制事由の整備

外国人が上陸審査手続きにおいて偽変造旅券を行使する事案や、在留審査手続きにおいて偽変造された証明書や虚偽の記載をした資料等を提出する事案が増加し、しかも、これら偽変造文書行使事案では、その対策強化が不可欠となった。そこで、他の外国人に、不正に上陸又は在留の許可等を受ける目的で、文書又は図画の偽造、変造、又は作成し、所持、譲渡又は貸与したり、あっせんをした外国人の退去を強制できることとした。

また、この規定により日本からの退去を強制された外国人に、退去した日から五年を経過していない場合に上陸を拒否できることとした。

四、入国審査官による事実の調査等に関する規定の新設

改正前の入管法には、在留期間更新許可等の処分に係る調査に関する明確な根拠規定が置かれていなかったことから、相手方の協力が得にくいなどの問題が生じていた。

そこで、法務大臣は、外国人の上陸又は在留の許可等に関する処分を行うために必要がある場合には、入国審査官に事実の調査をさせ、公私の団体に照会して必要な事項の報告を求めることができることとする規定を設けた。

五、法務大臣の権限の委任に関する規定の新設

入管法は、法務大臣に外国人の出入国の管理に関する様々な権限を付与しており、その権限の行使に係る業務量は膨大なものとなっていることから、その事務処理を合理化するため、法務大臣の権限の一部を地方入国管理局長に委任することができることとした。

## 平成十六年改正入管法

二〇〇四年（平成十六年）六月二日に第一五九回国会で改正入管法が成立。公布（平成十三年法律第七三号）され、同年八月二日から施行された。この法律改正の趣旨は、国際情勢の変化等に伴い難民認定制度を見直す必要があるからである。

一、不法滞在者等対策

（1）罰金の引き上げ

不法残留等の罪に係る罰金の上限を三十万円から三百万円に、同じく不法就労助長の罪に係る罰金の上限を二百万円から三百万円に引き上げることなどとするとともに、過去に退去強制歴等のある者が再度退去強制された場合の上陸拒否期間を十年間に伸長することとした。

（2）出国命令制度の新設

退去強制手続きにおいては、出国を希望して自ら出頭した入管法違反者には全件収容主義を取っていたが、近日中に出

国することが確実と認められ、一定の要件を満たした不法残留者には例外として、身柄を収容しないまま簡易な手続きにより出国させる出国命令制度を新設することとした。

（3）在留資格取消制度の新設

在留する外国人の中には、在留資格に該当する活動を行うことなく不法就労を行ったり、犯罪を犯すなど、公正な出入国管理を阻害するものが存在し、在留資格制度をより適切に運用する必要性が高まっている。これまでの入管法では、例えば在留資格を得た留学生が学業不振等により除籍された場合であっても、二年間の在留期限が満了するまでは、強制的に出国させることが出来なかった。そこで、入管行政実現のために在留資格の取消制変を創設することとした。

二、難民認定制度の見直し

（1）仮滞在許可制度の新設

改正前の入管法においては、難民認定手続と退去強制手続は別個独立の手続であり、両者は並行して進められていたが、改正法においては、不法滞在者が難民認定申請を行った場合、その法的地位の安定を図るため」、一定の要件を満たすときには、仮滞在を許可して退去強制手続を停止し、難民認定手続を退去強制手続に先行して行うこととした。仮滞在を許可されなかった者については、従前どおり難民認定手続と退去強制手続を並行して行うが、この場合でも難民認定申請中は、送還は行わないことを法律に明記した（入管法第六一条二の六第三項）。

（2）難民と認定された者に対する在留許可改正前の入管法においては、不法滞在者が難民と認定されても直ちに日本における在留が認められるわけではなく、退去強制手続をすべて行い入管法第五〇条第一項の在留特別許可がされて初めて日本における在留が認められた。

これに対し、今回の改正においては、難民の地位を早期に安定化させてその一層の庇護を図る観点から、難民認定手続の中で、難民として認定された在留資格未取得外国人については、一定の除外事由に該当する場合を除き、定住者の在留資格を付与することとするとともに、在留資格を有する者が難民の認定を受けた場合には、一定の要件に該当する限り、一律に定住者への在留資格の変更等を許可することとした。また、その者が定住者の在留資格への変更を申請したときは、その者が日本に上陸後六ヶ月以内に難民認定申請をするなどした者である場合は、一律にこれを許可することとした（入管法第六一条の二の三）。

（3）難民審査参与員制度の新設

従来の難民不認定処分等に対する不服申立制度については、各観点から見て、疑問が呈されることがあった。そこで、法務大臣の私的懇談会である出入国管理政策懇談会の提言を踏まえ、行政不服審査法（昭和三七年法律第一六〇号）による異議申立制度を基本としつつ、手続の公正性・中立性・透明性をより高めるために「難民審査参与貸制度」を設け、法務大臣が異議申立ての決定を行うに当たっては、法律や国際情勢等についての学識経験者から選任された難民審査参与員の意見を聴かなければならないこととした（入管法六一条の二の九第三項）。

（4）申請期間の撤廃

難民認定申請に係る申請期間の制限いわゆる「六十日ルール」は撤廃した。

三、精神障害を有する外国人に係る上陸拒否事由の見直し

精神上の障害がある外国人に係る上陸拒否の範囲を精神上の障害により意志の弁識をする能力を欠く常況にある者等で所定の補助者が随伴しないものに限定することとした。

**平成十七年改正入管法**

一、人身取引議定書の締決に伴う人身取引対策のための法整備

二〇〇五年（平成十七年）第六二回国会において「刑法等の一部を改正する法律案」が可決。成立し、（平成十七年法律第

六六号）、同法第三条により入管法が改正された。今回の入管法改正において、人身取引の被害者が保護の対象となることを法文上明確にしている。

（1）人身取引等の定義

人身取引議定書第三条において、人身取引の定義が置かれているが、人身取引の被害者の保護等を国内で実施するためには法律的な概念を用いて人身取引を定義する必要があることから、入管法第二条第七号において人身取引等の定義を新設することとした。

（2）人身取引等の被害者の保護

A　人身取引等の被害者に関する上陸拒否事由及び退去強制事由の改正。

従来の入管法では、人身取引等の被害者が、売春等に従事せられるなどした場合であっても、退去強制事由等の対策となっていたが、こうした被害者は、売春を強要されたり、売春に至らないまでも、意志に反して性風俗営業店で稼働させられて資格外活動を強要されるなどしているところ、これらの被害に遭ったこと自体が上陸拒否や退去強制の理由とされることは不合理であるので、今回の改正で、そのような場合には退去強制等の対象から除外することとした。

B　人身取引等の被害者に関する上陸特別許可事由及び在留特別許可事由の改正

人身取引等の被害者は、出身国に帰国することによって犯罪組織の関係者から生命、身体に危険が生ずるおそれがあるなどで日本に在留を配慮すべき特別な事情があった。そこで、今回の改正で「人身取引等により他人の支配下に置かれて日本にはいったものであるとき」には、上陸特別許可を与えることの規定を設けることとした。

C　人身取引等の加害者に対する措置（上陸拒否事由及び退去強制事由の新設）

人身取引等の外国人加害者については、今回の改正により、人身取引等を行い、唆し、又は、これを助けた者について、上陸拒否及び退去強制の対象とすることとした。また、退去強制等の対象を日本において人身取引等を行った者について処罰に関係なく退去強制できることとした。

二、密入国議定書の締結に伴う罰則等の整備

他人の不法入国等の実行を容易にする目的で、偽りその他不正の行為により、日本国の権限のある機関が発行する難民旅行証明書及び再入国許可書等の交付を受けた者、又は同じ目的で、旅券又は再入国許可書等として偽造された文書、若しくは当該不法入国等を実行する者について効力を有しない旅券又は再入国許可書等を所持し、提供し、若しくは収受する者の罪の法的刑を三年以下の懲役又は三百万円以下の罰金、任意的併科とするなど罰則の整備をすることとした。

なお、日本国政府発行の旅券及び帰国のための渡航書の不正受交付罪等については旅券法において犯罪化が図られている密入国議定書の国内実施のため旅券法の該当部分が一部改正された（入管法第二三条第一項から第三項まで）平成十七年一二月十日から施行。

三、両議定書の共通事項としての法整備及びテロ対策

人身取引議定書及び密入国議定書において、締結国は、運送業者等による旅券等の確認義務等を定めるとともに、自国の国内法に従い、違反があった場合の制裁を定めるために必要な措置をとることとされている。

このため、入国管理局では偽変造文書対策を始めとした水際対策を強化し、テロリスト等の入国、上陸の阻止を図っているところであるが、これを確実なものとするためには、テロリスト等が日本に向けた航空機等に搭乗することを未然に防止することが極めて効果的と考えられ、二〇〇四年（平成十六年）十二月十日、国際組織犯罪等、国際テロ対策推進本部決定において、「航空会社等に乗客の旅券の確認を義務付け、その違反に対する罰則を設けること」が掲げられている。そこで、今回の法改正により、運送業者に対して旅券等の確認義務を負わせるとともに、有効な旅券等を所持しない外国人を搭乗させた運送業者に対する罰則規定（五十万円以下の過料）を設けることとした。

**平成十八年改正入管法（案）**

二〇〇六年（平成十八年）三月七日に入国管理法の改正案が閣議決定し、同月三十日に衆議院でスピード審議で通過し、五月十七日に参議院本会議で採決された。

この改正案の骨子となる「柱はテロ対策の強化」であり、それを要約すると、
一、特別永住者、十六才未満、外交官や国の招待者を除く全外国人に入国、再入国の際、指紋と顔写真の提出を義務づける。
二、法相はテロの「予備行為、または実行を容易にする行為を行うおそれがあると認める相当の理由を持つ者」を強制退去できる。
三、入国時に収集され、データーベース化（約八十年間保存）された指紋などを犯罪捜査に用いることが可能の三点に集約される。
この度の改正案は指紋提供の義務化、取得された個人識別情報の管理、テロリストの定義など、人権と運営上の問題点が指摘されていたために、衆議院では次のように付帯決議が採択された。
①指紋は国際的動向を勘案し、実施時期を慎重に定める。
②個人識別情報は施行後の運用状況、プライバシー保護の必要性を勘案しながら、出入国の公正な管理に真に必要で合理的な期間は保存する。
③個人識別情報の出入国管理の目的以外の利用については慎重に行い、必要最小限とする。
④新たに、退去強制の対象とするテロリストの認定については、恣意的にならないように厳格に行う。
だが、具体性はなく、条文の拡大・わい曲解釈が可能である。在日朝鮮・韓国人の「永住者」へ法改正により一般外国人と同じく外国人犯罪者のような差別を増長する問題が起こる可能性がある。また、いずれ特別永住者や日本人にも、その対象に入り、日本社会は監視社会へと変わる恐れがある。そして、特別永住者にも指紋押捺による新たな人権問題を再燃させる可能

性も否定できない。

法務省によると、日本へ出入国する外国人は年間約七百万人であり、これらの外国人の入国審査時に指紋を採取し、その場でコンピューター処理され、国際的な指名手配犯の過去に退去強制になった者のリストと照合し、犯罪捜査に応用したりする。もし、指紋の採取を拒否したりすれば強制的に退去させられる。

改正入管法は事前の指紋登録で外国人の上陸審査手続きを簡素化できる規定を設けて、ＩＣカードを使った「自動化ゲート」が導入され、在日特別永住者や日本人にも同様の「自動化ゲート」を使えるようになる。法務大臣が「テロ行為の実行を容易にする恐れがある」とみなした外国人を強制退去できるよう新しい規定を設ける。こうして外国人を水際で一律に指紋や顔写真の提供を義務づけることで、日本は、世界でアメリカに継ぐ二番目の国となる。

# 主要参考文献


朝鮮総督府編『朝鮮総督三〇年史』朝鮮総督府
姜東鎮『日本の朝鮮支配政策史研究』東大出版会
吉田清治『朝鮮人慰安婦と日本人』人物往来社
田中二郎『租税法』法律学全集11　有斐閣
呉圭祥『企業権確立の軌跡』朝鮮商工新聞社
坪江汕二『朝鮮民族独立運動秘史』巌南堂
殷宗基編『外国人登録法と在日朝鮮人の人権』朝鮮青年社
金慶海『在日朝鮮人民族教育の原点』田畑書店
朴慶植『在日朝鮮人運動史』三一書房
朝鮮民主主義人民共和国社会科学院歴史研究所近代史研究室編『日本帝国主義統治下の朝鮮』朝鮮青年社
森田芳夫『在日朝鮮人処遇の推移と現状』湖北社
エドワード・W・ワグナー「日本における朝鮮少数民族」外務省アジア局北東アジア課
在日朝鮮人の人権を守る会『在日朝鮮人の基本的人権』二月社
鄭哲『在日韓国人の民族運動』洋々社
岩村登志夫『在日朝鮮人と日本労働者階級』校倉書房
朴慶植『朝鮮人強制連行の記録』未来社
朴在一『在日朝鮮人に関する総合調査研究』新紀元社
山辺健太郎『日韓併合小史』岩波書店
法務省入国管理局編『出入国管理の回顧と展望』大蔵省印刷局
姜徹『在日朝鮮・韓国人史年表』雄山閣
吉留路樹『大村朝鮮人収容所』二月社
上田誠吉・藤島宇内『朝鮮の統一と人権』合同出版
吉岡増雄『在日朝鮮人の生活と人権』社会評論社
法務省入国管理局法令研究会編『国際化時代のなかで』大蔵省印刷局
孫振斗さんに（治療と在留を）全国市民の会編集委員会編『朝鮮人被爆者孫振斗の告発』たいまつ社
法務省入国管理局編『大村入国者収容所二十年史』大蔵省印刷局
在日朝鮮人の人権を守る会『国際人権規約と在日朝鮮人の基本的人権』
在日朝鮮人の人権を守る会『外国人登録法の実態とその一部「改正」案をめぐって』
在日朝鮮人の人権を守る会『在日朝鮮人の人権と「日韓条約」』
自治研中央推進委員会『在日外国人の人権と外国人登録事務』
田中宏『在日朝鮮人二世・三世の教育・進路問題』朝鮮問題懇話会
阿部照哉・池田政章編『憲法Ⅱ基本的人権』有斐閣

坂中英徳『今後の出入国管理行政のあり方について』自費出版

萩野芳夫『基本的人権の研究』法律文化社

李東準『日本にいる朝鮮の子ども』春秋社

朴壽南『もうひとつのヒロシマ朝鮮人韓国人被爆者の証言』舎廊房出版部

朝鮮に関する研究資料第二一集資料編集委員会『在日朝鮮人運動にかんする論文集』

日本管理法令研究「第一四号」有斐閣

日本管理法令研究「第一五号」有斐閣

飯沼二郎『七十万人の軌跡』麦秋社

佐藤文明「どこへ行く国籍法改正」法と民主主義No.一七九号・日本民主法律家協会

「座談会」池原季雄・宮崎繁樹外「国籍法改正に関する中間試案をめぐって」(上) ジュリストNo.七八八号　有斐閣

「座談会」池原季雄・宮崎繁樹など「国籍法改正に関する中間試案をめぐって(下)」ジュリストNo.七九〇号　有斐閣

澤登俊雄「風俗営業の社会的統制に関する諸問題」ジュリストNo.八二三号・有斐閣

岡崎勝彦「在日朝鮮人の法的地位」法と民主主義No.一六四号・日本民主法律家協会

芹田健太郎編「国際人権条約資料集」有信堂

上田誠吉『出入国管理及び難民認定法(81年改正の諸問題)』在日朝鮮人の人権を守る会

宮沢俊義外編『人権宣言集』岩波書店

㈶入管協会編纂『出入国管理 外国人登録 実務六法』(平成五年版)日本加除出版

関東大震災六〇周年朝鮮人犠牲者調査追悼事業委員会編『かくされていた歴史』

『六法全書』平成18年版1.2　有斐閣

# 付録

- 外国人登録法
- 出入国管理及び難民認定法
- 日本国との平和条約に基づき日本の国籍を離脱した者等の出入国管理に関する特例法

# 外国人登録法

（昭和二十七年四月二十八日法律第百二十五号）

改正：昭和二七法二六八、二四昭和二八法二四・法四二、昭和二九法七〇・法一六三、九六、昭和昭和三一法九六、昭和三三法三、昭和三七法一三三、昭和四六法一三〇、昭和五五法六四、昭和五六法八五・法八六・法九五、昭和五七法七五、昭和六一法九三、昭和六二法一〇二、平成三法七一、平成四法六六、平成五法八九、平成一一法八七・法一三四、平成一六法七三・法一五二

**（目的）**

**第一条**　この法律は、本邦に在留する外国人の登録を実施することによつて外国人の居住関係及び身分関係を明確ならしめ、もつて在留外国人の公正な管理に資することを目的とする。

**（定義）**

**第二条**①　この法律において「外国人」とは、日本の国籍を有しない者のうち、出入国管理及び難民認定法（昭和二十六年政令第三百十九号。以下「入管法」という。）の規定による仮上陸の許可、寄港地上陸の許可、通過上陸の許可、乗員上陸の許可、緊急上陸の許可及び遭難による上陸の許可を受けた者以外の者をいう。

②　日本の国籍以外の二以上の国籍を有する者は、この法律の適用については、旅券（入管法第二条第五号に定める旅券をいう。以下同じ。）を最近に発給した機関の属する国の国籍を有するものとみなす。

**（新規登録）**

**第三条**①　本邦に在留する外国人は、本邦に入つたとき（入管法第二十六条の規定による再入国の許可を受けて出国した者が再入国したとき及び入管法第六十一条の二の十二の規定による難民旅行証明書の交付を受けて出国した者が当該難民旅行証明書により入国したときを除く。）はその上陸の日から九十日以内に、本邦において外国人となつたとき又は出生その他の事由により入管法第三章に規定する上陸の手続を経ることなく本邦に在留することとなつたときはそれぞれその外国人となつた日又は出生その他当該事由が生じた日から六十日以内に、その居住地の市町村（東京都の特別区の存する区域及び地方自治法（昭和二十二年法律第六十七号）第二百五十二条の十九第一項の指定都市にあつては区。以下同じ。）の長に対し、次に掲げる書類及び写真を提出し、登録の申請をしなければならない。

一　外国人登録申請書一通
二　旅券
三　写真二葉

②　前項の申請の場合において、十六歳に満たない者については、写真を提出することを要しない。

③　市町村の長は、第一項の申請の場合において、やむを得ない事由があると認めるときは、同項に定める期間を六十日を限り延長することができる。

④　外国人は、第一項の申請をした場合には、重ねて同項の申請をすることができない。

**第四条**①　市町村の長は、前条第一項の申請があつたときは、当該申請に係る外国人について次に掲げる事項を外国人登録原票（以下「登録原票」という。）に登録し、これを市町村の事務所に備えなければならない。ただし、当該外国人が、入管法別表第二の上欄の永住者の在留資格をもつて在留する者（以下「永住者」という。）又は日本国との平和条約に基づき日本の国籍を離脱した者等の出入国管理に関する特例法（平成三年法律第七十一号）に定める特別永住者（以下「特別永住者」という。）である場合にあつては第九号及び第二十号に掲げる事項を、入管法の規定により一年未満の在留期間を決定され、その期間内にある者（在留期間の更新又は在留資格の変更により、当初の在留期間の始期から起算して一年以上本邦に在留することができることとなつた者を除く。以下「一年未満在留者」という。）である場合にあつては第十八号及び第十九号に掲げる事項を、それぞれ登録原票に登録することを要しない。

一　登録番号
二　登録の年月日
三　氏名
四　出生の年月日
五　男女の別
六　国籍
七　国籍の属する国における住所又は居所
八　出生地
九　職業
十　旅券番号
十一　旅券発行の年月日

十二　上陸許可の年月日
十三　在留の資格（入管法に定める在留資格及び特別永住者として永住することができる資格をいう。）
十四　在留期間（入管法に定める在留期間をいう。）
十五　居住地
十六　世帯主の氏名
十七　世帯主との続柄
十八　申請に係る外国人が世帯主である場合には、世帯を構成する者（当該世帯主を除く。）の氏名、出生の年月日、国籍及び世帯主との続柄
十九　本邦にある父母及び配偶者（申請に係る外国人が世帯主である場合には、その世帯を構成する者である父母及び配偶者を除く。）の氏名、出生の年月日及び国籍
二十　勤務所又は事務所の名称及び所在地

②　市町村の長は、前項の登録をした場合には、当該登録原票の写票を作成し、これを法務大臣に送付しなければならない。

（登録原票の管理）

**第四条の二**　市町村の長は、登録原票を当該市町村の事務所に備えるに当たつては、記載内容の漏えい、滅失、き損の防止その他の登録原票の適切な管理のために必要な措置を講ずるものとする。

**（登録原票の開示等）**

**第四条の三**①　市町村の長は、次項から第五項までの規定又は他の法律の規定に基づく請求があつた場合を除き、登録原票を開示してはならない。

②　外国人は、市町村の長に対し、当該外国人に係る登録原票の写し又は登録原票に登録した事項に関する証明書（以下「登録原票記載事項証明書」という。）の交付を請求することができる。

③　外国人の代理人又は同居の親族（婚姻の届出をしていないが、事実上当該外国人と婚姻関係と同様の事情にある者を含む。以下同じ。）は、市町村の長に対し、当該外国人に係る登録原票の写し又は登録原票記載事項証明書の交付を請求することができる。

④　国の機関又は地方公共団体は、法律の定める事務の遂行のため登録原票の記載を利用する必要があると認める場合においては、市町村の長に対し、登録原票の写し又は登録原票記載事項証明書の交付を請求することができる。

⑤　弁護士その他政令で定める者は、法律の定める事務又は業務の遂行のため登録原票の記載を利用する必要があると認める場合においては、市町村の長に対し、登録原票記載事項証明書の交付を請求することができる。ただし、登録原票の記載のうち、第四条第一項第三号から第七号まで及び第十五号から第十七号までに掲げる事項以外のものについては、それらの開示を特に必要とする場合に限る。

⑥　前三項の請求は、請求を必要とする理由その他法務省令で定める事項を明らかにしてしなければならない。

**（登録証明書の交付）**

**第五条**①　市町村の長は、第四条第一項の登録をした場合には、当該申請に係る外国人について同項各号（第十八号及び第十九号を除く。）に掲げる事項を記載した外国人登録証明書（以下「登録証明書」という。）を作成し、これを当該申請をした者に交付しなければならない。

②　前項の場合において、第三条第一項の申請に関する調査その他事務上やむを得ない理由によりその場で登録証明書を交付することができないときは、市町村の長は、法務省令で定めるところにより、書面で期間を指定して、その期間内にこれを交付することができる。

**（登録証明書の引替交付）**

**第六条**①　外国人は、その登録証明書が著しくき損し、又は汚損した場合には、その居住地の市町村の長に対し、次に掲げる書類及び写真にその登録証明書を添えて提出し、登録証明書の引替交付を申請することができる。

一　登録証明書交付申請書一通
二　旅券
三　写真二葉

②　前項の申請の場合において、十六歳に満たない者については、写真を提出することを要しない。

③　市町村の長は、第一項の申請があつたときは、登録原票の記載が事実に合つているかどうかの確認をしなければならない。

④　市町村の長は、前項の確認をしたときは、登録原票に基づき新たに登録証明書を交付しなければならない。

⑤　前条第二項の規定は、前項の場合に準用する。

⑥　市町村の長は、著しくき損し、又は汚損した登録証明書を携帯する外国人に対し、当該登録証明書を返納して第一項の申請をすべきことを命ずることができる。

⑦　市町村の長は、第一項の申請があつた場合には、その外国人の登録原

票を新たな登録原票に書き換えることができる。

**第六条の二**① 外国人は、第八条第一項若しくは第二項、第九条第一項若しくは第二項、第九条の二第一項又は第九条の三第一項の変更の登録の申請を行う場合において、その所持する登録証明書の第八条第三項、第九条第三項、第九条の二第二項又は第九条の三第二項に規定する記載を行う欄の全部に記載がされているとき、又は当該変更の登録が第四条第一項第三号若しくは第六号に掲げる事項に係るときは、その所持する登録証明書を返納するとともに、次に掲げる書類及び写真を提出し、登録証明書の引替交付の申請を併せてしなければならない。

一 登録証明書交付申請書一通
二 旅券
三 写真二葉

② 市町村の長は、外国人から第十条第一項の変更の登録によりその記載が事実に合わなくなつた登録証明書の提出があつた場合において、当該登録証明書の同条第二項に規定する記載を行う欄の全部に記載がされているとき、又は第十条の二第一項の規定による登録原票の記載の訂正を行つた場合において、当該訂正に係る外国人の所持する登録証明書の同条第三項に規定する記載を行う欄の全部に記載がされているとき、若しくは当該訂正が第四条第一項第三号、第四号、第五号若しくは第六号に掲げる事項に係るときは、当該外国人に対し、その所持する登録証明書を返納するとともに、前項各号に掲げる書類及び写真を提出し、登録証明書の引替交付の申請をすべきことを命ずるものとする。

③ 前二項の申請の場合において、十六歳に満たない者については、写真を提出することを要しない。

④ 市町村の長は、第一項又は第二項の申請があつたときは、登録原票の記載が事実に合つているかどうかの確認をしなければならない。

⑤ 市町村の長は、前項の確認をしたときは、登録原票に基づき新たに登録証明書を交付しなければならない。

⑥ 第五条第二項及び前条第七項の規定は、第一項又は第二項の申請があつた場合に準用する。

**(登録証明書の再交付)**

**第七条**① 外国人は、紛失、盗難又は滅失により登録証明書を失つた場合には、その事実を知つたときから十四日以内に、その居住地の市町村の長に対し、次に掲げる書類及び写真を提出して、登録証明書の再交付を申請しなければならない。入管法第二十六条の規定による再入国の許可を受けて出国した者が再入国をし、又は入管法第六十一条の二の十二の規定による難民旅行証明書の交付を受けて出国した者が当該難民旅行証明書により入国した際、紛失、盗難又は滅失以外の事由により登録証明書を所持していない場合においても、同様とする。

一 登録証明書交付申請書一通
二 旅券
三 写真二葉
四 前各号に掲げるものを除くほか、市町村の長が特に必要と認める書類

② 前項の申請の場合において、十六歳に満たない者については、写真を提出することを要しない。

③ 市町村の長は、第一項の申請があつたときは、登録原票の記載が事実に合つているかどうかの確認をしなければならない。

④ 市町村の長は、前項の確認をしたときは、登録原票に基づき新たに登録証明書を交付しなければならない。

⑤ 第五条第二項の規定は、前項の場合に準用する。

⑥ 第四項の規定により登録証明書を交付したときは、交付の日前に当該外国人に対して交付された登録証明書は、その効力を失う。

⑦ 外国人は、第四項の規定により登録証明書の交付を受けた場合において、前項の規定により効力を失つた登録証明書を回復するに至つたときは、速やかにその居住地の市町村の長に対し、当該登録証明書を返納しなければならない。

⑧ 第六条第七項の規定は、第一項の申請があつた場合に準用する。

**(居住地変更登録)**

**第八条**① 外国人は、居住地を変更した場合（同一の市町村の区域内で居住地を変更した場合を除く。）には、新居住地に移転した日から十四日以内に、新居住地の市町村の長に対し、変更登録申請書を提出して、居住地変更の登録を申請しなければならない。

② 外国人は、同一の市町村の区域内で居住地を変更した場合には、新居住地に移転した日から十四日以内に、その市町村の長に対し、変更登録申請書を提出して、居住地変更の登録を申請しなければならない。

③ 外国人は、第一項又は前項の申請をする場合には、第六条の二第一項の登録証明書の引替交付の申請を併せて行わなければならないときを除き、その所持する登録証明書を提出しなければならない。この場合において、市町村の長は、当該登録証明書に居住地の変更に係る記載を行い、

これを当該外国人に返還しなければならない。

④　市町村の長は、第一項の申請があつたときは、旧居住地の市町村の長に対し、すみやかに当該外国人に係る登録原票の送付を請求しなければならない。

⑤　前項の規定による請求を受けた市町村の長は、請求をした市町村の長に対し、すみやかに当該外国人に係る登録原票を送付しなければならない。

⑥　市町村の長は、第二項の申請があつたとき、又は前項の規定による登録原票の送付を受けたときは、当該外国人に係る登録原票に居住地変更の登録をしなければならない。

⑦　市町村の長は、第一項又は第二項の申請の場合において、やむを得ない理由があると認めるときは、同項に定める期間を十四日を限り延長することができる。

**（居住地の変更と登録証明書の交付）**

**第八条の二**　第三条第一項、第六条第一項、第六条の二第一項若しくは第二項、第七条第一項又は第十一条第一項若しくは第二項の申請をした外国人が、その申請に伴つて交付される登録証明書を受領する前に前条第一項の申請をしたときは、同条の規定によるほか、次に定めるところによる。

一　登録証明書の交付は、新居住地の市町村の長を経由して行う。

二　新居住地の市町村の長は、必要があると認めるときは、法務省令で定めるところにより、書面で、旧居住地の市町村の長が第五条第二項（第六条第五項、第六条の二第六項、第七条第五項及び第十一条第五項において準用する場合を含む。）の規定により指定した期間を変更することができる。

三　旧居住地の市町村の長は、前条第四項の規定による請求を受けたときは、新居住地の市町村の長に対し、速やかに、当該外国人に交付すべき登録証明書を送付しなければならない。

**（居住地以外の記載事項の変更登録）**

**第九条**①　外国人は、登録原票の記載事項のうち、第四条第一項第三号、第六号、第九号、第十三号、第十四号又は第二十号に掲げる事項に変更を生じた場合（次条第一項及び第九条の三第一項に規定する場合を除く。）には、その変更を生じた日から十四日以内に、その居住地の市町村の長に対し、変更登録申請書及びその変更を生じたことを証する文書を提出して、その記載事項の変更の登録を申請しなければならない。

②　外国人は、登録原票の記載事項のうち、第四条第一項第七号、第十号、第十一号又は第十六号から第十九号までに掲げる事項に変更を生じた場合には、第六条第一項、第六条の二第一項若しくは第二項、第七条第一項、第八条第一項若しくは第二項、前項、次条第一項、第九条の三第一項又は第十一条第一項若しくは第二項の申請のうち当該変更を生じた日後における最初の申請をする時までに、その居住地の市町村の長に対し、変更登録申請書及びその変更を生じたことを証する文書を提出して、その記載事項の変更の登録を申請しなければならない。

③　外国人は、第一項の申請又は前項の申請（第四条第一項第十八号又は第十九号に掲げる事項に変更を生じた場合を除く。）をする場合には、第六条の二第一項の登録証明書の引替交付の申請を併せて行わなければならないときを除き、その所持する登録証明書を提出しなければならない。この場合において、市町村の長は当該登録証明書に当該申請に係る事項の変更に係る記載を行い、これを当該外国人に返還しなければならない。

④　市町村の長は、第一項又は第二項の申請があつたときは、当該外国人に係る登録原票に当該申請に係る事項の変更の登録をしなければならない。この場合において、第一項の申請が第四条第一項第十三号に掲げる事項に永住者又は特別永住者としての在留の資格への変更を生じたものに係るときは、市町村の長は、同項第九号及び第二十号に掲げる事項を消除しなければならない。

⑤　第八条第七項の規定は、第一項の申請について準用する。

**第九条の二**①　永住者又は特別永住者としての在留の資格で登録を受けている外国人は、登録原票の記載事項のうち、第四条第一項第十三号及び第十四号に掲げる事項に変更を生じた場合には、その変更を生じた日から十四日以内に、その居住地の市町村の長に対し、変更登録申請書及びその変更を生じたことを証する文書を提出して、同項第十三号及び第十四号に掲げる事項の変更並びに同項第九号及び第二十号に掲げる事項の登録を申請しなければならない。

②　外国人は、前項の申請をする場合には、第六条の二第一項の登録証明書の引替交付の申請を併せてしなければならないときを除き、その所持する登録証明書を提出しなければならない。この場合において、市町村の長は、当該登録証明書に第四条第一項第十三号及び第十四号に掲げる事項の変更並びに同項第九号及び第二十号に掲げる事項に係る記載を行い、これを当該外国人に返還しなければならない。

③ 市町村の長は、第一項の申請があつたときは、当該外国人に係る登録原票に、第四条第一項第十三号及び第十四号に掲げる事項の変更並びに同項第九号及び第二十号に掲げる事項を登録しなければならない。
④ 第八条第七項の規定は、第一項の申請について準用する。
**第九条の三**① 一年未満在留者は、在留期間の更新又は在留資格の変更により、当初の在留期間の始期から起算して一年以上本邦に在留することができることとなつたときには、在留の資格又は在留期間に変更を生じた日から十四日以内に、その居住地の市町村の長に対し、変更登録申請書及びその変更を生じたことを証する文書を提出して、第四条第一項第十三号又は第十四号に掲げる事項の変更並びに同項第十八号及び第十九号に掲げる事項の登録を申請しなければならない。
② 外国人は、前項の申請をする場合には、第六条の二第一項の登録証明書の引替交付の申請を併せてしなければならないときを除き、その所持する登録証明書を提出しなければならない。この場合において、市町村の長は、当該登録証明書に当該申請に係る事項の変更に係る記載を行い、これを当該外国人に返還しなければならない。
③ 市町村の長は、第一項の申請があつたときは、当該外国人に係る登録原票に、第四条第一項第十三号又は第十四号に掲げる事項の変更並びに同項第十八号及び第十九号に掲げる事項を登録しなければならない。この場合において、第一項の申請が第四条第一項第十三号に掲げる事項に永住者又は特別永住者としての在留の資格への変更を生じたものに係るときは、市町村の長は、同項第九号及び第二十号に掲げる事項を消除しなければならない。
④ 第八条第七項の規定は、第一項の申請について準用する。

**（市町村又は都道府県の廃置分合等に伴う変更登録）**
**第十条**① 市町村の長は、市町村又は都道府県の廃置分合、境界変更又は名称の変更により登録原票の記載が事実に合わなくなつたときは、登録原票に変更の登録をしなければならない。
② 市町村の長は、当該市町村の区域内に居住地を有する外国人が、前項に規定する理由によりその記載が事実に合わなくなつた登録証明書を提出したときは、第六条の二第二項の規定により登録証明書の引替交付の申請をすべきことを命ずる場合を除き、当該登録証明書にその変更に係る記載を行わなければならない。

**（登録の訂正）**
**第十条の二**① 第八条第一項及び第二項、第九条第一項及び第二項、第九条の二第一項、第九条の三第一項並びに前条第一項に規定する場合を除くほか、市町村の長は、登録原票の記載が事実に合つていないことを知つたときは、その記載を訂正しなければならない。
② 市町村の長は、前項の規定による訂正を行つたときは、第六条の二第二項の規定により登録証明書の引替交付の申請をすべきことを命ずる場合を除き、当該外国人に対し、その所持する登録証明書を提出すべきことを命ずることができる。
③ 前項の規定による登録証明書の提出を受けた市町村の長は、当該登録証明書に訂正に係る記載を行い、これを当該外国人に返還しなければならない。

**（登録証明書の切替交付）**
**第十一条**① 外国人は、第四条第一項の登録を受けた日（第六条第三項、第六条の二第四項若しくは第七条第三項の確認又はこの項若しくは次項の申請に基づく確認（第三項において「登録後の確認」という。）を受けた場合には、最後に確認を受けた日。この項において「登録等を受けた日」という。）の後の当該外国人の五回目（当該外国人が永住者又は特別永住者であるときは、七回目）の誕生日（当該外国人の誕生日が二月二十九日であるときは、当該外国人の誕生日は二月二十八日であるものとみなす。）から三十日以内に、その居住地の市町村の長に対し、次に掲げる書類及び写真を提出して、登録原票の記載が事実に合つているかどうかの確認を申請しなければならない。ただし、第三条第一項の申請をした日（第六条第一項、第六条の二第一項若しくは第二項又は第七条第一項の申請をしたことがある者であるときは、その申請をした日）において十六歳未満であつた者については、この限りでない。
一 登録事項確認申請書一通
二 旅券
三 写真二葉
② 前項ただし書に規定する者は、十六歳に達した日から三十日以内に、同項の確認を申請しなければならない。
③ 第一項に規定する登録（登録後の確認を受けた場合には、最後に受けた確認。以下この項において同じ。）の時に次に掲げる者に該当する外国人については、第一項の申請をしなければならない期間は、同項の規定にかかわらず、当該市町村の長が、法務省令で定めるところにより、当該登録の時に当該登録を受けた日から一年以上五年未満の範囲内にお

いて指定する日から三十日以内とする。
一　在留の資格のあることが確認されていない者
二　第十四条の規定による署名をしていない者
④　市町村の長は、第一項又は第二項の申請に基づく確認をしたときは、登録原票に基づき新たに登録証明書を交付しなければならない。
⑤　第五条第二項の規定は、前項の場合に準用する。
⑥　外国人は、第四項の規定による登録証明書の交付を受ける場合には、その所持する登録証明書を市町村の長に返納しなければならない。ただし、交付される登録証明書を第十五条第三項の規定により代理人が受領する場合には、その受領の日から十四日以内に返納すれば足りる。
⑦　市町村の長は、第四項の規定により登録証明書を交付したときは、交付の日前に当該外国人に対して交付された登録証明書に係る第六条第四項、第六条の二第五項又は第七条第四項の規定による登録証明書を交付することができない。
⑧　第四項の規定により登録証明書が交付されたときは、交付の日前に当該外国人に対して交付された登録証明書は、その効力を失う。
⑨　外国人は、第四項の規定による登録証明書の交付を受けた場合において、前項の規定により効力を失つた登録証明書を回復するに至つたときは、速やかにその居住地の市町村の長に対し、当該登録証明書を返納しなければならない。
⑩　第六条第七項の規定は、第一項又は第二項の申請があつた場合に準用する。

**（登録証明書の返納）**

**第十二条**①　外国人は、本邦を出国する場合（入管法第二十六条 の規定による再入国の許可を受けて出国する場合及び入管法第六十一条の二の十二 の規定による難民旅行証明書の交付を受けて出国する場合を除く。）には、その者が出国する出入国港（入管法 に定める出入国港をいう。）において入国審査官（入管法 に定める入国審査官をいう。以下同じ。）に登録証明書を返納しなければならない。
②　外国人は、外国人でなくなつた場合には、その事由が生じた日から十四日以内に、居住地の市町村の長に登録証明書を返納しなければならない。
③　外国人が死亡した場合には、第十五条第二項各号に掲げる者（十六歳に満たない者を除く。）が、当該各号列記の順位により、その死亡の日から十四日以内に、死亡した外国人が居住していた市町村の長に、死亡した外国人の登録証明書を返納しなければならない。ただし、当該外国人の居住地が死亡地と異なる場合には、死亡地の属する市町村の長を経由して居住地の市町村の長に返納することができる。

**（登録証明書の受領、携帯及び提示）**

**第十三条**①　外国人は、市町村の長が交付し、又は返還する登録証明書を受領し、常にこれを携帯していなければならない。ただし、十六歳に満たない外国人は、登録証明書を携帯していることを要しない。
②　外国人は、入国審査官、入国警備官（入管法 に定める入国警備官をいう。）、警察官、海上保安官その他法務省令で定める国又は地方公共団体の職員がその職務の執行に当たり登録証明書の提示を求めた場合には、これを提示しなければならない。
③　前項に規定する職員は、その事務所以外の場所において登録証明書の提示を求める場合には、その身分を示す証票を携帯し、請求があるときは、これを提示しなければならない。

**（署名）**

**第十四条**①　十六歳以上の外国人（一年未満在留者を除く。）は、第三条第一項、第六条第一項、第六条の二第一項若しくは第二項、第七条第一項又は第十一条第一項若しくは第二項の申請をする場合には、これらの規定による申請に係る申請書の提出と同時に、登録原票及び署名原紙に署名をしなければならない。ただし、その申請が第十五条第二項の規定により代理人によつてなされたとき、その他その申請に係る申請書の提出と同時に署名をすることができないときは、この限りでない。
②　十六歳以上の一年未満在留者は、第九条の三第一項の申請をする場合には、同項の規定による申請に係る申請書の提出と同時に、登録原票に署名をしなければならない。ただし、その申請が第十五条第二項の規定により代理人によつてなされたとき、その他その申請に係る申請書の提出と同時に署名をすることができないときは、この限りでない。
③　署名の方法その他前二項の規定による署名について必要な事項は、政令で定める。
④　市町村の長は、第五条第一項、第六条第四項、第六条の二第五項、第七条第四項又は第十一条第四項の規定により外国人に交付する登録証明書に、当該登録証明書の交付に係る申請の時に当該外国人が第一項の規定により登録原票又は署名原紙にした署名を転写するものとする。

**（本人の出頭義務と代理人による申請等）**

**第十五条**①　この法律に定める申請、登録証明書の受領若しくは提出又は署名は、自ら当該市町村の事務所に出頭して行わなければならない。

② 外国人が十六歳に満たない場合又は疾病その他身体の故障により自ら申請若しくは登録証明書の受領若しくは提出をすることができない場合には、前項に規定する申請又は登録証明書の受領若しくは提出は、当該外国人と同居する次の各号に掲げる者(十六歳に満たない者を除く。)が、当該各号列記の順位により、当該外国人に代わつてしなければならない。外国人又は外国人であつた者が十六歳に満たない場合においては、第七条第七項又は第十二条第一項若しくは第二項の規定による登録証明書の返納についても、同様とする。

一 配偶者

二 子

三 父又は母

四 前各号に掲げる者以外の親族

五 その他の同居者

③ 第一項及び前項前段の規定にかかわらず、第八条第一項若しくは第二項、第九条第一項若しくは第二項若しくは第九条の二第一項の申請又は第五条第二項（第六条第五項、第六条の二第六項、第七条第五項及び第十一条第五項において準用する場合を含む。）の規定による市町村の長の指定する期間内に交付される登録証明書の受領については、当該外国人の同居の親族（十六歳に満たない者を除く。）が当該外国人又は当該外国人と同居する前項第一号から第三号までに掲げる者（十六歳に満たない者を除く。）に代わつてこれらを行うことができる。

**（事実の調査）**

**第十五条の二**① 市町村の長は、第三条第一項、第六条第一項、第六条の二第一項若しくは第二項、第七条第一項、第八条第一項若しくは第二項、第九条第一項若しくは第二項、第九条の二第一項、第九条の三第一項又は第十一条第一項若しくは第二項の申請があつた場合において、申請の内容について事実に反することを疑うに足りる相当な理由があるときは、外国人登録の正確な実施を図るため、その職員に事実の調査をさせることができる。この場合において、必要があるときは、当該申請をした外国人に出頭を求めることができる。

② 前項の調査のため必要があるときは、市町村の職員は、当該申請をした外国人その他の関係人に対し質問をし、又は文書の提示を求めることができる。

③ 市町村の職員は、市町村の事務所以外の場所において前項の行為をする場合には、その身分を示す証票を携帯し、当該申請をした外国人その他の関係者の請求があるときは、これを提示しなければならない。

**（行政手続法の適用除外）**

**第十五条の三** この法律の規定に基づく処分については、行政手続法（平成五年法律第八十八号）第二章及び第三章の規定は、適用しない。

**（変更登録の報告）**

**第十六条** 市町村の長は、第八条第六項、第九条第四項、第九条の二第三項、第九条の三第三項又は第十条第一項の規定により変更登録をした場合には、法務大臣にその旨を報告しなければならない。

**（事務の区分）**

**第十六条の二** この法律の規定により市町村が処理することとされている事務は、地方自治法第二条第九項第一号に規定する第一号法定受託事務とする。

**（政令等への委任）**

**第十七条** この法律に特別の定めがあるもののほか、この法律の実施のための手続その他その執行について必要な細則は、法務省令（市町村の長の行うべき事務については、政令）で定める。

**（罰則）**

**第十八条**① 次の各号の一に該当する者は、一年以下の懲役若しくは禁錮又は二十万円以下の罰金に処する。

一 第三条第一項、第七条第一項又は第十一条第一項若しくは第二項の規定に違反してこれらの規定による申請をしないでこれらの項に規定する期間を超えて本邦に在留する者

一の二 第六条の二第一項の申請をしない者

二 第三条第一項、第七条第一項、第八条第一項若しくは第二項、第九条第一項、第九条の二第一項、第九条の三第一項又は第十一条第一項若しくは第二項の規定による申請（第十五条第二項又は第三項の規定による場合の申請を含む。）に関し虚偽の申請をした者

三 第三条第一項、第七条第一項、第八条第一項若しくは第二項、第九条第一項、第九条の二第一項、第九条の三第一項又は第十一条第一項若しくは第二項の規定による申請（第十五条第二項又は第三項の規定による場合の申請を含む。）を妨げた者

四 第三条第四項の規定に違反した者

五 第六条第六項、第六条の二第二項若しくは第十条の二第二項の規定による命令に従わず、又はこれらの規定による命令による申請若しく

は登録証明書の提出（第十五条第二項の規定による場合の申請若しくは提出を含む。）を妨げた者
六　第十三条第一項の規定に違反して登録証明書を受領せず、又は市町村の長が交付し若しくは返還する登録証明書の受領（第十五条第二項及び第三項の規定による場合の受領を含む。）を妨げた者
七　第十三条第二項の規定に違反して登録証明書の提示を拒んだ者
八　第十四条の規定に違反して署名をせず、又はこれを妨げた者
九　他人名義の登録証明書を行使した者
十　行使の目的をもつて、登録証明書を譲り渡し、若しくは貸与し、又は他人名義の登録証明書の譲渡若しくは貸与を受けた者
②　前項の罪を犯した者には、懲役又は禁錮及び罰金を併科することができる。

**第十八条の二**　次の各号の一に該当する者は、二十万円以下の罰金に処する。
一　第七条第七項、第十一条第六項若しくは第九項又は第十二条第一項若しくは第二項の規定に違反した者
二　第八条第一項若しくは第二項、第九条第一項若しくは第二項、第九条の二第一項又は第九条の三第一項の規定に違反してこれらの規定による申請をしないでこれらの項に規定する期間を超えて本邦に在留する者
三　第九条第二項の規定による申請（第十五条第二項又は第三項の規定による場合の申請を含む。）に関し虚偽の申請をした者
四　第十三条第一項の規定に違反して登録証明書を携帯しなかつた者（特別永住者を除く。）

**第十九条**　特別永住者が第十三条第一項の規定に違反して登録証明書を携帯しなかつたときは、十万円以下の過料に処する。

**第十九条の二**　第十五条第二項に規定する場合において、同項各号に掲げる者が、第三条第一項、第六条の二第一項、第七条第一項、第八条第一項若しくは第二項、第九条第一項若しくは第二項、第九条の二第一項、第九条の三第一項若しくは第十一条第一項若しくは第二項の規定に違反して、これらの規定による申請をせず、第六条第六項、第六条の二第二項若しくは第十条の二第二項の規定による命令に従わず、第十三条第一項の規定に違反して登録証明書を受領せず、又は第七条第七項若しくは第十二条第一項若しくは第二項の規定に違反して登録証明書の返納をしなかつたときは、五万円以下の過料に処する。同条第三項本文の規定に違反して登録証明書の返納をしなかつた者も、同様とする。

**第十九条の三**　偽りその他不正の手段により、第四条の三第二項から第五項までの登録原票の写し又は登録原票記載事項証明書の交付を受けた者は、五万円以下の過料に処する。

**（過料についての裁判の管轄）**
**第二十条**　前二条の規定による過料についての裁判は、簡易裁判所が行う。

## 附　則　抄

①　この法律は、日本国との平和条約の最初の効力発生の日から施行する。但し、第十四条及び第十八条第一項第八号の規定は、この法律施行の日から三年以内において政令で定める日から施行する。
②　外国人登録令（昭和二十二年勅令第二百七号）は、廃止する。
③　この法律施行前にした行為に対する罰則の適用については、なお、従前の例による。
④　この法律施行前にした行為に対する旧外国人登録令第十四条から第十六条までの適用については、なお、従前の例による。
⑤　旧外国人登録令の規定による登録証明書及び外国人登録簿は、それぞれこの法律の規定による外国人登録証明書及び外国人登録原票とみなす。この場合において、旧外国人登録令の規定による登録証明書の有効期間は、この法律施行の日から六月とす。
⑨　地方入国管理局の長は、当分の間、第五条第一項、第六条第四項、第六条の二第五項、第七条第四項又は第十一条第四項の規定により市町村の長が作成して交付する登録証明書の調製に関する事務のうち法務省令で定めるものを、当該市町村の長からの求めに応じて処理するほか、当該事務に関連する事務として政令で定めるものを処理するものとする。
⑩　前項に規定する事務の処理について必要な細則は、法務省令で定める。

## 附　則　（平成四年六月一日法律第六六号）　抄

**（施行期日）**
**第一条**　この法律は、公布の日から起算して十月を超えない範囲内において政令で定める日から施行する。ただし、附則第五条の規定は、公布の日から施行する。

**（登録原票の登録事項等に関する経過措置）**
**第二条**①　この法律の施行前にされたこの法律による改正前の外国人登録法（以下「旧法」という。）第三条第一項、第六条第一項、第六条の二

第一項若しくは第二項、第七条第一項又は第十一条第一項若しくは第二項の申請に係る外国人登録原票（以下「登録原票」という。）の登録事項及び当該登録原票に基づき作成して交付すべき外国人登録証明書（以下「登録証明書」という。）の内容については、なお従前の例による。

② この法律の施行前にされた旧法第三条第一項、第六条第一項、第六条の二第一項若しくは第二項、第七条第一項又は第十一条第一項若しくは第二項の申請に係る登録証明書の切替交付の申請をしなければならない期間に関する市町村（東京都の特別区の存する区域及び地方自治法（昭和二十二年法律第六十七号）第二百五十二条の十九第一項の指定都市にあっては、区。以下同じ。）の長による指定については、なお従前の例による。

**（登録証明書に関する経過措置）**

**第三条** 旧法第五条第一項、第六条第四項、第六条の二第五項、第七条第四項又は第十一条第四項の規定により交付された登録証明書は、この法律による改正後の外国人登録法（以下「新法」という。）の相当規定により交付された登録証明書とみなす。

**（登録証明書の切替交付に関する経過措置）**

**第四条**① 旧法第四条第一項の規定によりされた登録並びに旧法第六条第三項、第六条の二第四項及び第七条第三項の規定によりされた確認並びに旧法第十一条第一項又は第二項の申請に基づきされた確認は、新法第十一条第一項の適用については、新法の相当規定によりされた登録及び確認とみなす。

② 旧法第十一条第三項第二号に掲げる者に該当するとして市町村の長によりされた同項の規定による指定は、第十四条の改正規定の施行により指紋を押すことを要しないこととなった者についても、なおその効力を有する。

**（公布の日以後に十六歳に達した永住者及び特別永住者に関する経過措置）**

**第五条** この法律の公布の日からこの法律の施行の日（以下「施行日」という。）の前日までの間（以下「経過期間」という。）に十六歳に達した出入国管理及び難民認定法（昭和二十六年政令第三百十九号。以下「入管法」という。）別表第二の上欄の永住者の在留資格をもって在留する者（以下「永住者」という。）及び日本国との平和条約に基づき日本の国籍を離脱した者等の出入国管理に関する特例法（平成三年法律第七十一号。以下「平和条約国籍離脱者等入管特例法」という。）に定める特別永住者（以下「特別永住者」という。）については、十六歳に達していないものとみなして旧法（第十二条第三項並びに第十五条第二項及び第三項を除く。）の規定を、施行日において十六歳に達したものとみなして新法の規定を適用するものとし、経過期間においては入管法第二十三条第一項本文の規定は適用しない。

**（永住者及び特別永住者に係る申請期間に関する経過措置）**

**第六条**① この法律の施行前十四日以内にその所持に係る登録証明書の紛失、盗難又は滅失の事実を知った永住者及び特別永住者（当該紛失、盗難又は滅失に係る旧法第七条第一項の規定による登録証明書の再交付の申請をした者を除く。）については、新法第七条第一項中「その事実を知つたときから十四日以内」とあるのは、「外国人登録法の一部を改正する法律（平成四年法律第六十六号）の施行の日から十四日以内」とする。

② 旧法第十一条第一項に規定する五回目の誕生日（同条第三項の規定による指定がされた場合にあっては、当該規定に係る日）がこの法律の施行前三十日内に到来した永住者及び特別永住者（当該誕生日又は指定に係る日に係る同条第一項の規定による確認の申請をした者を除く。）については、新法第十一条第一項中「第四条第一項の登録を受けた日（第六条第三項、第六条の二第四項、第七条第三項若しくは第九条の二第三項の確認又はこの項若しくは次項の申請に基づく確認（第三項において「登録後の確認」という。）を受けた場合には、最後に確認を受けた日）の後の当該外国人の五回目の誕生日（当該外国人の誕生日が二月二十九日であるときは、当該外国人の誕生日は二月二十八日であるものとみなす。）から三十日以内」とあるのは、「外国人登録法の一部を改正する法律の施行の日から三十日以内」とし、同条第三項の規定は、適用しない。

**（罰則に関する経過措置）**

**第七条** この法律の施行前にした行為に対する罰則の適用については、なお従前の例による。

**（永住者及び特別永住者に係る家族事項の登録に関する特例）**

**第八条**① 市町村の長は、永住者又は特別永住者については、新法第三条第一項又は第九条の二第一項の申請があった場合のほか、新法第六条第一項、第六条の二第一項若しくは第二項、第七条第一項又は第十一条第一項若しくは第二項の申請のうちこの法律の施行後における最初の申請があったときに、新法第四条第一項第十八号及び第十九号に掲げる事項を登録原票に登録するものとする。

② 前項の規定により市町村が処理することとされている事務は、地方自治法第二条第九項第一号に規定する第一号法定受託事務とする。

**（永住許可等を受けた場合の変更等の登録に関する特例）**

**第九条**　この法律の施行前十四日以内に入管法第二十二条（入管法第二十二条の二第四項（入管法第二十二条の三において準用する場合を含む。）において準用する場合を含む。）の規定による許可又は平和条約国籍離脱者等入管特例法第四条若しくは第五条の規定による許可を受けた外国人については、次に定めるところによる。

一　この法律の施行前に旧法第四条第一項第十四号又は第十五号に掲げる事項に係る旧法第九条第一項の申請をした者については、新法第九条の二の規定は、適用しない。

二　前号に掲げる者以外の者については、新法第九条の二第一項中「その変更を生じた日から十四日以内」とあるのは、「外国人登録法の一部を改正する法律の施行の日から十四日以内」とする。

**（登録証明書の切替交付の特例）**

**第十条**　旧法第五条第一項、第六条第四項、第六条の二第五項、第七条第四項又は第十一条第四項の規定により交付された登録証明書を所持する十六歳以上の永住者及び特別永住者については、附則第六条第二項の規定によるほか、次に定めるところによる。

一　新法第十一条第一項中「第四条第一項の登録を受けた日（第六条第三項、第六条の二第四項、第七条第三項若しくは第九条の二第三項の確認又はこの項若しくは次項の申請に基づく確認（第三項において「登録後の確認」という。）を受けた場合には、最後に確認を受けた日）の後の当該外国人の五回目の誕生日（当該外国人の誕生日が二月二十九日であるときは、当該外国人の誕生日は二月二十八日であるものとみなす。）から三十日以内」とあるのは、「外国人登録法の一部を改正する法律の施行の日から、旧法第四条第一項の登録を受けた日（旧法第六条第三項、第六条の二第四項若しくは第七条第三項の確認又は旧法第十一条第一項若しくは第二項の申請に基づく確認を受けた場合には、最後に確認を受けた日）の後の当該外国人の五回目の誕生日（当該外国人の誕生日が二月二十九日であるときは、当該外国人の誕生日は二月二十八日であるものとみなす。）から三十日を経過した日までの間」とする。

二　旧法第十一条第三項の規定による指定であって附則第四条第二項の規定によりなお効力を有することとされるものを受けている者については、新法第十一条第一項の申請をしなければならない期間は、前号によって読み替えた同項の指定及び同条第三項の規定にかかわらず、施行日から、当該指定に係る日から三十日を経過した日までの間とする。

## 附　則（平成一一年八月一八日法律第一三四号）　抄

**（施行期日）**

**第一条**　この法律は、公布の日から起算して一年を超えない範囲内において政令で定める日から施行する。ただし、附則第五条の規定は、公布の日から施行する。

**（登録原票の登録事項等に関する経過措置）**

**第二条**①　この法律の施行前にされたこの法律による改正前の外国人登録法（以下「旧法」という。）第三条第一項、第六条第一項、第六条の二第一項若しくは第二項、第七条第一項、第九条の二第一項又は第十一条第一項若しくは第二項の申請に係る外国人登録原票（以下「登録原票」という。）の登録事項及び当該登録原票に基づき作成して交付すべき外国人登録証明書（以下「登録証明書」という。）の内容については、なお従前の例による。

②　この法律の施行前にされた旧法第三条第一項、第六条第一項、第六条の二第一項若しくは第二項、第七条第一項、第九条の二第一項又は第十一条第一項若しくは第二項の申請に係る登録証明書の切替交付の申請をしなければならない期間に関する市町村（東京都の特別区の存する区域及び地方自治法（昭和二十二年法律第六十七号）第二百五十二条の十九第一項の指定都市にあっては、区。以下同じ。）の長による指定については、なお従前の例による。

**（登録証明書に関する経過措置）**

**第三条**①　旧法第五条第一項、第六条第四項、第六条の二第五項、第七条第四項又は第十一条第四項の規定により交付された登録証明書は、この法律による改正後の外国人登録法（以下「新法」という。）の相当規定により交付された登録証明書とみなす。

②　旧法第九条の二第五項の規定により交付された登録証明書は、新法第十一条第四項の規定により交付された登録証明書とみなす。

**（登録証明書の切替交付に関する経過措置）**

**第四条**①　旧法第四条第一項の規定によりされた登録並びに旧法第六条第三項、第六条の二第四項及び第七条第三項の規定によりされた確認並びに旧法第十一条第一項又は第二項の申請に基づきされた確認は、新法第十一条第一項の適用については、新法の相当規定によりされた登録及び確認とみなす。

② 旧法第九条の二第三項の規定によりされた確認は、新法第十一条第一項の適用については、新法第十一条第一項又は第二項の申請に基づきされた確認とみなす。

③ この法律の施行後における最初に新法第十一条第一項の申請をしなければならない期間については、旧法第十一条第一項の規定又は同条第三項各号に掲げる者に該当するとして市町村の長によりされた同項の規定による指定は、なおその効力を有する。

**（公布の日以後に十六歳に達した者に関する経過措置）**

**第五条** この法律の公布の日からこの法律の施行の日（以下「施行日」という。）の前日までの間（以下「経過期間」という。）に十六歳に達した者については、経過期間においては十六歳に達していないものとみなして旧法（第十二条第三項並びに第十五条第二項及び第三項を除く。）の規定を、施行日以後においては施行日において十六歳に達したものとみなして新法の規定を適用するものとし、経過期間においては出入国管理及び難民認定法（昭和二十六年政令第三百十九号。以下「入管法」という。）第二十三条第一項本文の規定は適用しない。

**（登録証明書の再交付の申請及び登録証明書の切替交付の申請に係る期間に関する経過措置）**

**第六条**① この法律の施行前十四日以内にその所持に係る登録証明書の紛失、盗難又は滅失の事実を知った者（当該紛失、盗難又は滅失に係る旧法第七条第一項の規定による登録証明書の再交付の申請をした者を除く。）については、新法第七条第一項中「その事実を知つたときから十四日以内」とあるのは、「外国人登録法の一部を改正する法律（平成十一年法律第百三十四号）の施行の日から十四日以内」とする。

② 旧法第十一条第一項に規定する五回目の誕生日（同条第三項の規定による指定がされた場合にあっては、当該指定に係る日）がこの法律の施行前三十日以内に到来した者（当該誕生日又は指定に係る日に係る同条第一項の規定による確認の申請をした者を除く。）については、新法第十一条第一項中「第四条第一項の登録を受けた日（第六条第三項、第六条の二第四項若しくは第七条第三項の確認又はこの項若しくは次項の申請に基づく確認（第三項において「登録後の確認」という。）を受けた場合には、最後に確認を受けた日。この項において「登録等を受けた日」という。）の後の当該外国人の五回目（登録等を受けた日に当該外国人が永住者又は特別永住者であるときは、七回目）の誕生日（当該外国人の誕生日が二月二十九日であるときは、当該外国人の誕生日は二月二十八日であるものとみなす。）から三十日以内」とあるのは、「外国人登録法の一部を改正する法律の施行の日から三十日以内」とし、新法第十一条第三項の規定は、適用しない。

**（罰則に関する経過措置）**

**第七条** この法律の施行前にした行為に対する罰則の適用については、なお従前の例による。

**（家族事項の登録に関する特例）**

**第八条** 市町村の長は、この法律の施行の際現に、入管法の規定により一年未満の在留期間を決定され、その期間内にある者（在留期間の更新又は在留資格の変更により、当初の在留期間の始期から起算して一年以上本邦に在留することとなった者を除く。以下「一年未満在留者」という。）、入管法別表第二の上欄の永住者の在留資格をもって在留する者（以下「永住者」という。）及び日本国との平和条約に基づき日本の国籍を離脱した者等の出入国管理に関する特例法（平成三年法律第七十一号。以下「平和条約国籍離脱者等入管特例法」という。）に定める特別永住者（以下「特別永住者」という。）として本邦で永住する者以外の外国人については、新法第三条第一項又は第九条の三第一項の申請があった場合のほか、新法第六条第一項、第六条の二第一項若しくは第二項、第七条第一項又は第十一条第一項若しくは第二項の申請のうちこの法律の施行後における最初の申請があったとき（当該外国人が既に旧法第四条第一項第十八号及び第十九号に掲げる事項の登録を受けているときを除く。）は、新法第四条第一項第十八号及び第十九号に掲げる事項を登録原票に登録するものとする。

**（職業等の消除に係る特例）**

**第九条** 市町村の長は、永住者又は特別永住者から新法第六条第一項、第六条の二第一項若しくは第二項、第七条第一項又は第十一条第一項若しくは第二項の申請のうちこの法律の施行後における最初の申請があったときは、当該外国人に係る登録原票に登録された新法第四条第一項第九号及び第二十号に掲げる事項を消除するものとする。

**（在留の資格等の変更登録に関する特例）**

**第十条**① この法律の施行前十四日以内に入管法第二十二条（入管法第二十二条の二第四項（入管法第二十二条の三において準用する場合を含む。）において準用する場合を含む。）の規定による許可又は平和条約国籍離脱者等入管特例法第四条若しくは第五条の許可を受けた外国人（次項に規定する者又は旧法第九条の二第一項の申請をした者を除く。）については、新法第九条第一項中「その変更を生じた日から十四日以内」とあるのは、「外国人登録法の一部を改正する法律の施行の日から十四日以内」とする。この場合において、市町村の長は、新法第四条第一項第十八号及び第十九号に掲げる事項を登録原票に登録するものとする。

② 一年未満在留者で、この法律の施行前十四日以内に、在留期間の更新又は在留資格の変更により、当初の在留期間の始期から起算して一年以上本邦に在留することとなったもの（旧法第四条第一項第十三号又は第十四号に掲げる事項に係る旧法第九条第一項又は第九条の二第一項の申請をした者を除く。）については、新法第九条の三第一項中「在留の資格又は在留期間に変更を生じた日から十四日以内」とあるのは、「外国人登録法の一部を改正する法律の施行の日から十四日以内」とする。

**（登録証明書の切替交付の特例）**

**第十一条**　永住者及び特別永住者以外の外国人で旧法第十四条第八項の規定に基づき登録原票又は指紋原紙に押した指紋が転写されている登録証明書を所持するものについては、附則第六条第二項の規定によるほか、次に定めるところによる。

一　新法第十一条第一項中「第四条第一項の登録を受けた日（第六条第三項、第六条の二第四項若しくは第七条第三項の確認又はこの項若しくは次項の申請に基づく確認（第三項において「登録後の確認」という。）を受けた場合には、最後に確認を受けた日。この項において「登録等を受けた日」という。）の後の当該外国人の五回目（登録等を受けた日に当該外国人が永住者又は特別永住者であるときは、七回目）の誕生日（当該外国人の誕生日が二月二十九日であるときは、当該外国人の誕生日は二月二十八日であるものとみなす。）から三十日以内」とあるのは、「外国人登録法の一部を改正する法律の施行の日から、旧法第四条第一項の登録を受けた日（旧法第六条第三項、第六条の二第四項若しくは第七条第三項の確認又は旧法第十一条第一項若しくは第二項の申請に基づく確認を受けた場合には、最後に確認を受けた日）の後の当該外国人の五回目の誕生日（当該外国人の誕生日が二月二十九日であるときは、当該外国人の誕生日は二月二十八日であるものとみなす。）から三十日を経過した日までの間」とする。

二　旧法第十一条第三項の規定による指定であって附則第四条第三項の規定によりなお効力を有することとされるものを受けている者については、新法第十一条第一項の申請をしなければならない期間は、前号によって読み替えた同項の規定及び同条第三項の規定にかかわらず、施行日から、当該指定に係る日から三十日を経過した日までの間とする。

**（事務の区分）**

**第十一条の二**　附則第八条、第九条及び第十条第一項の規定により市町村が処理することとされている事務は、地方自治法第二条第九項第一号に規定する第一号法定受託事務とする。

**附　則（平成一六年一二月三日法律第一五二号）　抄**

**（施行期日）**

**第一条**　この法律は、公布の日から起算して一年を超えない範囲内において政令で定める日から施行する。

**（罰則の適用に関する経過措置）**

**第三十九条**　この法律の施行前にした行為及びこの附則の規定によりなお従前の例によることとされる場合におけるこの法律の施行後にした行為に対する罰則の適用については、なお従前の例による。

**（政令への委任）**

**第四十条**　附則第三条から第十条まで、第二十九条及び前二条に規定するもののほか、この法律の施行に関し必要な経過措置は、政令で定める。

**◇附属及び関係法令**

外国人登録法施行令　〔平成四・一〇・一四　政　三三九〕
外国人登録法施行規則　〔平成四・一一・二七　法務　三六〕
住民基本台帳法　〔昭和四二・七・二五　法務　八一〕
地方公共団体の特定の事務の郵便局における取扱いに関する法律　〔平成一三・一二・一六　法　一二〇〕

# 出入国管理及び難民認定法

（昭和二十六年十月四日政令第三百十九号）

改正：昭和二七法一二六・法二六八、昭和二八法二一四、昭和二九法七一・法一六三・法一六四、昭和三〇法六六、昭和三三法六・法一七・法一五四、昭和三七法一四〇・法一六一、昭和四〇法四七、昭和四六法一三〇、昭和五〇法八五、八五・昭和五六法八五・法八六、昭和五七法七五、昭和五八法七八、昭和六〇法九七、昭和六二法九八、平成一法二・法七九、平成二法三三、七一・平成三法七一・法九四、平成七法九四、平成八法二八、平成九法四二、平成一〇法五七・法一〇一・法一一四、平成一一法八七・法一三四・法一三五・法一六〇、平成一三法一三六、平成一五法六五、平成一六法七三、平成一七法五〇・法六六

内閣は、ポツダム宣言の受諾に伴い発する命令に関する件（昭和二十年勅令第五百四十二号）に基き、この政令を制定する。

## 第一章　総則

**（目的）**

**第一条**　出入国管理及び難民認定法は、本邦に入国し、又は本邦から出国するすべての人の出入国の公正な管理を図るとともに、難民の認定手続を整備することを目的とする。

**（定義）**

**第二条**　出入国管理及び難民認定法及びこれに基づく命令において、次の各号に掲げる用語の意義は、それぞれ当該各号に定めるところによる。

一　削除

二　外国人　日本の国籍を有しない者をいう。

三　乗員　船舶又は航空機（以下「船舶等」という。）の乗組員をいう。

三の二　難民　難民の地位に関する条約（以下「難民条約」という。）第一条の規定又は難民の地位に関する議定書第一条の規定により難民条約の適用を受ける難民をいう。

四　日本国領事官等　外国に駐在する日本国の大使、公使又は領事官をいう。

五　旅券　次に掲げる文書をいう。

イ　日本国政府、日本国政府の承認した外国政府又は権限のある国際機関の発行した旅券又は難民旅行証明書その他当該旅券に代わる証明書（日本国領事官等の発行した渡航証明書を含む。）

ロ　政令で定める地域の権限のある機関の発行したイに掲げる文書に相当する文書

六　乗員手帳　権限のある機関の発行した船員手帳その他乗員に係るこれに準ずる文書をいう。

七　人身取引等　次に掲げる行為をいう。

イ　営利、わいせつ又は生命若しくは身体に対する加害の目的で、人を略取し、誘拐し、若しくは売買し、又は略取され、誘拐され、若しくは売買された者を引き渡し、収受し、輸送し、若しくは蔵匿すること。

ロ　イに掲げるもののほか、営利、わいせつ又は生命若しくは身体に対する加害の目的で、十八歳未満の者を自己の支配下に置くこと。

ハ　イに掲げるもののほか、十八歳未満の者が営利、わいせつ若しくは生命若しくは身体に対する加害の目的を有する者の支配下に置かれ、又はそのおそれがあることを知りながら、当該十八歳未満の者を引き渡すこと。

八　出入国港　外国人が出入国すべき港又は飛行場で法務省令で定めるものをいう。

九　運送業者　本邦と本邦外の地域との間において船舶等により人又は物を運送する事業を営む者をいう。

十　入国審査官　第六十一条の三に定める入国審査官をいう。

十一　主任審査官　上級の入国審査官で法務大臣が指定するものをいう。

十二　特別審理官　口頭審理を行わせるため法務大臣が指定する入国審査官をいう。

十二の二　難民調査官　第六十一条の三第二項第二号（第六十一条の二の八第二項において準用する第二十二条の四第二項に係る部分に限る。）及び第六号（第六十一条の二の十四第一項に係る部分に限る。）に掲げる事務を行わせるため法務大臣が指定する入国審査官をいう。

十三　入国警備官　第六十一条の三の二に定める入国警備官をいう。

十四　違反調査　入国警備官が行う外国人の入国、上陸又は在留に関す

る違反事件の調査をいう。

十五　入国者収容所　法務省設置法（平成十一年法律第九十三号）第十三条に定める入国者収容所をいう。

十六　収容場　第六十一条の六に定める収容場をいう。

**（在留資格及び在留期間）**

**第二条の二**① 本邦に在留する外国人は、出入国管理及び難民認定法及び他の法律に特別の規定がある場合を除き、それぞれ、当該外国人に対する上陸許可若しくは当該外国人の取得に係る在留資格又はそれらの変更に係る在留資格をもつて在留するものとする。

② 在留資格は、別表第一又は別表第二の上欄に掲げるとおりとし、別表第一の上欄の在留資格をもつて在留する者は当該在留資格に応じそれぞれ本邦において同表の下欄に掲げる活動を行うことができ、別表第二の上欄の在留資格をもつて在留する者は当該在留資格に応じそれぞれ本邦において同表の下欄に掲げる身分若しくは地位を有する者としての活動を行うことができる。

③ 第一項の外国人が在留することのできる期間（以下「在留期間」という。）は、各在留資格について、法務省令で定める。この場合において、外交、公用及び永住者の在留資格以外の在留資格に伴う在留期間は、三年を超えることができない。

## 第二章　入国及び上陸

### 第一節　外国人の入国

**（外国人の入国）**

**第三条**① 次の各号のいずれかに該当する外国人は、本邦に入つてはならない。

一　有効な旅券を所持しない者（有効な乗員手帳を所持する乗員を除く。）

二　入国審査官から上陸許可の証印又は上陸の許可（以下「上陸の許可等」という。）を受けないで本邦に上陸する目的を有する者（前号に掲げる者を除く。）

② 本邦において乗員となる外国人は、前項の規定の適用については、乗員とみなす。

### 第二節　外国人の上陸

**第四条**　削除

**（上陸の拒否）**

**第五条**① 次の各号のいずれかに該当する外国人は、本邦に上陸することができない。

一　感染症の予防及び感染症の患者に対する医療に関する法律（平成十年法律第百十四号）に定める一類感染症、二類感染症若しくは指定感染症（同法第七条の規定に基づき、政令で定めるところにより、同法第十九条又は第二十条の規定を準用するものに限る。）の患者（同法第八条の規定により一類感染症、二類感染症又は指定感染症の患者とみなされる者を含む。）又は新感染症の所見がある者

二　精神上の障害により事理を弁識する能力を欠く常況にある者又はその能力が著しく不十分な者で、本邦におけるその活動又は行動を補助する者として法務省令で定めるものが随伴しないもの

三　貧困者、放浪者等で生活上国又は地方公共団体の負担となるおそれのある者

四　日本国又は日本国以外の国の法令に違反して、一年以上の懲役若しくは禁錮又はこれらに相当する刑に処せられたことのある者。ただし、政治犯罪により刑に処せられた者は、この限りでない。

五　麻薬、大麻、あへん、覚せい剤又は向精神薬の取締りに関する日本国又は日本国以外の国の法令に違反して刑に処せられたことのある者

五の二　国際的規模若しくはこれに準ずる規模で開催される競技会若しくは国際的規模で開催される会議（以下「国際競技会等」という。）の経過若しくは結果に関連して、又はその円滑な実施を妨げる目的をもつて、人を殺傷し、人に暴行を加え、人を脅迫し、又は建造物その他の物を損壊したことにより、日本国若しくは日本国以外の国の法令に違反して刑に処せられ、又は出入国管理及び難民認定法の規定により本邦からの退去を強制され、若しくは日本国以外の国の法令の規定によりその国から退去させられた者であつて、本邦において行われる国際競技会等の経過若しくは結果に関連して、又はその円滑な実施を妨げる目的をもつて、当該国際競技会等の開催場所又はその所在する市町村（東京都の特別区の存する区域及び地方自治法（昭和二十二年法律第六十七号）第二百五十二条の十九第一項の指定都市にあつては、区）の区域内若しくはその近傍の不特定若しくは多数の者の用に供される場所において、人を殺傷し、人に暴行を加え、人を脅迫し、又は建造物その他の物を損壊するおそれのあるもの

六　麻薬及び向精神薬取締法（昭和二十八年法律第十四号）に定める麻薬若しくは向精神薬、大麻取締法（昭和二十三年法律第百二十四号）に定める大麻、あへん法（昭和二十九年法律第七十一号）に定めるけし、あへん若しくはけしがら、覚せい剤取締法（昭和二十六年法律第二百五十二号）に定める覚せい剤若しくは覚せい剤原料又はあへん煙を吸食する器具を不法に所持する者

七　売春又はその周旋、勧誘、その場所の提供その他売春に直接に関係がある業務に従事したことのある者（人身取引等により他人の支配下に置かれていた者が当該業務に従事した場合を除く。）

七の二　人身取引等を行い、唆し、又はこれを助けた者

八　銃砲刀剣類所持等取締法（昭和三十三年法律第六号）に定める銃砲若しくは刀剣類又は火薬類取締法（昭和二十五年法律第百四十九号）に定める火薬類を不法に所持する者

九　次のイからニまでに掲げる者で、それぞれ当該イからニまでに定める期間を経過していないもの

イ　第六号又は前号の規定に該当して上陸を拒否された者　拒否された日から一年

ロ　第二十四条各号（第四号オからヨまで及び第四号の三を除く。）のいずれかに該当して本邦からの退去を強制された者で、その退去の日前に本邦からの退去を強制されたこと及び第五十五条の三第一項の規定による出国命令により出国したことのないもの　退去した日から五年

ハ　第二十四条各号（第四号オからヨまで及び第四号の三を除く。）のいずれかに該当して本邦からの退去を強制された者（ロに掲げる者を除く。）　退去した日から十年

ニ　第五十五条の三第一項の規定による出国命令により出国した者　出国した日から一年

九の二　別表第一の上欄の在留資格をもつて本邦に在留している間に刑法（明治四十年法律第四十五号）第二編第十二章、第十六章から第十九章まで、第二十三章、第二十六章、第二十七章、第三十一章、第三十三章、第三十六章、第三十七章若しくは第三十九章の罪、暴力行為等処罰に関する法律（大正十五年法律第六十号）第一条、第一条ノ二若しくは第一条ノ三（刑法第二百二十二条又は第二百六十一条に係る部分を除く。）の罪、盗犯等の防止及び処分に関する法律（昭和五年法律第九号）の罪又は特殊開錠用具の所持の禁止等に関する法律（平成十五年法律第六十五号）第十五条若しくは第十六条の罪により懲役又は禁錮に処する判決の宣告を受けた者で、その後出国して本邦外にある間にその判決が確定し、確定の日から五年を経過していないもの

十　第二十四条第四号オからヨまでのいずれかに該当して本邦からの退去を強制された者

十一　日本国憲法又はその下に成立した政府を暴力で破壊することを企て、若しくは主張し、又はこれを企て若しくは主張する政党その他の団体を結成し、若しくはこれに加入している者

十二　次に掲げる政党その他の団体を結成し、若しくはこれに加入し、又はこれと密接な関係を有する者

イ　公務員であるという理由により、公務員に暴行を加え、又は公務員を殺傷することを勧奨する政党その他の団体

ロ　公共の施設を不法に損傷し、又は破壊することを勧奨する政党その他の団体

ハ　工場事業場における安全保持の施設の正常な維持又は運行を停廃し、又は妨げるような争議行為を勧奨する政党その他の団体

十三　第十一号又は前号に規定する政党その他の団体の目的を達するため、印刷物、映画その他の文書図画を作成し、頒布し、又は展示することを企てる者

十四　前各号に掲げる者を除くほか、法務大臣において日本国の利益又は公安を害する行為を行うおそれがあると認めるに足りる相当の理由がある者

②　法務大臣は、本邦に上陸しようとする外国人が前項各号のいずれにも該当しない場合でも、その者の国籍又は市民権の属する国が同項各号以外の事由により日本人の上陸を拒否するときは、同一の事由により当該外国人の上陸を拒否することができる。

## 第三章　上陸の手続

### 第一節　上陸のための審査

**（上陸の申請）**

**第六条**①　本邦に上陸しようとする外国人（乗員を除く。以下この節において同じ。）は、有効な旅券で日本国領事官等の査証を受けたものを所

持しなければならない。ただし、国際約束若しくは日本国政府が外国政府に対して行つた通告により日本国領事官等の査証を必要としないこととされている外国人の旅券、第二十六条の規定による再入国の許可を受けている者の旅券又は第六十一条の二の十二の規定による難民旅行証明書の交付を受けている者の当該証明書には、日本国領事官等の査証を要しない。

② 前項本文の外国人は、その者が上陸しようとする出入国港において、法務省令で定める手続により、入国審査官に対し上陸の申請をして、上陸のための審査を受けなければならない。

**（入国審査官の審査）**

**第七条**① 入国審査官は、前条第二項の申請があつたときは、当該外国人が次の各号（第二十六条第一項の規定により再入国の許可を受け又は第六十一条の二の十二第一項の規定により交付を受けた難民旅行証明書を所持して上陸する外国人については、第一号及び第四号）に掲げる上陸のための条件に適合しているかどうかを審査しなければならない。

一 その所持する旅券及び、査証を必要とする場合には、これに与えられた査証が有効であること。

二 申請に係る本邦において行おうとする活動が虚偽のものでなく、別表第一の下欄に掲げる活動（五の表の下欄に掲げる活動については、法務大臣があらかじめ告示をもつて定める活動に限る。）又は別表第二の下欄に掲げる身分若しくは地位（永住者の項の下欄に掲げる地位を除き、定住者の項の下欄に掲げる地位については法務大臣があらかじめ告示をもつて定めるものに限る。）を有する者としての活動のいずれかに該当し、かつ、別表第一の二の表及び四の表の下欄に掲げる活動を行おうとする者については我が国の産業及び国民生活に与える影響その他の事情を勘案して法務省令で定める基準に適合すること。

三 申請に係る在留期間が第二条の二第三項の規定に基づく法務省令の規定に適合するものであること。

四 当該外国人が第五条第一項各号のいずれにも該当しないこと。

② 前項の審査を受ける外国人は、同項に規定する上陸のための条件に適合していることを自ら立証しなければならない。

③ 法務大臣は、第一項第二号の法務省令を定めようとするときは、あらかじめ、関係行政機関の長と協議するものとする。

**（在留資格認定証明書）**

**第七条の二**① 法務大臣は、法務省令で定めるところにより、本邦に上陸しようとする外国人（本邦において別表第一の三の表の短期滞在の項の下欄に掲げる活動を行おうとする者を除く。）から、あらかじめ申請があつたときは、当該外国人が前条第一項第二号に掲げる条件に適合している旨の証明書を交付することができる。

② 前項の申請は、当該外国人を受け入れようとする機関の職員その他の法務省令で定める者を代理人としてこれをすることができる。

**（船舶等への乗込）**

**第八条** 入国審査官は、第七条第一項の審査を行う場合には、船舶等に乗り込むことができる。

**（上陸許可の証印）**

**第九条**① 入国審査官は、審査の結果、外国人が第七条第一項に規定する上陸のための条件に適合していると認定したときは、当該外国人の旅券に上陸許可の証印をしなければならない。

② 前項の場合において、第五条第一項第一号又は第二号の規定に該当するかどうかの認定は、厚生労働大臣又は法務大臣の指定する医師の診断を経た後にしなければならない。

③ 第一項の証印をする場合には、入国審査官は、当該外国人の在留資格及び在留期間を決定し、旅券にその旨を明示しなければならない。ただし、当該外国人が第二十六条第一項の規定により再入国の許可を受けて、又は第六十一条の二の十二第一項の規定により交付を受けた難民旅行証明書を所持して上陸するものである場合は、この限りでない。

④ 第一項の規定により上陸許可の証印をする場合を除き、入国審査官は、次条の規定による口頭審理を行うため、当該外国人を特別審理官に引き渡さなければならない。

⑤ 外国人は、第四節に特別の規定がある場合を除き、第一項、次条第七項又は第十一条第四項の規定による上陸許可の証印を受けなければ上陸してはならない。

### 第二節 口頭審理及び異議の申出

**（口頭審理）**

**第十条**① 特別審理官は、前条第四項の規定による引渡を受けたときは、当該外国人に対し、すみやかに口頭審理を行わなければならない。

② 特別審理官は、口頭審理を行つた場合には、口頭審理に関する記録を作成しなければならない。

③ 当該外国人又はその者の出頭させる代理人は、口頭審理に当つて、証拠を提出し、及び証人を尋問することができる。

④ 当該外国人は、特別審理官の許可を受けて、親族又は知人の一人を立ち会わせることができる。

⑤ 特別審理官は、職権に基き、又は当該外国人の請求に基き、法務省令で定める手続により、証人の出頭を命じて、宣誓をさせ、証言を求めることができる。

⑥ 特別審理官は、口頭審理に関し必要がある場合には、公務所又は公私の団体に照会して必要な事項の報告を求めることができる。

⑦ 特別審理官は、口頭審理の結果、当該外国人が第七条第一項に規定する上陸のための条件に適合していると認定したときは、直ちにその者の旅券に上陸許可の証印をしなければならない。

⑧ 前条第三項の規定は、前項の証印をする場合に準用する。

⑨ 特別審理官は、口頭審理の結果、当該外国人が第七条第一項に規定する上陸のための条件に適合していないと認定したときは、当該外国人に対し、速やかに理由を示してその旨を知らせるとともに、次条の規定により異議を申し出ることができる旨を知らせなければならない。

⑩ 前項の通知を受けた場合において、当該外国人が同項の認定に服したときは、特別審理官は、その者に対し、異議を申し出ない旨を記載した文書に署名させ、本邦からの退去を命ずるとともに、当該外国人が乗つてきた船舶等の長又はその船舶等を運航する運送業者にその旨を通知しなければならない。

**(異議の申出)**

**第十一条**① 前条第九項の通知を受けた外国人は、同項の認定に異議があるときは、その通知を受けた日から三日以内に、法務省令で定める手続により、不服の事由を記載した書面を主任審査官に提出して、法務大臣に対し異議を申し出ることができる。

② 主任審査官は、前項の異議の申出があつたときは、前条第二項の口頭審理に関する記録その他の関係書類を法務大臣に提出しなければならない。

③ 法務大臣は、第一項の規定による異議の申出を受理したときは、異議の申出が理由があるかどうかを裁決して、その結果を主任審査官に通知しなければならない。

④ 主任審査官は、法務大臣から異議の申出が理由があると裁決した旨の通知を受けたときは、直ちに当該外国人の旅券に上陸許可の証印をしなければならない。

⑤ 第九条第三項の規定は、前項の証印をする場合に準用する。

⑥ 主任審査官は、法務大臣から異議の申出が理由がないと裁決した旨の通知を受けたときは、速やかに当該外国人に対しその旨を知らせて、本邦からの退去を命ずるとともに、当該外国人が乗つてきた船舶等の長又はその船舶等を運航する運送業者にその旨を知らせなければならない。

**(法務大臣の裁決の特例)**

**第十二条**① 法務大臣は、前条第三項の裁決に当たつて、異議の申出が理由がないと認める場合でも、当該外国人が次の各号のいずれかに該当するときは、その者の上陸を特別に許可することができる。

一 再入国の許可を受けているとき。

二 人身取引等により他人の支配下に置かれて本邦に入つたものであるとき。

三 その他法務大臣が特別に上陸を許可すべき事情があると認めるとき。

② 前項の許可は、前条第四項の適用については、異議の申出が理由がある旨の裁決とみなす。

### 第三節　仮上陸等

**(仮上陸の許可)**

**第十三条**① 主任審査官は、この章に規定する上陸の手続中において特に必要があると認める場合には、その手続が完了するときまでの間、当該外国人に対し仮上陸を許可することができる。

② 前項の許可を与える場合には、主任審査官は、当該外国人に仮上陸許可書を交付しなければならない。

③ 第一項の許可を与える場合には、主任審査官は、当該外国人に対し、法務省令で定めるところにより、住居及び行動範囲の制限、呼出しに対する出頭の義務その他必要と認める条件を付し、かつ、二百万円を超えない範囲内で法務省令で定める額の保証金を本邦通貨又は外国通貨で納付させることができる。

④ 前項の保証金は、当該外国人が第十条第七項若しくは第十一条第四項の規定により上陸許可の証印を受けたとき、又は第十条第十項若しくは第十一条第六項の規定により本邦からの退去を命ぜられたときは、その者に返還しなければならない。

⑤　主任審査官は、第一項の許可を受けた外国人が第三項の規定に基き附された条件に違反した場合には、法務省令で定めるところにより、逃亡し、又は正当な理由がなくて呼出に応じないときは同項の保証金の全部、その他のときはその一部を没取するものとする。

⑥　主任審査官は、第一項の許可を受けた外国人が逃亡する虞があると疑うに足りる相当の理由があるときは、収容令書を発付して入国警備官に当該外国人を収容させることができる。

⑦　第四十条から第四十二条第一項までの規定は、前項の規定による収容に準用する。この場合において、第四十条中「前条第一項の収容令書」とあるのは「第十三条第六項の収容令書」と、「容疑者」とあるのは「仮上陸の許可を受けた外国人」と、「容疑事実の要旨」とあるのは「収容すべき事由」と、第四十一条第一項中「三十日以内とする。但し、主任審査官は、やむを得ない事由があると認めるときは、三十日を限り延長することができる。」とあるのは「第三章に規定する上陸の手続が完了するまでの間において、主任審査官が必要と認める期間とする。」と、同条第三項及び第四十二条第一項中「容疑者」とあるのは「仮上陸の許可を受けた外国人」と読み替えるものとする。

**（退去命令を受けた者がとどまることができる場所）**

**第十三条の二**①　特別審理官又は主任審査官は、それぞれ第十条第十項又は第十一条第六項の規定により退去を命ずる場合において、当該外国人が船舶等の運航の都合その他その者の責めに帰することができない事由により直ちに本邦から退去することができないと認めるときは、法務省令で定めるところにより、当該外国人に対して、その指定する期間内に限り、出入国港の近傍にあるその指定する施設にとどまることを許すことができる。

②　特別審理官又は主任審査官は、前項の指定をしたときは、当該外国人及びその者が乗つてきた船舶等の長又はその船舶等を運航する運送業者に対しその旨を通知しなければならない。

### 第四節　上陸の特例

**（寄港地上陸の許可）**

**第十四条**①　入国審査官は、船舶等に乗つている外国人で、本邦を経由して本邦外の地域に赴こうとするもの（乗員を除く。）が、その船舶等の寄港した出入国港から出国するまでの間七十二時間の範囲内で当該出入国港の近傍に上陸することを希望する場合において、その者につき、その船舶等の長又はその船舶等を運航する運送業者の申請があつたときは、当該外国人に対し寄港地上陸を許可することができる。ただし、第五条第一項各号の一に該当する者に対しては、この限りでない。

②　前項の許可を与える場合には、入国審査官は、当該外国人の所持する旅券に寄港地上陸の許可の証印をしなければならない。

③　第一項の許可を与える場合には、入国審査官は、法務省令で定めるところにより、当該外国人に対し、上陸時間、行動の範囲その他必要と認める制限を付することができる。

**（通過上陸の許可）**

**第十五条**①　入国審査官は、船舶に乗つている外国人（乗員を除く。）が、船舶が本邦にある間、臨時観光のため、その船舶が寄港する本邦の他の出入国港でその船舶に帰船するように通過することを希望する場合において、その者につき、その船舶の船長又はその船舶を運航する運送業者の申請があつたときは、当該外国人に対し通過上陸を許可することができる。

②　入国審査官は、船舶等に乗つている外国人で、本邦を経由して本邦外の地域に赴こうとするもの（乗員を除く。）が、上陸後三日以内にその入国した出入国港の周辺の他の出入国港から他の船舶等で出国するため、通過することを希望する場合において、その者につき、その船舶等の長又はその船舶等を運航する運送業者の申請があつたときは、当該外国人に対し通過上陸を許可することができる。

③　前二項の許可を与える場合には、入国審査官は、当該外国人の所持する旅券に通過上陸の許可の証印をしなければならない。

④　第一項又は第二項の許可を与える場合には、入国審査官は、法務省令で定めるところにより、当該外国人に対し、上陸期間、通過経路その他必要と認める制限を付することができる。

⑤　前条第一項ただし書の規定は、第一項又は第二項の場合に準用する。

**（乗員上陸の許可）**

**第十六条**①　入国審査官は、外国人である乗員（本邦において乗員となる者を含む。以下この条において同じ。）が、船舶等の乗換え（船舶等への乗組みを含む。）、休養、買物その他これらに類似する目的をもつて十五日を超えない範囲内で上陸を希望する場合において、法務省令で定める手続により、その者につき、その者が乗り組んでいる船舶等（その者が乗り組むべき船舶等を含む。）の長又はその船舶等を運航する運送業者の申請があつたときは、当該乗員に対し乗員上陸を許可することができる。

② 入国審査官は、次の各号の一に該当する場合において相当と認めるときは、当該各号に規定する乗員に対し、その旨の乗員上陸の許可をすることができる。

一 本邦と本邦外の地域との間の航路に定期に就航する船舶その他頻繁に本邦の出入国港に入港する船舶の外国人である乗員が、許可を受けた日から一年間、数次にわたり、休養、買物その他これらに類似する目的をもつて当該船舶が本邦にある間上陸することを希望する場合であつて、法務省令で定める手続により、その者につき、その者が乗り組んでいる船舶の長又はその船舶を運航する運送業者から申請があつたとき。

二 本邦と本邦外の地域との間の航空路に定期に航空機を就航させている運送業者に所属する外国人である乗員が、許可を受けた日から一年間、数次にわたり、その都度、同一の運送業者の運航する航空機の乗員として同一の出入国港から出国することを条件として休養、買物その他これらに類似する目的をもつて本邦に到着した日から十五日を超えない範囲内で上陸することを希望する場合であつて、法務省令で定める手続により、その者につき、当該運送業者から申請があつたとき。

③ 前二項の許可を与える場合には、入国審査官は、当該乗員に乗員上陸許可書を交付しなければならない。

④ 第一項の許可を与える場合には、入国審査官は、法務省令で定めるところにより、当該乗員に対し、上陸期間、行動範囲（通過経路を含む。）その他必要と認める制限を付し、かつ、必要があると認めるときは、指紋を押なつさせることができる。

⑤ 第十四条第一項ただし書の規定は、第一項及び第二項の場合に準用する。

⑥ 入国審査官は、第二項の許可を受けている乗員が、当該許可に基づいて上陸しようとする場合において、当該乗員が第五条第一項各号の一に該当することを知つたときは、直ちに当該許可を取り消すものとする。

⑦ 前項に定める場合を除き、入国審査官は、第二項の許可を受けている乗員に対し、引き続き当該許可を与えておくことが適当でないと認める場合には、法務省令で定める手続により、当該許可を取り消すことができる。この場合において、その乗員が本邦にあるときは、当該乗員が帰船又は出国するために必要な期間を指定するものとする。

**（緊急上陸の許可）**

**第十七条**① 入国審査官は、船舶等に乗つている外国人が疾病その他の事故により治療等のため緊急に上陸する必要を生じたときは、当該外国人が乗つている船舶等の長又はその船舶等を運航する運送業者の申請に基づき、厚生労働大臣又は法務大臣の指定する医師の診断を経て、その事由がなくなるまでの間、当該外国人に対し緊急上陸を許可することができる。

② 前項の許可を与える場合には、入国審査官は、当該外国人に緊急上陸許可書を交付しなければならない。

③ 第一項の許可があつたときは、同項の船舶等の長又は運送業者は、緊急上陸を許可された者の生活費、治療費、葬儀費その他緊急上陸中の一切の費用を支弁しなければならない。

**（遭難による上陸の許可）**

**第十八条**① 入国審査官は、遭難船舶等がある場合において、当該船舶等に乗つていた外国人の救護のためその他緊急の必要があると認めたときは、水難救護法（明治三十二年法律第九十五号）の規定による救護事務を行う市町村長、当該外国人を救護した船舶等の長、当該遭難船舶等の長又は当該遭難船舶等に係る運送業者の申請に基づき、当該外国人に対し遭難による上陸を許可することができる。

② 入国審査官は、警察官又は海上保安官から前項の外国人の引渡しを受けたときは、同項の規定にかかわらず、直ちにその者に対し遭難による上陸を許可するものとする。

③ 前二項の許可を与える場合には、入国審査官は、当該外国人に遭難による上陸許可書を交付しなければならない。

④ 第一項又は第二項の許可を与える場合には、入国審査官は、法務省令で定めるところにより、当該外国人に対し、上陸期間、行動の範囲その他必要と認める制限を付することができる。

**（一時庇護のための上陸の許可）**

**第十八条の二**① 入国審査官は、船舶等に乗つている外国人から申請があつた場合において、次の各号に該当すると思料するときは、一時庇護のための上陸を許可することができる。

一 その者が難民条約第一条A（2）に規定する理由その他これに準ずる理由により、その生命、身体又は身体の自由を害されるおそれのあつた領域から逃れて、本邦に入つた者であること。

二 その者を一時的に上陸させることが相当であること。

② 前項の許可を与える場合には、入国審査官は、当該外国人に一時庇護許可書を交付しなければならない。
③ 第一項の許可を与える場合には、入国審査官は、法務省令で定めるところにより、当該外国人に対し、上陸期間、住居及び行動範囲の制限その他必要と認める条件を付し、かつ、必要があると認めるときは、指紋を押なつさせることができる。

## 第四章　在留及び出国

### 第一節　在留、在留資格の変更及び取消し等

**（在留）**
**第十九条**① 別表第一の上欄の在留資格をもつて在留する者は、次項の許可を受けて行う場合を除き、次の各号に掲げる区分に応じ当該各号に掲げる活動を行つてはならない。
一　別表第一の一の表、二の表及び五の表の上欄の在留資格をもつて在留する者　当該在留資格に応じこれらの表の下欄に掲げる活動に属しない収入を伴う事業を運営する活動又は報酬（業として行うものではない講演に対する謝金、日常生活に伴う臨時の報酬その他の法務省令で定めるものを除く。以下同じ。）を受ける活動
二　別表第一の三の表及び四の表の上欄の在留資格をもつて在留する者　収入を伴う事業を運営する活動又は報酬を受ける活動
② 法務大臣は、別表第一の上欄の在留資格をもつて在留する者から、法務省令で定める手続により、当該在留資格に応じ同表の下欄に掲げる活動の遂行を阻害しない範囲内で当該活動に属しない収入を伴う事業を運営する活動又は報酬を受ける活動を行うことを希望する旨の申請があつた場合において、相当と認めるときは、これを許可することができる。
③ 第十六条から第十八条までに規定する上陸の許可を受けた外国人である乗員は、解雇により乗員でなくなつても、本邦にある間は、引き続き乗員とみなす。

**（就労資格証明書）**
**第十九条の二**① 法務大臣は、本邦に在留する外国人から申請があつたときは、法務省令で定めるところにより、その者が行うことができる収入を伴う事業を運営する活動又は報酬を受ける活動を証明する文書を交付することができる。
② 何人も、外国人を雇用する等に際し、その者が行うことができる収入を伴う事業を運営する活動又は報酬を受ける活動が明らかな場合に、当該外国人が前項の文書を提示し又は提出しないことを理由として、不利益な取扱いをしてはならない。

**（在留資格の変更）**
**第二十条**① 在留資格を有する外国人は、その者の有する在留資格（これに伴う在留期間を含む。以下第三項までにおいて同じ。）の変更（特定活動の在留資格を有する者については、法務大臣が個々の外国人について特に指定する活動の変更を含む。）を受けることができる。
② 前項の規定により在留資格の変更を受けようとする外国人は、法務省令で定める手続により、法務大臣に対し在留資格の変更を申請しなければならない。ただし、永住者の在留資格への変更を希望する場合は、第二十二条第一項の定めるところによらなければならない。
③ 前項の申請があつた場合には、法務大臣は、当該外国人が提出した文書により在留資格の変更を適当と認めるに足りる相当の理由があるときに限り、これを許可することができる。ただし、短期滞在の在留資格をもつて在留する者の申請については、やむを得ない特別の事情に基づくものでなければ許可しないものとする。
④ 法務大臣は、前項の許可をする場合には、入国審査官に、当該許可に係る外国人が旅券を所持しているときは旅券に新たな在留資格及び在留期間を記載させ、旅券を所持していないときは当該外国人に対し新たな在留資格及び在留期間を記載した在留資格証明書を交付させ、又は既に交付を受けている在留資格証明書に新たな在留資格及び在留期間を記載させるものとする。この場合において、その許可は、当該記載又は交付のあつた時に、その記載された内容をもつて効力を生ずる。

**（在留期間の更新）**
**第二十一条**① 本邦に在留する外国人は、現に有する在留資格を変更することなく、在留期間の更新を受けることができる。
② 前項の規定により在留期間の更新を受けようとする外国人は、法務省令で定める手続により、法務大臣に対し在留期間の更新を申請しなければならない。
③ 前項の申請があつた場合には、法務大臣は、当該外国人が提出した文書により在留期間の更新を適当と認めるに足りる相当の理由があるときに限り、これを許可することができる。
④ 法務大臣は、前項の許可をする場合には、入国審査官に、当該許可に

係る外国人が旅券を所持しているときは旅券に新たな在留期間を記載させ、旅券を所持していないときは当該外国人に対し在留資格及び新たな在留期間を記載した在留資格証明書を交付させ、又は既に交付を受けている在留資格証明書に新たな在留期間を記載させるものとする。この場合においては、前条第四項後段の規定を準用する。

**（永住許可）**

**第二十二条①** 在留資格を変更しようとする外国人で永住者の在留資格への変更を希望するものは、法務省令で定める手続により、法務大臣に対し永住許可を申請しなければならない。

② 前項の申請があつた場合には、法務大臣は、その者が次の各号に適合し、かつ、その者の永住が日本国の利益に合すると認めたときに限り、これを許可することができる。ただし、その者が日本人、永住許可を受けている者又は日本国との平和条約に基づき日本の国籍を離脱した者等の出入国管理に関する特例法（平成三年法律第七十一号）に定める特別永住者（以下「特別永住者」という。）の配偶者又は子である場合においては、次の各号に適合することを要しない。

一 素行が善良であること。

二 独立の生計を営むに足りる資産又は技能を有すること。

③ 法務大臣は、前項の許可をする場合には、入国審査官に、当該許可に係る外国人が旅券を所持しているときは旅券に記載された在留資格及び在留期間をまつ消させた上当該旅券に永住許可の証印をさせ、旅券を所持していないときは永住を許可された旨を記載した在留資格証明書を交付させるものとする。この場合において、その許可は、当該証印又は交付のあつた時に、その効力を生ずる。

**（在留資格の取得）**

**第二十二条の二①** 日本の国籍を離脱した者又は出生その他の事由により前章に規定する上陸の手続を経ることなく本邦に在留することとなる外国人は、第二条の二第一項の規定にかかわらず、それぞれ日本の国籍を離脱した日又は出生その他当該事由が生じた日から六十日を限り、引き続き在留資格を有することなく本邦に在留することができる。

② 前項に規定する外国人で同項の期間をこえて本邦に在留しようとするものは、日本の国籍を離脱した日又は出生その他当該事由が生じた日から三十日以内に、法務省令で定めるところにより、法務大臣に対し在留資格の取得を申請しなければならない。

③ 第二十条第三項及び第四項の規定は、前項に規定する在留資格の取得の申請（永住者の在留資格の取得の申請を除く。）の手続に準用する。この場合において、第二十条第三項中「在留資格の変更」とあるのは、「在留資格の取得」と読み替えるものとする。

④ 前条の規定は、第二項に規定する在留資格の取得の申請中永住者の在留資格の取得の申請の手続に準用する。この場合において、前条第一項中「在留資格を変更」とあるのは「在留資格を取得」と、「在留資格への変更」とあるのは「在留資格の取得」と、同条第三項中「旅券に記載された在留資格及び在留期間をまつ消させた上当該旅券に永住許可の証印」とあるのは「旅券に永住許可の証印」と読み替えるものとする。

**第二十二条の三** 前条第二項から第四項までの規定は、第十八条の二第一項に規定する一時庇護のための上陸の許可を受けた外国人で別表第一又は別表第二の上欄の在留資格のいずれかをもつて在留しようとするものに準用する。この場合において、前条第二項中「日本の国籍を離脱した日又は出生その他当該事由が生じた日から三十日以内」とあるのは、「当該上陸の許可に係る上陸期間内」と読み替えるものとする。

**（在留資格の取消し）**

**第二十二条の四①** 法務大臣は、別表第一又は別表第二の上欄の在留資格をもつて本邦に在留する外国人（第六十一条の二第一項の難民の認定を受けている者を除く。）について、次の各号に掲げるいずれかの事実が判明したときは、法務省令で定める手続により、当該外国人が現に有する在留資格を取り消すことができる。

一 偽りその他不正の手段により、当該外国人が第五条第一項各号のいずれにも該当しないものとして、前章第一節又は第二節の規定による上陸許可の証印又は許可を受けたこと。

二 偽りその他不正の手段により、上陸許可の証印等（前章第一節若しくは第二節の規定による上陸許可の証印若しくは許可（在留資格の決定を伴うものに限る。）又はこの節（第十九条第二項を除く。）の規定による許可をいい、これらが二以上ある場合には直近のものをいうものとする。以下この号、次号及び第四号において同じ。）の申請に係る本邦において行おうとする活動が虚偽のものでなく、別表第一の下欄に掲げる活動又は別表第二の下欄に掲げる身分若しくは地位を有する者としての活動のいずれかに該当するものとして、当該上陸許可の証印等を受けたこと。

三 前二号に掲げるもののほか、偽りその他不正の手段により、上陸許可の証印等を受けたこと。

四　前三号に掲げるもののほか、不実の記載のある文書（不実の記載のある文書又は図画の提出又は提示により交付を受けた第七条の二第一項の規定による証明書及び不実の記載のある文書又は図画の提出又は提示により旅券に受けた査証を含む。）又は図画の提出又は提示により、上陸許可の証印等を受けたこと。

五　前各号に掲げるもののほか、別表第一の上欄の在留資格をもつて在留する者が、当該在留資格に応じ同表の下欄に掲げる活動を継続して三月以上行わないで在留していること（当該活動を行わないで在留していることにつき正当な理由がある場合を除く。）。

② 法務大臣は、前項の規定による在留資格の取消しをしようとするときは、その指定する入国審査官に、当該外国人の意見を聴取させなければならない。

③ 法務大臣は、前項の意見の聴取をさせるときは、あらかじめ、意見の聴取の期日及び場所並びに取消しの原因となる事実を当該外国人に通知しなければならない。

④ 当該外国人又はその者の代理人は、前項の期日に出頭して、意見を述べ、及び証拠を提出することができる。

⑤ 法務大臣は、当該外国人が正当な理由がなくて第二項の意見の聴取に応じないときは、同項の規定にかかわらず、意見の聴取を行わないで、第一項の規定による在留資格の取消しをすることができる。

⑥ 法務大臣は、第一項（第三号から第五号までに係るものに限る。）の規定により在留資格を取り消す場合には、三十日を超えない範囲内で当該外国人が出国するために必要な期間を指定するものとする。

⑦ 法務大臣は、前項の規定により期間を指定する場合には、法務省令で定めるところにより、当該外国人に対し、住居及び行動範囲の制限その他必要と認める条件を付することができる。

## 第二節　在留の条件

**（旅券又は許可書の携帯及び呈示）**

**第二十三条**① 本邦に在留する外国人は、常に旅券又は仮上陸許可書、乗員上陸許可書、緊急上陸許可書、遭難による上陸許可書、一時庇護許可書若しくは仮滞在許可書を携帯していなければならない。ただし、外国人登録法（昭和二十七年法律第百二十五号）による外国人登録証明書を携帯する場合は、この限りでない。

② 前項の外国人は、入国審査官、入国警備官、警察官、海上保安官その他法務省令で定める国又は地方公共団体の職員が、その職務の執行に当り、同項の旅券又は許可書の呈示を求めたときは、これを呈示しなければならない。

③ 前項に規定する職員は、第一項の旅券又は許可書の呈示を求める場合には、その身分を示す証票を携帯し、請求があるときは、これを呈示しなければならない。

④ 第一項本文の規定は、十六歳に満たない外国人には適用しない。

**（退去強制）**

**第二十四条**　次の各号のいずれかに該当する外国人については、次章に規定する手続により、本邦からの退去を強制することができる。

一　第三条の規定に違反して本邦に入つた者

二　入国審査官から上陸の許可等を受けないで本邦に上陸した者

二の二　第二十二条の四第一項（第一号又は第二号に係るものに限る。）の規定により在留資格を取り消された者

二の三　第二十二条の四第六項（第六十一条の二の八第二項において準用する場合を含む。）の規定により期間の指定を受けた者で、当該期間を経過して本邦に残留するもの

三　他の外国人に不正に前章第一節若しくは第二節の規定による証明書の交付、上陸許可の証印若しくは許可、同章第四節の規定による上陸の許可、又はこの章の第一節若しくは次章第三節の規定による許可を受けさせる目的で、文書若しくは図画を偽造し、若しくは変造し、虚偽の文書若しくは図画を作成し、又は偽造若しくは変造された文書若しくは図画若しくは虚偽の文書若しくは図画を行使し、所持し、譲渡し、貸与し、若しくはその譲渡若しくは貸与のあつせんをした者

四　本邦に在留する外国人（仮上陸の許可、寄港地上陸の許可、通過上陸の許可、乗員上陸の許可又は遭難による上陸の許可を受けた者を除く。）で次に掲げる者のいずれかに該当するもの

イ　第十九条第一項の規定に違反して収入を伴う事業を運営する活動又は報酬を受ける活動を専ら行つていると明らかに認められる者（人身取引等により他人の支配下に置かれている者を除く。）

ロ　在留期間の更新又は変更を受けないで在留期間を経過して本邦に残留する者

ハ　人身取引等を行い、唆し、又はこれを助けた者

ニ　旅券法（昭和二十六年法律第二百六十七号）第二十三条第一項（第

六号を除く。）から第三項までの罪により刑に処せられた者
ホ　第七十四条から第七十四条の六の三まで又は第七十四条の八の罪により刑に処せられた者
ヘ　外国人登録に関する法令の規定に違反して禁錮以上の刑に処せられた者。ただし、執行猶予の言渡しを受けた者を除く。
ト　少年法（昭和二十三年法律第百六十八号）に規定する少年で昭和二十六年十一月一日以後に長期三年を超える懲役又は禁錮に処せられたもの
チ　昭和二十六年十一月一日以後に麻薬及び向精神薬取締法、大麻取締法、あへん法、覚せい剤取締法、国際的な協力の下に規制薬物に係る不正行為を助長する行為等の防止を図るための麻薬及び向精神薬取締法等の特例等に関する法律（平成三年法律第九十四号）又は刑法第二編第十四章の規定に違反して有罪の判決を受けた者
リ　ホからチまでに規定する者のほか、昭和二十六年十一月一日以後に無期又は一年を超える懲役若しくは禁錮に処せられた者。ただし、執行猶予の言渡しを受けた者を除く。
ヌ　売春又はその周旋、勧誘、その場所の提供その他売春に直接に関係がある業務に従事する者（人身取引等により他人の支配下に置かれている者を除く。）
ル　他の外国人が不法に本邦に入り、又は上陸することをあおり、唆し、又は助けた者
オ　日本国憲法又はその下に成立した政府を暴力で破壊することを企て、若しくは主張し、又はこれを企て若しくは主張する政党その他の団体を結成し、若しくはこれに加入している者
ワ　次に掲げる政党その他の団体を結成し、若しくはこれに加入し、又はこれと密接な関係を有する者
（1）　公務員であるという理由により、公務員に暴行を加え、又は公務員を殺傷することを勧奨する政党その他の団体
（2）　公共の施設を不法に損傷し、又は破壊することを勧奨する政党その他の団体
（3）　工場事業場における安全保持の施設の正常な維持又は運行を停廃し、又は妨げるような争議行為を勧奨する政党その他の団体
カ　オ又はワに規定する政党その他の団体の目的を達するため、印刷物、映画その他の文書図画を作成し、頒布し、又は展示した者
ヨ　イからカまでに掲げる者のほか、法務大臣が日本国の利益又は公安を害する行為を行つたと認定する者
四の二　別表第一の上欄の在留資格をもつて在留する者で、刑法第二編第十二章、第十六章から第十九章まで、第二十三章、第二十六章、第二十七章、第三十一章、第三十三章、第三十六章、第三十七章若しくは第三十九章の罪、暴力行為等処罰に関する法律第一条、第一条ノ二若しくは第一条ノ三（刑法第二百二十二条又は第二百六十一条に係る部分を除く。）の罪、盗犯等の防止及び処分に関する法律の罪又は特殊開錠用具の所持の禁止等に関する法律第十五条若しくは第十六条の罪により懲役又は禁錮に処せられたもの
四の三　短期滞在の在留資格をもつて在留する者で、本邦において行われる国際競技会等の経過若しくは結果に関連して、又はその円滑な実施を妨げる目的をもつて、当該国際競技会等の開催場所又はその所在する市町村（東京都の特別区の存する区域及び地方自治法第二百五十二条の十九第一項の指定都市にあつては、区）の区域内若しくはその近傍の不特定若しくは多数の者の用に供される場所において、不法に、人を殺傷し、人に暴行を加え、人を脅迫し、又は建造物その他の物を損壊したもの
五　仮上陸の許可を受けた者で、第十三条第三項の規定に基づき付された条件に違反して、逃亡し、又は正当な理由がなくて呼出しに応じないもの
五の二　第十条第十項又は第十一条第六項の規定により退去を命ぜられた者で、遅滞なく本邦から退去しないもの
六　寄港地上陸の許可、通過上陸の許可、乗員上陸の許可、緊急上陸の許可、遭難による上陸の許可又は一時庇護のための上陸の許可を受けた者で、旅券又は当該許可書に記載された期間を経過して本邦に残留するもの
六の二　第十六条第七項の規定により期間の指定を受けた者で、当該期間内に帰船し又は出国しないもの
七　第二十二条の二第一項に規定する者で、同条第三項において準用する第二十条第三項及び第四項の規定又は第二十二条の二第四項において準用する第二十二条第二項及び第三項の規定による許可を受けないで、第二十二条の二第一項に規定する期間を経過して本邦に残留するもの
八　第五十五条の三第一項の規定により出国命令を受けた者で、当該出国命令に係る出国期限を経過して本邦に残留するもの

九　第五十五条の六の規定により出国命令を取り消された者
十　第六十一条の二の二第一項若しくは第二項又は第六十一条の二の三の許可を受けて在留する者で、第六十一条の二の七第一項（第一号又は第三号に係るものに限る。）の規定により難民の認定を取り消されたもの

（出国命令）
第二十四条の二　前条第二号の三、第四号ロ又は第六号から第七号までのいずれかに該当する外国人で次の各号のいずれにも該当するもの（以下「出国命令対象者」という。）については、同条の規定にかかわらず、次章第一節から第三節まで及び第五章の二に規定する手続により、出国を命ずるものとする。
一　速やかに本邦から出国する意思をもつて自ら入国管理官署に出頭したこと。
二　前条第三号、第四号ハからヨまで、第八号又は第九号のいずれにも該当しないこと。
三　本邦に入つた後に、刑法第二編第十二章、第十六章から第十九章まで、第二十三章、第二十六章、第二十七章、第三十一章、第三十三章、第三十六章、第三十七章若しくは第三十九章の罪、暴力行為等処罰に関する法律第一条、第一条ノ二若しくは第一条ノ三（刑法第二百二十二条又は第二百六十一条に係る部分を除く。）の罪、盗犯等の防止及び処分に関する法律の罪又は特殊開錠用具の所持の禁止等に関する法律第十五条若しくは第十六条の罪により懲役又は禁錮に処せられたものでないこと。
四　過去に本邦からの退去を強制されたこと又は第五十五条の三第一項の規定による出国命令により出国したことがないこと。
五　速やかに本邦から出国することが確実と見込まれること。

### 第三節　出国

（出国の手続）
第二十五条①　本邦外の地域に赴く意図をもつて出国しようとする外国人（乗員を除き、第二十六条の規定により再入国の許可を受けて出国する外国人を含む。次条において同じ。）は、その者が出国する出入国港において、法務省令で定める手続により、入国審査官から出国の確認を受けなければならない。
②　前項の外国人は、出国の確認を受けなければ出国してはならない。

**（出国確認の留保）**
**第二十五条の二①**　入国審査官は、本邦に在留する外国人が本邦外の地域に赴く意図をもつて出国しようとする場合において、関係機関から当該外国人が次の各号の一に該当する者である旨の通知を受けているときは、前条の出国の確認を受けるための手続がされた時から二十四時間を限り、その者について出国の確認を留保することができる。
一　死刑若しくは無期若しくは長期三年以上の懲役若しくは禁錮に当たる罪につき訴追されている者又はこれらの罪を犯した疑いにより逮捕状、勾引状、勾留状若しくは鑑定留置状が発せられている者
二　禁錮以上の刑に処せられ、その刑につき執行猶予の言渡しを受けなかつた者で、刑の執行を終わるまで、又は執行を受けることがなくなるまでのもの（当該刑につき仮出獄を許されている者を除く。）
三　逃亡犯罪人引渡法（昭和二十八年法律第六十八号）の規定により仮拘禁許可状又は拘禁許可状が発せられている者
②　入国審査官は、前項の規定により出国の確認を留保したときは、直ちに同項の通知をした機関にその旨を通報しなければならない。

**（再入国の許可）**
**第二十六条①**　法務大臣は、本邦に在留する外国人（仮上陸の許可を受けている者及び第十四条から第十八条までに規定する上陸の許可を受けている者を除く。）がその在留期間（在留期間の定めのない者にあつては、本邦に在留し得る期間）の満了の日以前に本邦に再び入国する意図をもつて出国しようとするときは、法務省令で定める手続により、その者の申請に基づき、再入国の許可を与えることができる。この場合において、法務大臣は、その者の申請に基づき、相当と認めるときは、当該許可を数次再入国の許可とすることができる。
②　法務大臣は、前項の許可をする場合には、入国審査官に、当該許可に係る外国人が旅券を所持しているときは旅券に再入国の許可の証印をさせ、旅券を所持していない場合で国籍を有しないことその他の事由で旅券を取得することができないときは、法務省令で定めるところにより、再入国許可書を交付させるものとする。この場合において、その許可は、当該証印又は再入国許可書に記載された日からその効力を生ずる。
③　法務大臣は、再入国の許可（数次再入国の許可を含む。）を与える場合には、当該許可が効力を生ずるものとされた日から三年を超えない範囲内においてその有効期間を定めるものとする。
④　法務大臣は、再入国の許可を受けて出国した者について、当該許可の有効期間内に再入国することができない相当の理由があると認めるとき

は、その者の申請に基づき、一年を超えず、かつ、当該許可が効力を生じた日から四年を超えない範囲内で、当該許可の有効期間の延長の許可をすることができる。

⑤ 前項の許可は、旅券又は再入国許可書にその旨を記載して行うものとし、その事務は、日本国領事官等に委任するものとする。

⑥ 法務大臣は、数次再入国の許可を受けている外国人で再入国したものに対し、引き続き当該許可を与えておくことが適当でないと認める場合には、その者が本邦にある間において、当該許可を取り消すことができる。

⑦ 第二項の規定により交付される再入国許可書は、当該再入国許可書に係る再入国の許可に基づき本邦に入国する場合に限り、旅券とみなす。

## 第五章　退去強制の手続

### 第一節　違反調査

**（違反調査）**

**第二十七条**　入国警備官は、第二十四条各号の一に該当すると思料する外国人があるときは、当該外国人（以下「容疑者」という。）につき違反調査をすることができる。

**（違反調査について必要な取調べ及び報告の要求）**

**第二十八条**① 入国警備官は、違反調査の目的を達するため必要な取調べをすることができる。ただし、強制の処分は、この章及び第八章に特別の規定がある場合でなければすることができない。

② 入国警備官は、違反調査について、公務所又は公私の団体に照会して必要な事項の報告を求めることができる。

**（容疑者の出頭要求及び取調）**

**第二十九条**① 入国警備官は、違反調査をするため必要があるときは、容疑者の出頭を求め、当該容疑者を取り調べることができる。

② 前項の場合において、入国警備官は、容疑者の供述を調書に記載しなければならない。

③ 前項の調書を作成したときは、入国警備官は、容疑者に閲覧させ、又は読み聞かせて、署名をさせ、且つ、自らこれに署名しなければならない。

④ 前項の場合において、容疑者が署名することができないとき、又は署名を拒んだときは、入国警備官は、その旨を調書に附記しなければならない。

**（証人の出頭要求）**

**第三十条**① 入国警備官は、違反調査をするため必要があるときは、証人の出頭を求め、当該証人を取り調べることができる。

② 前項の場合において、入国警備官は、証人の供述を調書に記載しなければならない。

③ 前条第三項及び第四項の規定は、前項の場合に準用する。この場合において、前条第三項及び第四項中「容疑者」とあるのは「証人」と読み替えるものとする。

**（臨検、捜索及び押収）**

**第三十一条**① 入国警備官は、違反調査をするため必要があるときは、その所属官署の所在地を管轄する地方裁判所又は簡易裁判所の裁判官の許可を得て、臨検、捜索又は押収をすることができる。

② 前項の場合において、急速を要するときは、入国警備官は、臨検すべき場所、捜索すべき身体若しくは物件又は押収すべき物件の所在地を管轄する地方裁判所又は簡易裁判所の裁判官の許可を得て、同項の処分をすることができる。

③ 入国警備官は、第一項又は前項の許可を請求しようとするときは、容疑者が第二十四条各号の一に該当すると思料されるべき資料並びに、容疑者以外の者の住居その他の場所を臨検しようとするときは、その場所が違反事件に関係があると認めるに足りる状況があることを認めるべき資料、容疑者以外の者の身体、物件又は住居その他の場所について捜索しようとするときは、押収すべき物件の存在及びその物件が違反事件に関係があると認めるに足りる状況があることを認めるべき資料、容疑者以外の者の物件を押収しようとするときは、その物件が違反事件に関係があると認めるに足りる状況があることを認めるべき資料を添付して、これをしなければならない。

④ 前項の請求があつた場合においては、地方裁判所又は簡易裁判所の裁判官は、臨検すべき場所、捜索すべき身体又は物件、押収すべき物件、請求者の官職氏名、有効期間及び裁判所名を記載し、自ら記名押印した許可状を入国警備官に交付しなければならない。

⑤ 入国警備官は、前項の許可状を他の入国警備官に交付して、臨検、捜索又は押収をさせることができる。

**（必要な処分）**

**第三十二条**　入国警備官は、捜索又は押収をするため必要があるときは、錠をはずし、封を開き、その他必要な処分をすることができる。

**(証票の携帯)**

**第三十三条**　入国警備官は、取調、臨検、捜索又は押収をする場合には、その身分を示す証票を携帯し、関係人の請求があるときは、これを呈示しなければならない。

**(捜索又は押収の立会)**

**第三十四条**　入国警備官は、住居その他の建造物内で捜索又は押収をするときは、所有者、借主、管理者又はこれらの者に代るべき者を立ち会わせなければならない。これらの者を立ち会わせることができないときは、隣人又は地方公共団体の職員を立ち会わせなければならない。

**(時刻の制限)**

**第三十五条**　入国警備官は、日出前、日没後には、許可状に夜間でも執行することができる旨の記載がなければ、捜索又は押収のため、住居その他の建造物内に入つてはならない。

②　入国警備官は、日没前に捜索又は押収に着手したときは、日没後でも、その処分を継続することができる。

③　左の場所で捜索又は押収をするについては、入国警備官は、第一項に規定する制限によることを要しない。

一　風俗を害する行為に常用されるものと認められる場所

二　旅館、飲食店その他夜間でも公衆が出入することができる場所。但し、公開した時間内に限る。

**(出入禁止)**

**第三十六条**　入国警備官は、取調、臨検、捜索又は押収をする間は、何人に対しても、許可を得ないでその場所に出入することを禁止することができる。

**(押収の手続)**

**第三十七条**①　入国警備官は、押収をしたときは、その目録を作り、所有者、所持者若しくは保管者又はこれらの者に代るべき者にこれを交付しなければならない。

②　入国警備官は、押収物について、留置の必要がないと認めたときは、すみやかにこれを還付しなければならない。

**(調書の作成)**

**第三十八条**①　入国警備官は、臨検、捜索又は押収をしたときは、これらに関する調書を作成し、立会人に閲覧させ、又は読み聞かせて、署名をさせ、且つ、自らこれに署名しなければならない。

②　前項の場合において、立会人が署名することができないとき、又は署名を拒んだときは、入国警備官は、その旨を調書に附記しなければならない。

## 第二節　収容

**(収容)**

**第三十九条**①　入国警備官は、容疑者が第二十四条各号の一に該当すると疑うに足りる相当の理由があるときは、収容令書により、その者を収容することができる。

②　前項の収容令書は、入国警備官の請求により、その所属官署の主任審査官が発付するものとする。

**(収容令書の方式)**

**第四十条**　前条第一項の収容令書には、容疑者の氏名、居住地及び国籍、容疑事実の要旨、収容すべき場所、有効期間、発付年月日その他法務省令で定める事項を記載し、且つ、主任審査官がこれに記名押印しなければならない。

**(収容の期間及び場所並びに留置の嘱託)**

**第四十一条**①　収容令書によつて収容することができる期間は、三十日以内とする。但し、主任審査官は、やむを得ない事由があると認めるときは、三十日を限り延長することができる。

②　収容令書によつて収容することができる場所は、入国者収容所、収容場その他法務大臣又はその委任を受けた主任審査官が指定する適当な場所とする。

③　警察官は、主任審査官が必要と認めて依頼したときは、容疑者を警察署に留置することができる。

**(収容の手続)**

**第四十二条**①　入国警備官は、収容令書により容疑者を収容するときは、収容令書を容疑者に示さなければならない。

②　入国警備官は、収容令書を所持しない場合でも、急速を要するときは、容疑者に対し、容疑事実の要旨及び収容令書が発付されている旨を告げて、その者を収容することができる。但し、収容令書は、できるだけすみやかに示さなければならない。

**(要急事件)**

**第四十三条**①　入国警備官は、第二十四条各号の一に明らかに該当する者が収容令書の発付をまつていては逃亡の虞があると信ずるに足りる相当の理由があるときは、収容令書の発付をまたずに、その者を収容することができる。
② 前項の収容を行つたときは、入国警備官は、すみやかにその理由を主任審査官に報告して、収容令書の発付を請求しなければならない。
③ 前項の場合において、主任審査官が第一項の収容を認めないときは、入国警備官は、直ちにその者を放免しなければならない。

**(容疑者の引渡)**

**第四十四条** 入国警備官は、第三十九条第一項の規定により容疑者を収容したときは、容疑者の身体を拘束した時から四十八時間以内に、調書及び証拠物とともに、当該容疑者を入国審査官に引き渡さなければならない。

## 第三節　審査、口頭審理及び異議の申出

**(入国審査官の審査)**

**第四十五条**① 入国審査官は、前条の規定により容疑者の引渡しを受けたときは、容疑者が退去強制対象者（第二十四条各号のいずれかに該当し、かつ、出国命令対象者に該当しない外国人をいう。以下同じ。）に該当するかどうかを速やかに審査しなければならない。
② 入国審査官は、前項の審査を行つた場合には、審査に関する調書を作成しなければならない。

**(容疑者の立証責任)**

**第四十六条** 前条の審査を受ける容疑者のうち第二十四条第一号（第三条第一項第二号に係る部分を除く。）又は第二号に該当するとされたものは、その号に該当するものでないことを自ら立証しなければならない。

**(審査後の手続)**

**第四十七条**① 国審査官は、審査の結果、容疑者が第二十四条各号のいずれにも該当しないと認定したときは、直ちにその者を放免しなければならない。
② 入国審査官は、審査の結果、容疑者が出国命令対象者に該当すると認定したときは、速やかに主任審査官にその旨を知らせなければならない。この場合において、入国審査官は、当該容疑者が第五十五条の三第一項の規定により出国命令を受けたときは、直ちにその者を放免しなければならない。
③ 入国審査官は、審査の結果、容疑者が退去強制対象者に該当すると認定したときは、速やかに理由を付した書面をもつて、主任審査官及びその者にその旨を知らせなければならない。
④ 前項の通知をする場合には、入国審査官は、当該容疑者に対し、第四十八条の規定による口頭審理の請求をすることができる旨を知らせなければならない。
⑤ 第三項の場合において、容疑者がその認定に服したときは、主任審査官は、その者に対し、口頭審理の請求をしない旨を記載した文書に署名させ、速やかに第五十一条の規定による退去強制令書を発付しなければならない。

**(口頭審理)**

**第四十八条** 前条第三項の通知を受けた容疑者は、同項の認定に異議があるときは、その通知を受けた日から三日以内に、口頭をもつて、特別審理官に対し口頭審理の請求をすることができる。
② 入国審査官は、前項の口頭審理の請求があつたときは、第四十五条第二項の調書その他の関係書類を特別審理官に提出しなければならない。
③ 特別審理官は、第一項の口頭審理の請求があつたときは、容疑者に対し、時及び場所を通知して速やかに口頭審理を行わなければならない。
④ 特別審理官は、前項の口頭審理を行つた場合には、口頭審理に関する調書を作成しなければならない。
⑤ 第十条第三項から第六項までの規定は、第三項の口頭審理の手続に準用する。
⑥ 特別審理官は、口頭審理の結果、前条第三項の認定が事実に相違すると判定したとき（容疑者が第二十四条各号のいずれにも該当しないことを理由とする場合に限る。）は、直ちにその者を放免しなければならない。
⑦ 特別審理官は、口頭審理の結果、前条第三項の認定が事実に相違すると判定したとき（容疑者が出国命令対象者に該当することを理由とする場合に限る。）は、速やかに主任審査官にその旨を知らせなければならない。この場合において、特別審理官は、当該容疑者が第五十五条の三第一項の規定により出国命令を受けたときは、直ちにその者を放免しなければならない。
⑧ 特別審理官は、口頭審理の結果、前条第三項の認定が誤りがないと判定したときは、速やかに主任審査官及び当該容疑者にその旨を知らせるとともに、当該容疑者に対し、第四十九条の規定により異議を申し出ることができる旨を知らせなければならない。

⑨　前項の通知を受けた場合において、当該容疑者が同項の判定に服したときは、主任審査官は、その者に対し、異議を申し出ない旨を記載した文書に署名させ、速やかに第五十一条の規定による退去強制令書を発付しなければならない。

**（異議の申出）**

**第四十九条**①　前条第八項の通知を受けた容疑者は、同項の判定に異議があるときは、その通知を受けた日から三日以内に、法務省令で定める手続により、不服の事由を記載した書面を主任審査官に提出して、法務大臣に対し異議を申し出ることができる。

②　主任審査官は、前項の異議の申出があつたときは、第四十五条第二項の審査に関する調書、前条第四項の口頭審理に関する調書その他の関係書類を法務大臣に提出しなければならない。

③　法務大臣は、第一項の規定による異議の申出を受理したときは、異議の申出が理由があるかどうかを裁決して、その結果を主任審査官に通知しなければならない。

④　主任審査官は、法務大臣から異議の申出（容疑者が第二十四条各号のいずれにも該当しないことを理由とするものに限る。）が理由があると裁決した旨の通知を受けたときは、直ちに当該容疑者を放免しなければならない。

⑤　主任審査官は、法務大臣から異議の申出（容疑者が出国命令対象者に該当することを理由とするものに限る。）が理由があると裁決した旨の通知を受けた場合において、当該容疑者に対し第五十五条の三第一項の規定により出国命令をしたときは、直ちにその者を放免しなければならない。

⑥　主任審査官は、法務大臣から異議の申出が理由がないと裁決した旨の通知を受けたときは、速やかに当該容疑者に対し、その旨を知らせるとともに、第五十一条の規定による退去強制令書を発付しなければならない。

**（法務大臣の裁決の特例）**

**第五十条**①　法務大臣は、前条第三項の裁決に当たつて、異議の申出が理由がないと認める場合でも、当該容疑者が次の各号のいずれかに該当するときは、その者の在留を特別に許可することができる。

一　永住許可を受けているとき。

二　かつて日本国民として本邦に本籍を有したことがあるとき。

三　人身取引等により他人の支配下に置かれて本邦に在留するものであるとき。

四　その他法務大臣が特別に在留を許可すべき事情があると認めるとき。

②　前項の場合には、法務大臣は、法務省令で定めるところにより、在留期間その他必要と認める条件を附することができる。

③　第一項の許可は、前条第四項の適用については、異議の申出が理由がある旨の裁決とみなす。

## 第四節　退去強制令書の執行

**（退去強制令書の方式）**

**第五十一条**　第四十七条第五項、第四十八条第九項若しくは第四十九条第六項の規定により、又は第六十三条第一項の規定に基づく退去強制の手続において発付される退去強制令書には、退去強制を受ける者の氏名、年齢及び国籍、退去強制の理由、発付年月日その他法務省令で定める事項を記載し、かつ、主任審査官がこれに記名押印しなければならない。

**（退去強制令書の執行）**

**第五十二条**①　退去強制令書は、入国警備官が執行するものとする。

②　警察官又は海上保安官は、入国警備官が足りないため主任審査官が必要と認めて依頼したときは、退去強制令書の執行をすることができる。

③　入国警備官（前項の規定により退去強制令書を執行する警察官又は海上保安官を含む。以下この条において同じ。）は、退去強制令書を執行するときは、退去強制を受ける者に退去強制令書又はその写を示して、すみやかにその者を第五十三条に規定する送還先に送還しなければならない。但し、第五十九条の規定により運送業者が送還する場合には、入国警備官は、当該運送業者に引き渡すものとする。

④　前項の場合において、退去強制令書の発付を受けた者が、自らの負担により、自ら本邦を退去しようとするときは、入国者収容所長又は主任審査官は、その者の申請に基づき、これを許可することができる。

⑤　入国警備官は、第三項本文の場合において、退去強制を受ける者を直ちに本邦外に送還することができないときは、送還可能のときまで、その者を入国者収容所、収容場その他法務大臣又はその委任を受けた主任審査官が指定する場所に収容することができる。

⑥　入国者収容所長又は主任審査官は、前項の場合において、退去強制を受ける者を送還することができないことが明らかになつたときは、住居及び行動範囲の制限、呼出に対する出頭の義務その他必要と認める条件

を附して、その者を放免することができる。

**(送還先)**

**第五十三条**① 退去強制を受ける者は、その者の国籍又は市民権の属する国に送還されるものとする。

② 前項の国に送還することができないときは、本人の希望により、左に掲げる国のいずれかに送還されるものとする。

一 本邦に入国する直前に居住していた国
二 本邦に入国する前に居住していたことのある国
三 本邦に向けて船舶等に乗つた港の属する国
四 出生地の属する国
五 出生時にその出生地の属していた国
六 その他の国

③ 法務大臣が日本国の利益又は公安を著しく害すると認める場合を除き、前二項の国には難民条約第三十三条第一項に規定する領域の属する国を含まないものとする。

### **第五節** 仮放免

**(仮放免)**

**第五十四条**① 収容令書若しくは退去強制令書の発付を受けて収容されている者又はその者の代理人、保佐人、配偶者、直系の親族若しくは兄弟姉妹は、法務省令で定める手続により、入国者収容所長又は主任審査官に対し、その者の仮放免を請求することができる。

② 入国者収容所長又は主任審査官は、前項の請求により又は職権で、法務省令で定めるところにより、収容令書又は退去強制令書の発付を受けて収容されている者の情状及び仮放免の請求の理由となる証拠並びにその者の性格、資産等を考慮して、三百万円を超えない範囲内で法務省令で定める額の保証金を納付させ、かつ、住居及び行動範囲の制限、呼出しに対する出頭の義務その他必要と認める条件を付して、その者を仮放免することができる。

③ 入国者収容所長又は主任審査官は、適当と認めるときは、収容令書又は退去強制令書の発付を受けて収容されている者以外の者の差し出した保証書をもつて保証金に代えることを許すことができる。保証書には、保証金額及びいつでもその保証金を納付する旨を記載しなければならない。

**(仮放免の取消)**

**第五十五条** 入国者収容所長又は主任審査官は、仮放免された者が逃亡し、逃亡すると疑うに足りる相当の理由があり、正当な理由がなくて呼出に応ぜず、その他仮放免に附された条件に違反したときは、仮放免を取り消すことができる。

② 前項の取消をしたときは、入国者収容所長又は主任審査官は、仮放免取消書を作成し、収容令書又は退去強制令書とともに、入国警備官にこれを交付しなければならない。

③ 入国者収容所長又は主任審査官は、逃亡し、又は正当な理由がなくて呼出に応じないことを理由とする仮放免の取消をしたときは保証金の全部、その他の理由によるときはその一部を没取するものとする。

④ 入国警備官は、仮放免を取り消された者がある場合には、その者に仮放免取消書及び収容令書又は退去強制令書を示して、その者を入国者収容所、収容場その他法務大臣又はその委任を受けた主任審査官が指定する場所に収容しなければならない。

⑤ 入国警備官は、仮放免取消書及び収容令書又は退去強制令書を所持しない場合でも、急速を要するときは、その者に対し仮放免を取り消された旨を告げて、その者を収容することができる。但し、仮放免取消書及び収容令書又は退去強制令書は、できるだけすみやかに示さなければならない。

## **第五章の二** 出国命令

**(出国命令に係る審査)**

**第五十五条の二**① 入国警備官は、容疑者が出国命令対象者に該当すると認めるに足りる相当の理由があるときは、第三十九条の規定にかかわらず、当該容疑者に係る違反事件を入国審査官に引き継がなければならない。

② 入国審査官は、前項の規定により違反事件の引継ぎを受けたときは、当該容疑者が出国命令対象者に該当するかどうかを速やかに審査しなければならない。

③ 入国審査官は、審査の結果、当該容疑者が出国命令対象者に該当すると認定したときは、速やかに主任審査官にその旨を知らせなければならない。

④ 入国審査官は、当該容疑者が退去強制対象者に該当すると疑うに足り

る相当の理由があるときは、その旨を入国警備官に通知するとともに、当該違反事件を入国警備官に差し戻すものとする。

（出国命令）

**第五十五条の三**① 主任審査官は、第四十七条第二項、第四十八条第七項、第四十九条第五項又は前条第三項の規定による通知を受けたときは、速やかに当該通知に係る容疑者に対し、本邦からの出国を命じなければならない。この場合において、主任審査官は、十五日を超えない範囲内で出国期限を定めるものとする。

② 主任審査官は、前項の規定により出国命令をする場合には、当該容疑者に対し、次条の規定による出国命令書を交付しなければならない。

③ 主任審査官は、第一項の規定により出国命令をする場合には、法務省令で定めるところにより、当該容疑者に対し、住居及び行動範囲の制限その他必要と認める条件を付することができる。

（出国命令書の方式）

**第五十五条の四** 前条第二項の規定により交付される出国命令書には、出国命令を受ける者の氏名、年齢及び国籍、出国命令の理由、出国期限、交付年月日その他法務省令で定める事項を記載し、かつ、主任審査官がこれに記名押印しなければならない。

（出国期限の延長）

**第五十五条の五** 主任審査官は、法務省令で定めるところにより、第五十五条の三第一項の規定により出国命令を受けた者から、当該出国命令に係る出国期限内に出国することができない旨の申出があつた場合には、船舶等の運航の都合その他その者の責めに帰することができない事由があると認めるときに限り、当該出国期限を延長することができる。

（出国命令の取消し）

**第五十五条の六** 主任審査官は、第五十五条の三第一項の規定により出国命令を受けた者が同条第三項の規定に基づき付された条件に違反したときは、当該出国命令を取り消すことができる。

## 第六章　船舶等の長及び運送業者の責任

（協力の義務）

**第五十六条** 本邦に入る船舶等の長及びその船舶等を運航する運送業者は、入国審査官の行う審査その他の職務の遂行に協力しなければならない。

（旅券等の確認義務）

**第五十六条の二** 本邦に入る船舶等を運航する運送業者（運送業者がないときは、当該船舶等の長）は、外国人が不法に本邦に入ることを防止するため、当該船舶等に乗ろうとする外国人の旅券、乗員手帳又は再入国許可書を確認しなければならない。

（報告の義務）

**第五十七条**① 本邦に入り、又は本邦から出る船舶等の長は、その船舶等が到着し、又は出発する出入国港の入国審査官の要求があつたときは、乗客名簿及び乗員名簿を提出しなければならない。

② 本邦に入る船舶等の長は、有効な旅券、乗員手帳又は再入国許可書を所持しない外国人がその船舶等に乗つていることを知つたときは、直ちにその旨をその出入国港の入国審査官に報告しなければならない。

③ 本邦に入る船舶等の長は、当該船舶等に第十六条第二項の許可を受けている乗員が乗り組んでいるときは、当該船舶等が出入国港に到着する都度、直ちに、当該乗員の氏名その他法務省令で定める事項をその出入国港の入国審査官に報告しなければならない。

④ 本邦から出る船舶等の長は、その船舶等の出発する出入国港の入国審査官の要求があつたときは、第十五条第一項の規定による通過上陸の許可を受けた者がその船舶に帰船しているかどうか、乗員上陸の許可を受けた者で当該船舶等に乗り組むべきものが乗り組んでいるかどうか及び第二十五条第二項又は第六十条第二項の規定に違反して出国しようとする者が乗つているかどうかを報告しなければならない。

（上陸防止の義務）

**第五十八条** 本邦に入る船舶等の長は、前条第二項に規定する外国人がその船舶等に乗つていることを知つたときは、当該外国人が上陸することを防止しなければならない。

（送還の義務）

**第五十九条**① 次の各号の一に該当する外国人が乗つてきた船舶等の長又はその船舶等を運航する運送業者は、当該外国人をその船舶等又は当該運送業者に属する他の船舶等により、その責任と費用で、速やかに本邦外の地域に送還しなければならない。

一 第三章第一節又は第二節の規定により上陸を拒否された者

二 第二十四条第五号から第六号の二までのいずれかに該当して本邦からの退去強制を受けた者

三 前号に規定する者を除き、上陸後五年以内に、第二十四条各号の一に該当して退去強制を受けた者のうち、その者の上陸のときに当該船舶等の長又は運送業者がその者について退去強制の理由となつた事実があることを明らかに知つていたと認められるもの

② 前項の場合において、当該運送業者は、その外国人を同項に規定する船舶等により送還することができないときは、その責任と費用で、すみやかに他の船舶等により送還しなければならない。

③ 主任審査官は、前二項の規定にかかわらず、これらの規定により船舶等の長又はその船舶等を運航する運送業者が負うべき責任と費用の負担のうち、第十三条の二第一項の規定によりとどまることができる場所として法務省令で定める施設の指定を受けている第一項第一号に該当する外国人を当該指定に係る施設にとどめておくことに伴うものについては、有効な旅券で日本国領事官等の査証を受けたものを所持する外国人に係るものに限り、その全部又は一部を免除することができる。

## 第六章の二　事実の調査

**（事実の調査）**

**第五十九条の二**① 法務大臣は、第七条の二第一項の規定による証明書の交付又は第十二条第一項、第十九条第二項、第二十条第三項（第二十二条の二第三項（第二十二条の三において準用する場合を含む。）において準用する場合を含む。）、第二十一条第三項、第二十二条第二項（第二十二条の二第四項（第二十二条の三において準用する場合を含む。）において準用する場合を含む。）、第五十条第一項若しくは第六十一条の二の十一の規定による許可若しくは第二十二条の四第一項の規定による在留資格の取消しに関する処分を行うため必要がある場合には、入国審査官に事実の調査をさせることができる。

② 入国審査官は、前項の調査のため必要があるときは、外国人その他の関係人に対し出頭を求め、質問をし、又は文書の提示を求めることができる。

③ 法務大臣又は入国審査官は、第一項の調査について、公務所又は公私の団体に照会して必要な事項の報告を求めることができる。

## 第七章　日本人の出国及び帰国

**（日本人の出国）**

**第六十条**① 本邦外の地域に赴く意図をもつて出国する日本人（乗員を除く。）は、有効な旅券を所持し、その者が出国する出入国港において、法務省令で定める手続により、入国審査官から出国の確認を受けなければならない。

② 前項の日本人は、出国の確認を受けなければ出国してはならない。

**（日本人の帰国）**

**第六十一条** 本邦外の地域から本邦に帰国する日本人（乗員を除く。）は、有効な旅券（有効な旅券を所持することができないときは、日本の国籍を有することを証する文書）を所持し、その者が上陸する出入国港において、法務省令で定める手続により、入国審査官から帰国の確認を受けなければならない。

## 第七章の二　難民の認定等

**（難民の認定）**

**第六十一条の二**① 法務大臣は、本邦にある外国人から法務省令で定める手続により申請があつたときは、その提出した資料に基づき、その者が難民である旨の認定（以下「難民の認定」という。）を行うことができる。

② 法務大臣は、難民の認定をしたときは、法務省令で定める手続により、当該外国人に対し、難民認定証明書を交付し、その認定をしないときは、当該外国人に対し、理由を付した書面をもつて、その旨を通知する。

**（在留資格に係る許可）**

**第六十一条の二の二**① 法務大臣は、前条第一項の規定により難民の認定をする場合であつて、同項の申請をした外国人が在留資格未取得外国人（別表第一又は別表第二の上欄の在留資格をもつて本邦に在留する者、一時庇護のための上陸の許可を受けた者で当該許可書に記載された期間を経過していないもの及び特別永住者以外の者をいう。以下同じ。）であるときは、当該在留資格未取得外国人が次の各号のいずれかに該当する場合を除き、その者に定住者の在留資格の取得を許可するものとする。

一　本邦に上陸した日（本邦にある間に難民となる事由が生じた者にあつては、その事実を知つた日）から六月を経過した後前条第一項の申請を行つたものであるとき。ただし、やむを得ない事情がある場合を除く。

二　本邦にある間に難民となる事由が生じた場合を除き、その者の生命、身体又は身体の自由が難民条約第一条（２）に規定する理由によつて害されるおそれのあつた領域から直接本邦に入つたものでないとき。

三　第二十四条第三号又は第四号ハからヨまでに掲げる者のいずれかに

該当するとき。

四　本邦に入つた後に、刑法第二編第十二章、第十六章から第十九章まで、第二十三章、第二十六章、第二十七章、第三十一章、第三十三章、第三十六章、第三十七章若しくは第三十九章の罪、暴力行為等処罰に関する法律第一条、第一条ノ二若しくは第一条ノ三（刑法第二百二十二条又は第二百六十一条に係る部分を除く。）の罪、盗犯等の防止及び処分に関する法律の罪又は特殊開錠用具の所持の禁止等に関する法律第十五条若しくは第十六条の罪により懲役又は禁錮に処せられたものであるとき。

② 法務大臣は、前条第一項の申請をした在留資格未取得外国人について、難民の認定をしない処分をするとき、又は前項の許可をしないときは、当該在留資格未取得外国人の在留を特別に許可すべき事情があるか否かを審査するものとし、当該事情があると認めるときは、その在留を特別に許可することができる。

③ 法務大臣は、前二項の許可をする場合には、在留資格及び在留期間を決定し、入国審査官に、当該在留資格未取得外国人に対し当該在留資格及び在留期間を記載した在留資格証明書を交付させるものとする。この場合において、その許可は、当該交付のあつた時に、その記載された内容をもつて効力を生ずる。

④ 法務大臣は、第一項又は第二項の許可をする場合において、当該在留資格未取得外国人が仮上陸の許可又は第三章第四節の規定による上陸の許可を受けているときは、当該仮上陸の許可又は上陸の許可を取り消すものとする。

**第六十一条の二の三**　法務大臣は、難民の認定を受けている外国人（前条第二項の許可により在留資格を取得した者を除く。）から、第二十条第二項の規定による定住者の在留資格への変更の申請があつたとき、又は第二十二条の二第二項（第二十二条の三において準用する場合を含む。）の規定による定住者の在留資格の取得の申請があつたときは、第二十条第三項（第二十二条の二第三項（第二十二条の三において準用する場合を含む。）において準用する場合を含む。）の規定にかかわらず、当該外国人が前条第一項第一号に該当する場合を除き、これを許可するものとする。

**（仮滞在の許可）**

**第六十一条の二の四**① 法務大臣は、在留資格未取得外国人から第六十一条の二第一項の申請があつたときは、当該在留資格未取得外国人が次の各号のいずれかに該当する場合を除き、その者に仮に本邦に滞在することを許可するものとする。

一　仮上陸の許可を受けているとき。

二　寄港地上陸の許可、通過上陸の許可、乗員上陸の許可、緊急上陸の許可又は遭難による上陸の許可を受け、旅券又は当該許可書に記載された期間を経過していないとき。

三　第二十二条の二第一項の規定により本邦に在留することができるとき。

四　本邦に入つた時に、第五条第一項第四号から第十四号までに掲げる者のいずれかに該当していたとき。

五　第二十四条第三号又は第四号ハからヨまでに掲げる者のいずれかに該当すると疑うに足りる相当の理由があるとき。

六　第六十一条の二の二第一項第一号又は第二号のいずれかに該当することが明らかであるとき。

七　本邦に入つた後に、刑法第二編第十二章、第十六章から第十九章まで、第二十三章、第二十六章、第二十七章、第三十一章、第三十三章、第三十六章、第三十七章若しくは第三十九章の罪、暴力行為等処罰に関する法律第一条、第一条ノ二若しくは第一条ノ三（刑法第二百二十二条又は第二百六十一条に係る部分を除く。）の罪、盗犯等の防止及び処分に関する法律の罪又は特殊開錠用具の所持の禁止等に関する法律第十五条若しくは第十六条の罪により懲役又は禁錮に処せられたものであるとき。

八　退去強制令書の発付を受けているとき。

九　逃亡するおそれがあると疑うに足りる相当の理由があるとき。

② 法務大臣は、前項の許可をする場合には、法務省令で定めるところにより、当該許可に係る滞在期間（以下「仮滞在期間」という。）を決定し、入国審査官に、当該在留資格未取得外国人に対し当該仮滞在期間を記載した仮滞在許可書を交付させるものとする。この場合において、その許可は、当該交付のあつた時に、その記載された内容をもつて効力を生ずる。

③ 法務大臣は、第一項の許可をする場合には、法務省令で定めるところにより、当該在留資格未取得外国人に対し、住居及び行動範囲の制限、活動の制限、呼出しに対する出頭の義務その他必要と認める条件を付し、かつ、必要があると認める場合は、指紋を押なつさせることができる。

④ 法務大臣は、第一項の許可を受けた外国人から仮滞在期間の更新の申

請があつたときは、これを許可するものとする。この場合においては、第二項の規定を準用する。

⑤　第一項の許可を受けた外国人が次の各号に掲げるいずれかの事由に該当することとなつたときは、当該外国人に係る仮滞在期間（前項の規定により更新された仮滞在期間を含む。以下同じ。）は、当該事由に該当することとなつた時に、その終期が到来したものとする。

一　難民の認定をしない処分につき第六十一条の二の九第一項の異議申立てがなくて同条第二項の期間が経過したこと。

二　難民の認定をしない処分につき第六十一条の二の九第一項の異議申立てがあつた場合において、当該異議申立てが取り下げられ、又はこれを却下若しくは棄却する旨の決定があつたこと。

三　難民の認定がされた場合において、第六十一条の二の二第一項及び第二項の許可をしない処分があつたこと。

四　次条の規定により第一項の許可が取り消されたこと。

五　第六十一条の二第一項の申請が取り下げられたこと。

**（仮滞在の許可の取消し）**

**第六十一条の二の五**　法務大臣は、前条第一項の許可を受けた外国人について、次の各号に掲げるいずれかの事実が判明したときは、法務省令で定める手続により、当該許可を取り消すことができる。

一　前条第一項の許可を受けた当時同項第四号から第八号までのいずれかに該当していたこと。

二　前条第一項の許可を受けた後に同項第五号又は第七号に該当することとなつたこと。

三　前条第三項の規定に基づき付された条件に違反したこと。

四　不正に難民の認定を受ける目的で、偽造若しくは変造された資料若しくは虚偽の資料を提出し、又は虚偽の陳述をし、若しくは関係人に虚偽の陳述をさせたこと。

五　第二十五条の出国の確認を受けるための手続をしたこと。

**（退去強制手続との関係）**

**第六十一条の二の六**①　第六十一条の二の二第一項又は第二項の許可を受けた外国人については、当該外国人が当該許可を受けた時に第二十四条各号のいずれかに該当していたことを理由としては、第五章に規定する退去強制の手続（第六十三条第一項の規定に基づく退去強制の手続を含む。以下この条において同じ。）を行わない。

②　第六十一条の二第一項の申請をした在留資格未取得外国人で第六十一条の二の四第一項の許可を受けたものについては、第二十四条各号のいずれかに該当すると疑うに足りる相当の理由がある場合であつても、当該許可に係る仮滞在期間が経過するまでの間は、第五章に規定する退去強制の手続を停止するものとする。

③　第六十一条の二第一項の申請をした在留資格未取得外国人で、第六十一条の二の四第一項の許可を受けていないもの又は当該許可に係る仮滞在期間が経過することとなつたもの（同条第五項第一号から第三号まで及び第五号に該当するものを除く。）について、第五章に規定する退去強制の手続を行う場合には、同条第五項第一号から第三号までに掲げるいずれかの事由に該当することとなるまでの間は、第五十二条第三項の規定による送還（同項ただし書の規定による引渡し及び第五十九条の規定による送還を含む。）を停止するものとする。

④　第五十条第一項の規定は、第二項に規定する者で第六十一条の二の四第五項第一号から第三号までのいずれかに該当することとなつたもの又は前項に規定する者に対する第五章に規定する退去強制の手続については、適用しない。

**（難民の認定の取消し）**

**第六十一条の二の七**①　法務大臣は、本邦に在留する外国人で難民の認定を受けているものについて、次の各号に掲げるいずれかの事実が判明したときは、法務省令で定める手続により、その難民の認定を取り消すものとする。

一　偽りその他不正の手段により難民の認定を受けたこと。

二　難民条約第一条C（1）から（6）までのいずれかに掲げる場合に該当することとなつたこと。

三　難民の認定を受けた後に、難民条約第一条F（a）又は（c）に掲げる行為を行つたこと。

②　法務大臣は、前項の規定により難民の認定を取り消す場合には、当該外国人に対し、理由を付した書面をもつて、その旨を通知するとともに、当該外国人に係る難民認定証明書及び難民旅行証明書がその効力を失つた旨を官報に告示する。

③　前項の規定により難民の認定の取消しの通知を受けたときは、難民認定証明書又は難民旅行証明書の交付を受けている外国人は、速やかに法務大臣にこれらの証明書を返納しなければならない。

**（難民の認定を受けた者の在留資格の取消し）**

**第六十一条の二の八**①　法務大臣は、別表第一又は別表第二の上欄の在留資格をもつて本邦に在留する外国人で難民の認定を受けているものについて、偽りその他不正の手段により第六十一条の二の二第一項各号のいずれにも該当しないものとして同項の許可を受けたことが判明したときは、法務省令で定める手続により、当該外国人が現に有する在留資格を取り消すことができる。

② 第二十二条の四第二項から第七項までの規定は、前項の規定による在留資格の取消しに準用する。この場合において、同条第二項中「入国審査官」とあるのは「難民調査官」と、同条第六項中「第一項（第三号から第五号までに係るものに限る。）」とあるのは「第六十一条の二の八第一項」と読み替えるものとする。

**（異議申立て）**

**第六十一条の二の九** ① 次に掲げる処分に不服がある外国人は、法務省令で定める事項を記載した書面を提出して、法務大臣に対し異議申立てをすることができる。

一 難民の認定をしない処分

二 第六十一条の二の七第一項の規定による難民の認定の取消し

② 前項の異議申立てに関する行政不服審査法（昭和三十七年法律第百六十号）第四十五条の期間は、第六十一条の二第二項又は第六十一条の二の七第二項の通知を受けた日から七日以内とする。

③ 法務大臣は、第一項の異議申立てに対する決定に当たつては、法務省令で定めるところにより、難民審査参与員の意見を聴かなければならない。

④ 法務大臣は、第一項の異議申立てについて行政不服審査法第四十七条第一項又は第二項の規定による決定をする場合には、当該決定に付する理由において、前項の難民審査参与員の意見の要旨を明らかにしなければならない。

⑤ 難民審査参与員は、法務大臣に対し、異議申立人又は参加人に口頭で意見を述べる機会を与えるよう求めることができる。この場合において、法務大臣は、速やかにこれらの者に当該機会を与えなければならない。

⑥ 難民審査参与員は、行政不服審査法第四十八条において準用する同法第二十五条第一項ただし書又は前項の規定による異議申立人又は参加人の意見の陳述に係る手続に立ち会い、及びこれらの者を審尋することができる。

**（難民審査参与員）**

**第六十一条の二の十** ① 法務省に、前条第一項の規定による異議申立てについて、難民の認定に関する意見を提出させるため、難民審査参与員若干人を置く。

② 難民審査参与員は、人格が高潔であつて、前条第一項の異議申立てに関し公正な判断をすることができ、かつ、法律又は国際情勢に関する学識経験を有する者のうちから、法務大臣が任命する。

③ 難民審査参与員の任期は、二年とする。ただし、再任を妨げない。

④ 難民審査参与員は、非常勤とする。

**（難民に関する永住許可の特則）**

**第六十一条の二の十一** 難民の認定を受けている者から第二十二条第一項の永住許可の申請があつた場合には、法務大臣は、同条第二項本文の規定にかかわらず、その者が同項第二号に適合しないときであつても、これを許可することができる。

**（難民旅行証明書）**

**第六十一条の二の十二** ① 法務大臣は、本邦に在留する外国人で難民の認定を受けているものが出国しようとするときは、法務省令で定める手続により、その者の申請に基づき、難民旅行証明書を交付するものとする。ただし、法務大臣においてその者が日本国の利益又は公安を害する行為を行うおそれがあると認める場合は、この限りでない。

② 前項の規定により難民旅行証明書の交付を受ける外国人で、外国の難民旅行証明書を所持するものは、その交付を受ける際に当該外国の難民旅行証明書を法務大臣に提出しなければならない。

③ 第一項の難民旅行証明書の有効期間は、一年とする。

④ 第一項の難民旅行証明書の交付を受けている者は、当該証明書の有効期間内は本邦に入国し、及び出国することができる。この場合において、入国については、第二十六条の規定による再入国の許可を要しない。

⑤ 前項の場合において、法務大臣が特に必要があると認めるときは、三月以上一年未満の範囲内で、当該難民旅行証明書により入国することのできる期限を定めることができる。

⑥ 法務大臣は、第一項の難民旅行証明書の交付を受けて出国した者について、当該証明書の有効期間内に入国することができない相当の理由があると認めるときは、その者の申請に基づき、六月を超えない範囲内で、当該証明書の有効期間を延長することができる。

⑦ 前項の延長は、難民旅行証明書にその旨を記載して行うものとし、その事務は、日本国領事官等に委任するものとする。

⑧ 法務大臣は、第一項の難民旅行証明書の交付を受けている者が日本国

の利益又は公安を害する行為を行うおそれがあると認めるときは、その者が本邦にある間において、法務省令で定めるところにより、その者に対して、期限を付して、その所持する難民旅行証明書の返納を命ずることができる。

⑨ 前項の規定により返納を命ぜられた難民旅行証明書は、その返納があつたときは当該返納の時に、同項の期限までに返納がなかつたときは当該期限を経過した時に、その効力を失う。この場合において、同項の期限までに返納がなかつたときは、法務大臣は、当該難民旅行証明書がその効力を失つた旨を官報に告示する。

**（退去強制令書の発付に伴う難民認定証明書等の返納）**

**第六十一条の二の十三**　本邦に在留する外国人で難民の認定を受けているものが、第四十七条第五項、第四十八条第九項若しくは第四十九条第六項の規定により、又は第六十三条第一項の規定に基づく退去強制の手続において退去強制令書の発付を受けたときは、当該外国人は、速やかに法務大臣にその所持する難民認定証明書及び難民旅行証明書を返納しなければならない。

**（事実の調査）**

**第六十一条の二の十四**① 法務大臣は、難民の認定、第六十一条の二の二第一項若しくは第二項、第六十一条の二の三若しくは第六十一条の二の四第一項の規定による許可、第六十一条の二の五の規定による許可の取消し、第六十一条の二の七第一項の規定による難民の認定の取消し又は第六十一条の二の八第一項の規定による在留資格の取消しに関する処分を行うため必要がある場合には、難民調査官に事実の調査をさせることができる。

② 難民調査官は、前項の調査のため必要があるときは、関係人に対し出頭を求め、質問をし、又は文書の提示を求めることができる。

③ 法務大臣又は難民調査官は、第一項の調査について、公務所又は公私の団体に照会して必要な事項の報告を求めることができる。

## 第八章　補則

**（入国審査官）**

**第六十一条の三**① 入国者収容所及び地方入国管理局に、入国審査官を置く。

② 入国審査官は、次の事務を行う。

一 上陸及び退去強制についての審査及び口頭審理並びに出国命令についての審査を行うこと。

二 第二十二条の四第二項（第六十一条の二の八第二項において準用する場合を含む。）の規定による意見の聴取を行うこと。

三 収容令書又は退去強制令書を発付すること。

四 収容令書又は退去強制令書の発付を受けて収容されている者を仮放免すること。

五 第五十五条の三第一項の規定による出国命令をすること。

六 第五十九条の二第一項及び第六十一条の二の十四第一項に規定する事実の調査を行うこと。

③ 地方入国管理局に置かれた入国審査官は、必要があるときは、その地方入国管理局の管轄区域外においても、職務を行うことができる。

**（入国警備官）**

**第六十一条の三の二**① 入国者収容所及び地方入国管理局に、入国警備官を置く。

② 入国警備官は、左の事務を行う。

一 入国、上陸又は在留に関する違反事件を調査すること。

二 収容令書及び退去強制令書を執行するため、その執行を受ける者を収容し、護送し、及び送還すること。

三 入国者収容所、収容場その他の施設を警備すること。

③ 前条第三項の規定は、入国警備官に準用する。

④ 入国警備官は、国家公務員法（昭和二十二年法律第百二十号）の規定の適用については、警察職員とする。

⑤ 入国警備官の階級は、国家公務員の職階制に関する法律（昭和二十五年法律第百八十号）に基づく職務の分類が定められるまでは、別に政令で定める。

**（武器の携帯及び使用）**

**第六十一条の四**① 入国審査官及び入国警備官は、その職務を行うに当り、武器を携帯することができる。

② 入国審査官及び入国警備官は、その職務の執行に関し、その事態に応じ、合理的に必要と判断される限度において、武器を使用することができる。但し、左の各号の一に該当する場合を除く外、人に危害を加えてはならない。

一 刑法第三十六条 又は第三十七条 に該当するとき。

二 収容令書又は退去強制令書の執行を受ける者がその者に対する入国審査官若しくは入国警備官の職務の執行に対して抵抗しようとする場合又は第三者がその者を逃がそうとして入国審査官若しくは入国警備

官に抵抗する場合において、これを防止するために他の手段がないと入国審査官又は入国警備官において信ずるに足りる相当の理由があるとき。

**（制服及び証票）**

**第六十一条の五**① 入国審査官及び入国警備官がその職務を執行する場合においては、法令に特別の規定がある場合のほか、制服を着用し、又はその身分を示す証票を携帯しなければならない。

② 前項の証票は、職務の執行を受ける者の要求があるときは、その者にこれを呈示しなければならない。

③ 第一項の制服及び証票の様式は、法務省令で定める。

**（収容場）**

**第六十一条の六**　地方入国管理局に、収容令書の執行を受ける者を収容する収容場を設ける。

**（被収容者の処遇）**

**第六十一条の七**① 入国者収容所又は収容場に収容されている者（以下「被収容者」という。）には、入国者収容所又は収容場の保安上支障がない範囲内においてできる限りの自由が与えられなければならない。

② 被収容者には、一定の寝具を貸与し、及び一定の糧食を給与するものとする。

③ 被収容者に対する給養は、適正でなければならず、入国者収容所又は収容場の設備は、衛生的でなければならない。

④ 入国者収容所長又は地方入国管理局長は、入国者収容所又は収容場の保安上又は衛生上必要があると認めるときは、被収容者の身体、所持品又は衣類を検査し、及びその所持品又は衣類を領置することができる。

⑤ 入国者収容所長又は地方入国管理局長は、入国者収容所又は収容場の保安上必要があると認めるときは、被収容者の発受する通信を検閲し、及びその発受を禁止し、又は制限することができる。

⑥ 前各項に規定するものを除く外、被収容者の処遇に関し必要な事項は、法務省令で定める。

**（関係行政機関の協力）**

**第六十一条の八**① 法務省の内部部局として置かれる局で政令で定めるもの、入国者収容所又は地方入国管理局の長は、警察庁、都道府県警察、海上保安庁、税関、公共職業安定所その他の関係行政機関に対し、出入国の管理及び難民の認定に関する事務の遂行に関して、必要な協力を求めることができる。

② 前項の規定による協力を求められた関係行政機関は、本来の任務の遂行を妨げない範囲において、できるだけその求に応じなければならない。

**（情報提供）**

**第六十一条の九**① 法務大臣は、出入国管理及び難民認定法に規定する出入国の管理及び難民の認定の職務に相当する職務を行う外国の当局（以下この条において「外国入国管理当局」という。）に対し、その職務（出入国管理及び難民認定法に規定する出入国の管理及び難民の認定の職務に相当するものに限る。次項において同じ。）の遂行に資すると認める情報を提供することができる。

② 前項の規定による情報の提供については、当該情報が当該外国入国管理当局の職務の遂行に資する目的以外の目的で使用されないよう適切な措置がとられなければならない。

③ 法務大臣は、外国入国管理当局からの要請があつたときは、前項の規定にかかわらず、次の各号のいずれかに該当する場合を除き、第一項の規定により提供した情報を当該要請に係る外国の刑事事件の捜査又は審判（以下この項において「捜査等」という。）に使用することについて同意をすることができる。

一　当該要請に係る刑事事件の捜査等の対象とされている犯罪が政治犯罪であるとき、又は当該要請が政治犯罪について捜査等を行う目的で行われたものと認められるとき。

二　当該要請に係る刑事事件の捜査等の対象とされている犯罪に係る行為が日本国内において行われたとした場合において、その行為が日本国の法令によれば罪に当たるものでないとき。

三　日本国が行う同種の要請に応ずる旨の要請国の保証がないとき。

④ 法務大臣は、前項の同意をする場合においては、あらかじめ、同項第三号に該当しないことについて、外務大臣の確認を受けなければならない。

**（出入国管理基本計画）**

**第六十一条の十**① 法務大臣は、出入国の公正な管理を図るため、外国人の入国及び在留の管理に関する施策の基本となるべき計画（以下「出入国管理基本計画」という。）を定めるものとする。

② 出入国管理基本計画に定める事項は、次のとおりとする。

一　本邦に入国し、在留する外国人の状況に関する事項

二　外国人の入国及び在留の管理の指針となるべき事項

三　前二号に掲げるもののほか、外国人の入国及び在留の管理に関する

③ 施策に関し必要な事項
法務大臣は、出入国管理基本計画を定めるに当たつては、あらかじめ、関係行政機関の長と協議するものとする。

④ 法務大臣は、出入国管理基本計画を定めたときは、遅滞なく、その概要を公表するものとする。

⑤ 前二項の規定は、出入国管理基本計画の変更について準用する。

**第六十一条の十一**　法務大臣は、出入国管理基本計画に基づいて、外国人の出入国を公正に管理するよう努めなければならない。

**(通報)**

**第六十二条**① 何人も、第二十四条各号の一に該当すると思料する外国人を知つたときは、その旨を通報することができる。

② 国又は地方公共団体の職員は、その職務を遂行するに当つて前項の外国人を知つたときは、その旨を通報しなければならない。

③ 矯正施設の長（支所及び分院の長を含む。以下同じ。）は、第一項の外国人が刑の執行を受けている場合において、刑期の満了、刑の執行の停止その他の事由（仮出獄を除く。）により釈放されるとき、又は少年法第二十四条第一項第三号 若しくは売春防止法 （昭和三十一年法律第百十八号）第十七条 の処分を受けて退院するときは、直ちにその旨を通報しなければならない。

④ 地方更生保護委員会は、第一項の外国人が刑の執行を受けている場合又は少年法第二十四条第一項第三号 の処分を受けて少年院に在院している場合若しくは売春防止法第十七条 の処分を受けて婦人補導院に在院している場合において、当該外国人について仮出獄又は仮退院の許可決定をしたときは、直ちにその旨を通報しなければならない。

⑤ 前四項の通報は、書面又は口頭をもつて、所轄の入国審査官又は入国警備官に対してしなければならない。

**(刑事手続との関係)**

**第六十三条**① 退去強制対象者に該当する外国人について刑事訴訟に関する法令、刑の執行に関する法令又は少年院若しくは婦人補導院の在院者の処遇に関する法令の規定による手続が行われる場合には、その者を収容しないときでも、その者について第五章（第二節並びに第五十二条及び第五十三条を除く。）の規定に準じ退去強制の手続を行うことができる。この場合において、第二十九条第一項中「容疑者の出頭を求め」とあるのは「容疑者の出頭を求め、又は自ら出張して」と、第四十五条第一項中「前条の規定により容疑者の引渡しを受けたときは」とあるのは「違反調査の結果、容疑者が退去強制対象者に該当すると疑うに足りる理由があるときは」と読み替えるものとする。

② 前項の規定に基き、退去強制令書が発付された場合には、刑事訴訟に関する法令、刑の執行に関する法令又は少年院若しくは婦人補導院の在院者の処遇に関する法令の規定による手続が終了した後、その執行をするものとする。但し、刑の執行中においても、検事総長又は検事長の許可があるときは、その執行をすることができる。

③ 入国審査官は、第四十五条又は第五十五条の二第二項の審査に当たつて、容疑者が罪を犯したと信ずるに足りる相当の理由があるときは、検察官に告発するものとする。

**(身柄の引渡)**

**第六十四条**① 検察官は、第七十条の罪に係る被疑者を受け取つた場合において、公訴を提起しないと決定するときは、入国警備官による収容令書又は退去強制令書の呈示をまつて、当該被疑者を釈放して当該入国警備官に引き渡さなければならない。

② 矯正施設の長は、第六十二条第三項又は第四項の場合において、当該外国人に対し収容令書又は退去強制令書の発付があつたときは、入国警備官による収容令書又は退去強制令書の呈示をまつて、釈放と同時にその者を当該入国警備官に引き渡さなければならない。

**(刑事訴訟法 の特例)**

**第六十五条**① 司法警察員は、第七十条の罪に係る被疑者を逮捕し、若しくは受け取り、又はこれらの罪に係る現行犯人を受け取つた場合には、収容令書が発付され、且つ、その者が他に罪を犯した嫌疑のないときに限り、刑事訴訟法 （昭和二十三年法律第百三十一号）第二百三条 （同法第二百十一条 及び第二百十六条 の規定により準用する場合を含む。）の規定にかかわらず、書類及び証拠物とともに、当該被疑者を入国警備官に引き渡すことができる。

② 前項の場合には、被疑者が身体を拘束された時から四十八時間以内に、当該被疑者を引き渡す手続をしなければならない。

**(報償金)**

**第六十六条**　第六十二条第一項の規定による通報をした者がある場合において、その通報に基いて退去強制令書が発付されたときは、法務大臣は、法務省令で定めるところにより、その通報者に対し、五万円以下の金額を報償金として交付することができる。但し、通報が国又は地方公共団体の職員がその職務の遂行に伴い知り得た事実に基くものであるときは、この限りでない。

（手数料）

**第六十七条**　外国人は、次に掲げる許可を受ける場合には、当該許可に係る記載、交付又は証印の時に、一万円を超えない範囲内において別に政令で定める額の手数料を納付しなければならない。

一　第二十条の規定による在留資格の変更の許可
二　第二十一条の規定による在留期間の更新の許可
三　第二十二条の規定による永住許可
四　第二十六条の規定による再入国の許可（有効期間の延長の許可を含む。）

**第六十七条の二**　外国人は、第十九条の二第一項の規定により就労資格証明書の交付を受けるときは、実費を勘案して別に政令で定める額の手数料を納付しなければならない。

**第六十八条**①　外国人は、第六十一条の二の十二第一項の規定により難民旅行証明書の交付を受け、又は同条第七項の規定により難民旅行証明書に有効期間の延長の記載を受けるときは、手数料を納付しなければならない。

②　前項に規定する手数料の額は、難民条約附属書第三項の定めるところにより、別に政令で定める。

（省令への委任）

**第六十九条**　第二章からこの章までの規定の実施のための手続その他その執行について必要な事項は、法務省令で定める。

（権限の委任）

**第六十九条の二**　出入国管理及び難民認定法に規定する法務大臣の権限は、法務省令で定めるところにより、地方入国管理局長に委任することができる。ただし、第二十二条第二項（第二十二条の二第四項（第二十二条の三において準用する場合を含む。）において準用する場合を含む。）に規定する権限及び第二十二条の四第一項に規定する権限（永住者の在留資格に係るものに限る。）並びに第六十一条の二の七第一項及び第六十一条の二の十一に規定する権限については、この限りでない。

（経過措置）

**第六十九条の三**　出入国管理及び難民認定法の規定に基づき命令を制定し、又は改廃する場合においては、その命令で、その制定又は改廃に伴い合理的に必要と判断される範囲内において、所要の経過措置（罰則に関する経過措置を含む。）を定めることができる。

## 第九章　罰則

**第七十条**①　次の各号のいずれかに該当する者は、三年以下の懲役若しくは禁錮若しくは三百万円以下の罰金に処し、又はその懲役若しくは禁錮及び罰金を併科する。

一　第三条の規定に違反して本邦に入つた者
二　入国審査官から上陸の許可等を受けないで本邦に上陸した者
三　第二十二条の四第一項（第一号又は第二号に係るものに限る。）の規定により在留資格を取り消された者で本邦に残留するもの
三の二　第二十二条の四第六項（第六十一条の二の八第二項において準用する場合を含む。）の規定により期間の指定を受けた者で、当該期間を経過して本邦に残留するもの
四　第十九条第一項の規定に違反して収入を伴う事業を運営する活動又は報酬を受ける活動を専ら行つていると明らかに認められる者
五　在留期間の更新又は変更を受けないで在留期間を経過して本邦に残留する者
六　仮上陸の許可を受けた者で、第十三条第三項の規定に基づき付された条件に違反して、逃亡し、又は正当な理由がなくて呼出しに応じないもの
七　寄港地上陸の許可、通過上陸の許可、乗員上陸の許可、緊急上陸の許可、遭難による上陸の許可又は一時庇護のための上陸の許可を受けた者で、旅券又は当該許可書に記載された期間を経過して本邦に残留するもの
七の二　第十六条第七項の規定により期間の指定を受けた者で当該期間内に帰船し又は出国しないもの
八　第二十二条の二第一項に規定する者で、同条第三項において準用する第二十条第三項及び第四項の規定又は第二十二条の二第四項において準用する第二十二条第二項及び第三項の規定による許可を受けないで、第二十二条の二第一項に規定する期間を経過して本邦に残留するもの
八の二　第五十五条の三第一項の規定により出国命令を受けた者で、当該出国命令に係る出国期限を経過して本邦に残留するもの
八の三　第五十五条の六の規定により出国命令を取り消された者で本邦に残留するもの
八の四　第六十一条の二の四第一項の許可を受けた者で、仮滞在期間を経過して本邦に残留するもの

九　偽りその他不正の手段により難民の認定を受けた者

② 前項第一号又は第二号に掲げる者が、本邦に上陸した後引き続き不法に在留するときも、同項と同様とする。

**第七十条の二**　前条第一項第一号、第二号、第五号若しくは第七号又は同条第二項の罪を犯した者については、次の各号に該当することの証明があつたときは、その刑を免除する。ただし、当該罪に係る行為をした後遅滞なく入国審査官の面前において、次の各号に該当することの申出をした場合に限る。

一　難民であること。

二　その者の生命、身体又は身体の自由が難民条約第一条A（２）に規定する理由によつて害されるおそれのあつた領域から、直接本邦に入つたものであること。

三　前号のおそれがあることにより当該罪に係る行為をしたものであること。

**第七十一条**　第二十五条第二項又は第六十条第二項の規定に違反して出国し、又は出国することを企てた者は、一年以下の懲役若しくは禁錮若しくは三十万円以下の罰金に処し、又はその懲役若しくは禁錮及び罰金を併科する。

**第七十二条**　次の各号のいずれかに該当する者は、一年以下の懲役若しくは二十万円以下の罰金に処し、又はこれを併科する。

一　収容令書又は退去強制令書によつて身柄を拘束されている者で逃走したもの

二　第五十二条第六項の規定により放免された者で、同項の規定に基づき付された条件に違反して、逃亡し、又は正当な理由がなくて呼出しに応じないもの

三　一時庇護のための上陸の許可を受けた者で、第十八条の二第三項の規定に基づき付された条件に違反して逃亡したもの

三の二　第五十五条の三第一項の規定により出国命令を受けた者で、同条第三項の規定に基づき付された条件に違反して逃亡したもの

三の三　第六十一条の二の四第一項の許可を受けた者で、同条第三項の規定に基づき付された条件に違反して、逃亡し、又は正当な理由がなくて呼出しに応じないもの

四　第六十一条の二の七第三項又は第六十一条の二の十三の規定に違反して難民認定証明書又は難民旅行証明書を返納しなかつた者

五　第六十一条の二の十二第八項の規定により難民旅行証明書の返納を命ぜられた者で、同項の規定により付された期限内にこれを返納しなかつたもの

**第七十三条**　第七十条第一項第四号に該当する場合を除き、第十九条第一項の規定に違反して収入を伴う事業を運営する活動又は報酬を受ける活動を行つた者は、一年以下の懲役若しくは禁錮若しくは二百万円以下の罰金に処し、又はその懲役若しくは禁錮及び罰金を併科する。

**第七十三条の二**① 次の各号のいずれかに該当する者は、三年以下の懲役若しくは三百万円以下の罰金に処し、又はこれを併科する。

一　事業活動に関し、外国人に不法就労活動をさせた者

二　外国人に不法就労活動をさせるためにこれを自己の支配下に置いた者

三　業として、外国人に不法就労活動をさせる行為又は前号の行為に関しあつせんした者

② 前項において、不法就労活動とは、第十九条第一項の規定に違反する活動又は第七十条第一項第一号から第三号の二まで、第五号、第七号、第七号の二若しくは第八号の二から第八号の四までに掲げる者が行う活動であつて報酬その他の収入を伴うものをいう。

**第七十四条**① 自己の支配又は管理の下にある集団密航者（入国審査官から上陸の許可等を受けないで、又は偽りその他不正の手段により入国審査官から上陸の許可等を受けて本邦に上陸する目的を有する集合した外国人をいう。以下同じ。）を本邦に入らせ、又は上陸させた者は、五年以下の懲役又は三百万円以下の罰金に処する。

② 営利の目的で前項の罪を犯した者は、一年以上十年以下の懲役及び千万円以下の罰金に処する。

③ 前二項の罪（本邦に上陸させる行為に係る部分に限る。）の未遂は、罰する。

**第七十四条の二**① 自己の支配又は管理の下にある集団密航者を本邦に向けて輸送し、又は本邦内において上陸の場所に向けて輸送した者は、三年以下の懲役又は二百万円以下の罰金に処する。

② 営利の目的で前項の罪を犯した者は、七年以下の懲役及び五百万円以下の罰金に処する。

**第七十四条の三**　第七十四条第一項若しくは第二項又は前条の罪を犯す目的で、その用に供する船舶等を準備した者は、二年以下の懲役又は百万円以下の罰金に処する。情を知つて、その用に供する船舶等を提供した者も、同様とする。

**第七十四条の四**① 第七十四条第一項又は第二項の罪を犯した者からその上陸させた外国人の全部若しくは一部を収受し、又はその収受した外国人を輸送し、蔵匿し、若しくは隠避させた者は、五年以下の懲役又は三百万円以下の罰金に処する。当該外国人の全部若しくは一部を、これを収受した者から収受し、又はその収受した外国人を輸送し、蔵匿し、若しくは隠避させた者も、同様とする。

② 営利の目的で前項の罪を犯した者は、一年以上十年以下の懲役及び千万円以下の罰金に処する。

③ 前二項の罪の未遂は、罰する。

**第七十四条の五** 前条第一項又は第二項の罪を犯す目的で、その予備をした者は、二年以下の懲役又は百万円以下の罰金に処する。

**第七十四条の六** 営利の目的で第七十条第一項第一号又は第二号に規定する行為（以下「不法入国等」という。）の実行を容易にした者は、三年以下の懲役若しくは三百万円以下の罰金に処し、又はこれを併科する。

**第七十四条の六の二**① 次の各号のいずれかに該当する者は、三年以下の懲役若しくは三百万円以下の罰金に処し、又はこれを併科する。

一 他人の不法入国等の実行を容易にする目的で、偽りその他不正の手段により、日本国の権限のある機関から難民旅行証明書、渡航証明書、乗員手帳又は再入国許可書の交付を受けた者

二 他人の不法入国等の実行を容易にする目的で、次に掲げる文書を所持し、提供し、又は収受した者

イ 旅券（旅券法第二条第一号及び第二号に規定する旅券並びに同法第十九条の三第一項に規定する渡航書を除く。以下この項において同じ。）、乗員手帳又は再入国許可書として偽造された文書

ロ 当該不法入国等を実行する者について効力を有しない旅券、乗員手帳又は再入国許可書

三 第七十条第一項第一号又は第二号の罪を犯す目的で、偽りその他不正の手段により、日本国の権限のある機関から難民旅行証明書、渡航証明書、乗員手帳又は再入国許可書の交付を受けた者

四 第七十条第一項第一号又は第二号の罪を犯す目的で、次に掲げる文書を所持し、又は収受した者

イ 旅券、乗員手帳又は再入国許可書として偽造された文書

ロ 自己について効力を有しない旅券、乗員手帳又は再入国許可書

② 営利の目的で前項第一号又は第二号の罪を犯した者は、五年以下の懲役及び五百万円以下の罰金に処する。

**第七十四条の六の三** 前条の罪（所持に係る部分を除く。）の未遂は、罰する。

**第七十四条の七** 第七十三条の二第一項第二号及び第三号、第七十四条の二（本邦内における輸送に係る部分を除く。）、第七十四条の三並びに前三条の罪は、刑法第二条の例に従う。

**第七十四条の八**① 退去強制を免れさせる目的で、第二十四条第一号又は第二号に該当する外国人を蔵匿し、又は隠避させた者は、三年以下の懲役又は三百万円以下の罰金に処する。

② 営利の目的で前項の罪を犯した者は、五年以下の懲役及び五百万円以下の罰金に処する。

③ 前二項の罪の未遂は、罰する。

**第七十五条** 第十条第五項（第四十八条第五項において準用する場合を含む。）の規定に違反して、正当な理由がなくて出頭せず、宣誓若しくは証言を拒み、又は虚偽の証言をした者は、二十万円以下の罰金に処する。

**第七十六条** 次の各号のいずれかに該当する者は、十万円以下の罰金に処する。

一 第二十三条第一項の規定に違反して旅券又は許可書を携帯しなかった者（特別永住者を除く。）

二 第二十三条第二項の規定に違反して旅券又は許可書の提示を拒んだ者

**（両罰規定）**

**第七十六条の二** 法人の代表者又は法人若しくは人の代理人、使用人その他の従業者が、その法人又は人の業務に関して第七十三条の二から第七十四条の六までの罪、第七十四条の六の二（第一項第三号及び第四号を除く。）の罪若しくはその未遂罪又は第七十四条の八の罪を犯したときは、行為者を罰するほか、その法人又は人に対しても、各本条の罰金刑を科する。

**（過料）**

**第七十七条** 次の各号のいずれかに該当する者は、五十万円以下の過料に処する。

一 第五十六条の規定に違反して入国審査官の行う審査その他入国審査官の職務の執行を拒み、又は妨げた者

一の二 第五十六条の二の規定に違反して、外国人の旅券、乗員手帳又は再入国許可書の確認をしないで当該外国人を本邦に入らせた者

二 第五十七条第一項の規定に違反して名簿の提出を拒み、若しくは名

簿を提出せず、同条第二項若しくは第三項の規定に違反して報告せず、又は同条第四項の規定に違反して報告を拒み、若しくは報告をしなかつた者

三　第五十八条の規定に違反して上陸することを防止しなかつた者

四　第五十九条の規定に違反して送還を怠つた者

**第七十七条の二**　特別永住者が第二十三条第一項の規定に違反して旅券又は許可書を携帯しなかつたときは、十万円以下の過料に処する。

**（没収）**

**第七十八条**　第七十条第一項第一号、第七十四条、第七十四条の二又は第七十四条の四の犯罪行為の用に供した船舶等又は車両で、犯人の所有又は占有に係るものは、没収する。ただし、その船舶等又は車両が犯人以外の者の所有に係り、かつ、その者が次の各号のいずれかに該当する場合は、この限りでない。

一　第七十条第一項第一号、第七十四条、第七十四条の二又は第七十四条の四の犯罪が行われることをあらかじめ知らないでその犯罪が行われた時から引き続きその船舶等又は車両を所有していると認められるとき。

二　前号に規定する犯罪が行われた後、その情を知らないでその船舶等又は車両を取得したと認められるとき。

## 附　則　抄

**（施行期日）**

①　この政令は、昭和二十六年十一月一日から施行する。

**（廃止する政令）**

②　左の政令は、廃止する。

出入国の管理に関する政令（昭和二十四年政令第二百九十九号）

不法入国者等退去強制手続令（昭和二十六年政令第三十三号）

**（経過規定）**

③　外国人登録令第十一条第一項に規定する者以外でこの政令による同令の改正前に同令第十二条に掲げる罪を犯したものの処罰については、なお従前の例による。

④　前項に掲げる者は、第二十四条の適用については同条第一号に該当する者とみなす。

⑤　この政令による改正前の外国人登録令第十六条又は第十七条の規定に基いて発付されている退去強制令書は、この政令に基いて発付された退去強制令書とみなす。

**別表第一（第二条の二、第五条、第七条、第七条の二、第十九条、第二十二条の三、第二十二条の四、第二十四条、第六十一条の二の二、第六十一条の二の八関係）**

一

| 在留資格 | 本邦において行うことができる活動 |
|---|---|
| 外交 | 日本国政府が接受する外国政府の外交使節団若しくは領事機関の構成員、条約若しくは国際慣行により外交使節と同様の特権及び免除を受ける者又はこれらの者と同一の世帯に属する家族の構成員としての活動 |
| 公用 | 日本国政府の承認した外国政府若しくは国際機関の公務に従事する者又はその者と同一の世帯に属する家族の構成員としての活動（この表の外交の項の下欄に掲げる活動を除く。） |
| 教授 | 本邦の大学若しくはこれに準ずる機関又は高等専門学校において研究、研究の指導又は教育をする活動 |
| 芸術 | 収入を伴う音楽、美術、文学その他の芸術上の活動（二の表の興行の項の下欄に掲げる活動を除く。） |
| 宗教 | 外国の宗教団体により本邦に派遣された宗教家の行う布教その他の宗教上の活動 |
| 報道 | 外国の報道機関との契約に基づいて行う取材その他の報道上の活動 |

**別表第一の二**

| 在留資格 | 本邦において行うことができる活動 |
|---|---|

| | |
|---|---|
| 投資・経営 | 本邦において貿易その他の事業の経営を開始し若しくは本邦におけるこれらの事業に投資してその経営を行い若しくは当該事業の管理に従事し又は本邦においてこれらの事業の経営を開始した外国人（外国法人を含む。以下この項において同じ。）若しくは本邦におけるこれらの事業に投資している外国人に代わつてその経営を行い若しくは当該事業の管理に従事する活動（この表の法律・会計業務の項の下欄に掲げる資格を有しなければ法律上行うことができないこととされている事業の経営若しくは管理に従事する活動を除く。） |
| 法律・会計業務 | 外国法律事務弁護士、外国公認会計士その他法律上資格を有する者が行うこととされている法律又は会計に係る業務に従事する活動 |
| 医療 | 医師、歯科医師その他法律上資格を有する者が行うこととされている医療に係る業務に従事する活動 |
| 研究 | 本邦の公私の機関との契約に基づいて研究を行う業務に従事する活動（一の表の教授の項の下欄に掲げる活動を除く。） |
| 教育 | 本邦の小学校、中学校、高等学校、中等教育学校、盲学校、聾学校、養護学校、専修学校又は各種学校若しくは設備及び編制に関してこれに準ずる教育機関において語学教育その他の教育をする活動 |
| 技術 | 本邦の公私の機関との契約に基づいて行う理学、工学その他の自然科学の分野に属する技術又は知識を要する業務又は外国の文化に基盤を有する思考若しくは感受性を必要とする業務に従事する活動（一の表の教授の項の下欄に掲げる活動並びにこの表の投資・経営の項、医療の項から教育の項まで、企業内転勤の項及び興行の項の下欄に掲げる活動を除く。） |
| 人文知識・国際業務 | 本邦の公私の機関との契約に基づいて行う法律学、経済学、社会学その他の人文科学の分野に属する知識を必要とする業務に従事する活動（一の表の教授の項、芸術の項及び報道の項の下欄に掲げる活動並びにこの表の投資・経営の項から教育の項まで、企業内転勤の項及び興行の項の下欄に掲げる活動を除く。） |
| 企業内転勤 | 本邦に本店、支店その他の事業所のある公私の機関の外国にある事業所の職員が本邦にある事業所に期間を定めて転勤して当該事業所において行うこの表の技術の項又は人文知識・国際業務の項の下欄に掲げる活動 |
| 興行 | 演劇、演芸、演奏、スポーツ等の興行に係る活動又はその他の芸能活動（この表の投資・経営の項の下欄に掲げる活動を除く。） |
| 技能 | 本邦の公私の機関との契約に基づいて行う産業上の特殊な分野に属する熟練した技能を要する業務に従事する活動 |

別表第一の三

| 在留資格 | 本邦において行うことができる活動 |
|---|---|
| 文化活動 | 収入を伴わない学術上若しくは芸術上の活動又は我が国特有の文化若しくは技芸について専門的な研究を行い若しくは専門家の指導を受けてこれを修得する活動（四の表の留学の項から研修の項までの下欄に掲げる活動を除く。） |
| 短期滞在 | 本邦に短期間滞在して行う観光、保養、スポーツ、親族の訪問、見学、講習又は会合への参加、業務連絡その他これらに類似する活動 |

**別表第一の四**

| 在留資格 | 本邦において行うことができる活動 |
|---|---|
| 留学 | 本邦の大学若しくはこれに準ずる機関、専修学校の専門課程、外国において十二年の学校教育を修了した者に対して本邦の大学に入学するための教育を行う機関又は高等専門学校において教育を受ける活動 |
| 就学 | 本邦の高等学校（中等教育学校の後期課程を含む。）若しくは盲学校、聾学校若しくは養護学校の高等部、専修学校の高等課程若しくは一般課程又は各種学校（この表の留学の項の下欄に規定する機関を除く。）若しくは設備及び編制に関してこれに準ずる教育機関において教育を受ける活動 |
| 研修 | 本邦の公私の機関により受け入れられて行う技術、技能又は知識の修得をする活動（この表の留学の項及び就学の項の下欄に掲げる活動を除く。） |
| 家族滞在 | 一の表、二の表又は三の表の上欄の在留資格（外交、公用及び短期滞在を除く。）をもつて在留する者又はこの表の留学、就学若しくは研修の在留資格をもつて在留する者の扶養を受ける配偶者又は子として行う日常的な活動 |

**別表第一の五**

| 在留資格 | 本邦において有する身分又は地位 |
|---|---|
| 永住者 | 法務大臣が永住を認める者 |
| 日本人の配偶者等 | 日本人の配偶者若しくは民法（明治二十九年法律第八十九号）第八百十七条の二の規定による特別養子又は日本人の子として出生した者 |
| 永住者の配偶者等 | 永住者の在留資格をもつて在留する者若しくは特別永住者（以下「永住者等」と総称する。）の配偶者又は永住者等の子として本邦で出生しその後引き続き本邦に在留している者 |
| 定住者 | 法務大臣が特別な理由を考慮し一定の在留期間を指定して居住を認める者 |

**別表第二（第二条の二、第七条、第二十二条の三、第二十二条の四、第六十一条の二の二、第六十一条の二の八関係）**

| 在留資格 | 本邦において行うことができる活動 |
|---|---|
| 特定活動 | 法務大臣が個々の外国人について特に指定する活動 |

## 附　則　（平成一三年一一月三〇日法律第一三六号）

**（施行期日）**

① この法律は、平成十四年三月一日から施行する。

**（経過措置）**

② この法律による改正後の出入国管理及び難民認定法（以下「新法」という。）第五条第一項第九号の二の規定は、この法律の施行前に、刑法第二編第十二章、第十六章から第十九章まで、第二十三章、第二十六章、第二十七章、第三十一章、第三十三章、第三十六章、第三十七章若しくは第三十九章の罪、暴力行為等処罰に関する法律第一条、第一条ノ二若しくは第一条ノ三（刑法第二百二十二条又は第二百六十一条に係る部分を除く。）の罪又は盗犯等の防止及び処分に関する法律の罪により懲役又は禁錮に処せられた者には、適用しない。

③ 新法第二十四条第三号の規定は、この法律の施行前に、他の外国人に不正にこの法律による改正前の出入国管理及び難民認定法（以下「旧法」という。）第三章第一節若しくは第二節の規定による証明書の交付、上陸許可の証印若しくは許可、同章第四節の規定による上陸の許可、又は旧法第四章第一節若しくは旧法第五章第三節の規定による許可を受けさせる目的で、文書若しくは図画を偽造し、若しくは変造し、虚偽の文書若しくは図画を作成し、又は偽造若しくは変造された文書若しくは図画

若しくは虚偽の文書若しくは図画を行使し、所持し、譲渡し、貸与し、若しくはその譲渡若しくは貸与のあっせんをした者には、適用しない。

④　新法第二十四条第四号の二の規定は、この法律の施行前に、刑法第二編第十二章、第十六章から第十九章まで、第二十三章、第二十六章、第二十七章、第三十一章、第三十三章、第三十六章、第三十七章若しくは第三十九章の罪、暴力行為等処罰に関する法律第一条、第一条ノ二若しくは第一条ノ三（刑法第二百二十二条又は第二百六十一条に係る部分を除く。）の罪又は盗犯等の防止及び処分に関する法律の罪により懲役又は禁錮に処せられた者には、適用しない。

⑤　新法第二十四条第四号の三の規定は、この法律の施行前に、本邦において行われた国際競技会等の経過若しくは結果に関連して、又はその円滑な実施を妨げる目的をもって、当該国際競技会等の開催場所又はその所在する市町村（東京都の特別区の存する区域及び地方自治法第二百五十二条の十九第一項の指定都市にあっては、区）の区域内若しくはその近傍の不特定若しくは多数の者の用に供される場所において、不法に、人を殺傷し、人に暴行を加え、人を脅迫し、又は建造物その他の物を損壊した者には、適用しない。

## 附　則　（平成一六年六月二日法律第七三号）

**（施行期日）**

**第一条**　この法律は、公布の日から起算して六月を経過した日から施行する。ただし、次の各号に掲げる規定は、当該各号に定める日から施行する。

一　第二条並びに附則第六条から第九条まで及び第十二条（「第四十七条第二項、第四十九条第五項」を「第四十七条第三項及び第五項、第四十八条第九項、第四十九条第六項」に改める部分及び「第五十五条第二項」の下に「、第五十五条の三第二項」を加える部分を除く。）の規定　公布の日から起算して一年を超えない範囲内において政令で定める日

二　第三条の規定　公布の日から起算して二月を経過した日

**（第一条の規定による出入国管理及び難民認定法の一部改正に伴う経過措置）**

**第二条**　この法律の施行前に第一条の規定による改正前の出入国管理及び難民認定法第二十四条各号（第四号オからヨまで及び第四号の三を除く。）のいずれかに該当して本邦から退去を強制された者に対する第一条の規定による改正後の出入国管理及び難民認定法第五条第一項に規定する上陸の拒否については、なお従前の例による。

**第三条**　第一条の規定による改正後の出入国管理及び難民認定法第二十二条の四第一項（第一号に係るものに限る。）の規定は、この法律の施行前に第一条の規定による改正前の出入国管理及び難民認定法第三章第一節又は第二節の規定による上陸許可の証印又は許可を受けた者に対する在留資格の取消しについても、適用する。

**第四条**　第一条の規定による改正後の出入国管理及び難民認定法第二十二条の四第一項（第一号に係るものを除く。）の規定は、この法律の施行前に第一条の規定による改正前の出入国管理及び難民認定法第三章第一節若しくは第二節の規定による上陸許可の証印若しくは許可又は第一条の規定による改正前の出入国管理及び難民認定法第四章第一節の規定による許可（以下この条において「上陸許可の証印等」という。）を受けた者に対する当該上陸許可の証印等に係る在留資格の取消しについても、適用する。

**第五条**　この法律の施行の際現に第一条の規定による改正前の出入国管理及び難民認定法別表第一の上欄の在留資格をもって在留する者で当該在留資格に応じ同表の下欄に掲げる活動を行わないで在留しているものに対する第一条の規定による改正後の出入国管理及び難民認定法第二十二条の四第一項第五号の規定の適用については、同号中「継続して三月」とあるのは、「出入国管理及び難民認定法の一部を改正する法律（平成十六年法律第七十三号）施行後継続して三月」とする。

（第二条の規定による出入国管理及び難民認定法の一部改正に伴う経過措置）

**第六条**　附則第一条第一号に定める日前に第二条の規定による改正前の出入国管理及び難民認定法の規定により法務大臣がした難民の認定若しくは難民の認定をしない処分であって第二条の規定による改正後の出入国管理及び難民認定法の施行の際現に効力を有するもの又は第二条の規定による改正前の出入国管理及び難民認定法の規定によりされている申請若しくは異議の申出は、第二条の規定による改正後の出入国管理及び難民認定法の規定により法務大臣がした難民の認定若しくは難民の認定をしない処分又は第二条の規定による改正後の出入国管理及び難民認定法の規定によりされている申請若しくは異議申立てとみなす。

**第七条**　第二条の規定による改正後の出入国管理及び難民認定法第六十一条の二の二の規定は、第二条の規定による改正後の出入国管理及び難民認定法の施行の際現に第二条の規定による改正後の出入国管理及び難民

認定法別表第一又は別表第二の上欄の在留資格をもって本邦に在留する者、一時庇護のための上陸の許可を受けた者で当該許可書に記載された期間を経過していないもの及び特別永住者以外の外国人であって、前条の規定により第二条の規定による改正後の出入国管理及び難民認定法の規定による難民の認定又は難民の認定をしない処分を受けたとみなされるものに対しても、適用する。この場合において、第二条の規定による改正後の出入国管理及び難民認定法第六十一条の二の二第一項中「前条第一項の規定により難民の認定をする場合であつて、同項の申請をした」とあるのは「出入国管理及び難民認定法の一部を改正する法律第二条の規定による改正前の出入国管理及び難民認定法（以下「旧法」という。）の規定による難民の認定を受けている」と、同条第二項中「前条第一項の申請をした在留資格未取得外国人について、難民の認定をしない処分をするとき、又は前項」とあるのは「在留資格未取得外国人について、旧法の規定による難民の認定をしない処分がされているとき（退去強制令書の発付を受けているときを除く。）、又は出入国管理及び難民認定法の一部を改正する法律附則第七条の規定により適用される前項」とする。

**附　則（平成一七年五月二五日法律第五〇号）　抄**

**（施行期日）**

**第一条**　この法律は、公布の日から起算して一年を超えない範囲内において政令で定める日から施行する。

（検討）

**第四十一条**　政府は、施行日から五年以内に、この法律の施行の状況について検討を加え、必要があると認めるときは、その結果に基づいて所要の措置を講ずるものとする。

**附　則（平成一七年六月二二日法律第六六号）　抄**

**（施行期日）**

**第一条**　この法律は、公布の日から起算して二十日を経過した日から施行する。ただし、次の各号に掲げる規定は、当該各号に定める日から施行する。

一　第三条中出入国管理及び難民認定法第二十四条第四号リの改正規定　旅券法及び組織的な犯罪の処罰及び犯罪収益の規制等に関する法律の一部を改正する法律（平成十七年法律第五十五号）第一条中旅券法（昭和二十六年法律第二百六十七号）第二十三条の改正規定の施行の日又はこの法律の施行の日のいずれか遅い日

二　第三条中出入国管理及び難民認定法第五十六条の次に一条を加える改正規定及び同法第七十七条第一号の次に一号を加える改正規定　公布の日から起算して六月を経過した日

三　第三条中出入国管理及び難民認定法第六十一条の二の二第一項第三号及び第六十一条の二の四第一項第五号の改正規定　出入国管理及び難民認定法の一部を改正する法律（平成十六年法律第七十三号）第二条の規定の施行の日又はこの法律の施行の日のいずれか遅い日

**（調整規定）**

**第二条**　この法律の施行の日が犯罪の国際化及び組織化並びに情報処理の高度化に対処するための刑法等の一部を改正する法律の施行の日前である場合には、第一条のうち刑法第三条第十二号及び第三条の二第五号の改正規定中「第三条第十二号」とあるのは「第三条第十一号」とし、第四条のうち組織的犯罪処罰法第三条第一項第八号の改正規定中「第三条第一項第八号」とあるのは「第三条第一項第四号」とする。

**第三条**　この法律の施行の日が犯罪の国際化及び組織化並びに情報処理の高度化に対処するための刑法等の一部を改正する法律の施行の日前である場合には、同法の施行の日の前日までの間における組織的犯罪処罰法別表の規定の適用については、同表第二号ワ中「国外移送目的略取等、被略取者収受等」とあるのは、「所在国外移送目的略取及び誘拐、人身売買、被略取者等所在国外移送、被略取者引渡し等」とする。

**第四条**①　この法律の施行の日が旅券法及び組織的な犯罪の処罰及び犯罪収益の規制等に関する法律の一部を改正する法律第一条中旅券法第二十三条の改正規定の施行の日前である場合には、当該改正規定の施行の日の前日までの間における第三条の規定による改正後の出入国管理及び難民認定法第二十四条第四号ニ及びヨ並びに第二十四条の二第二号の規定の適用については、同法第二十四条第四号ニ中「旅券法（昭和二十六年法律第二百六十七号）第二十三条第一項（第六号を除く。）から第三項までの罪により刑に処せられた者」とあるのは「削除」とし、同号ヨ中「イからカまで」とあるのは「イからハまで及びホからカまで」とし、同法第二十四条の二第二号中「第四号ハ」とあるのは「第四号ハ及びホ」とする。

②　附則第一条第三号に掲げる規定の施行の日が旅券法及び組織的な犯罪の処罰及び犯罪収益の規制等に関する法律の一部を改正する法律第一条中旅券法第二十三条の改正規定の施行の日前である場合には、当該改正

規定の施行の日の前日までの間における第三条の規定による改正後の出入国管理及び難民認定法第六十一条の二の二第一項第三号及び第六十一条の二の四第一項第五号の規定の適用については、これらの規定中「第四号ハ」とあるのは、「第四号ハ及びホ」とする。

**第五条**① 附則第一条第四号に掲げる規定の施行の日が旅券法及び組織的な犯罪の処罰及び犯罪収益の規制等に関する法律の一部を改正する法律第二条の規定の施行の日前である場合には、第四条のうち、組織的犯罪処罰法第二条第二項第一号イの改正規定中「別表第一第一号、第二号若しくは第四号から第六号まで」を「別表第一（第三号を除く。）」とあるのは「、第四号若しくは第五号」を「若しくは第四号から第九号まで」とし、組織的犯罪処罰法別表第一第四号ニ中「ト」を「ル」に改め、同号ト中「ヘ」を「ヌ」に改め、同号中トをルとし、への次にト、チ及びリを加える改正規定中「別表第一第四号ニ中「ト」を「ル」に改め、同号ト中「ヘ」を「ヌ」に改め、同号中トをルとし、」とあるのは「別表第一第四号ニ中「ヘ」を「ヌ」に改め、同号ヘ中「ホ」を「リ」に改め、同号中」とし、組織的犯罪処罰法別表第一中第六号を第十号とし、第五号を第六号とし、同号の次に三号を加える改正規定中「第六号を第十号とし、第五号」とあるのは「第五号」とする。

② 前項の場合において、旅券法及び組織的な犯罪の処罰及び犯罪収益の規制等に関する法律の一部を改正する法律第二条のうち、組織的犯罪処罰法第二条第二項第一号イの改正規定中「、第四号若しくは第五号」を「若しくは第四号から第六号まで」とあるのは「別表第一第一号、第二号若しくは第四号から第九号まで」を「別表第一（第三号を除く。）」とし、組織的犯罪処罰法別表第一第四号ニ中「ヘ」を「ト」に改め、同号ヘ中「ホ」を「ヘ」に改め、同号中ヘをトとし、ホの次にヘを加える改正規定中「別表第一第四号ニ中「ヘ」を「ト」に改め、同号ヘ中「ホ」を「ヘ」に改め、同号中ヘをトとし、ホ」とあるのは「別表第一第四号ニ中「ヌ」を「ル」に改め、同号ヌ中「リ」を「ヌ」に改め、同号中ヌをルとし、リ」とし、「ヘ　旅券法」とあるのは「ヌ　旅券法」とし、組織的犯罪処罰法別表第一に一号を加える改正規定中「六　旅券法」とあるのは「十　旅券法」とする。

**（第三条の規定による出入国管理及び難民認定法の一部改正に伴う経過措置）**

**第六条**　第三条の規定による改正後の出入国管理及び難民認定法（以下「新入管法」という。）第二十四条第四号ハの規定は、この法律の施行の日以後に新入管法第二条第七号に規定する人身取引等を行い、唆し、又はこれを助けた者について適用する。

**第七条**　新入管法第二十四条第四号ニの規定は、この法律の施行の日以後に旅券法及び組織的な犯罪の処罰及び犯罪収益の規制等に関する法律の一部を改正する法律第一条による改正後の旅券法第二十三条第一項（第六号を除く。）から第三項までの罪により刑に処せられた者について適用する。

**第八条**　第三条の規定による改正前の出入国管理及び難民認定法第七十四条の六後段の罪により刑に処せられた者は、新入管法第二十四条の規定の適用については、同条第四号ホに該当する者とみなす。

**（罰則に関する経過措置）**

**第十条**　この法律の施行前にした行為に対する罰則の適用については、なお従前の例による。

## ◇附属及び関係法令

出入国管理及び難民認定法施行規則　〔昭和五十六・一〇・二八　法務五四〕

出入国管理及び難民認定法第二条第五号ロの地域を定める法令　〔平成一〇・五・二二　政一七八〕

出入国管理及び難民認定法第七条第一項第二号の基準を定める省令　〔平成二・五・二四　法務一六〕

出入国管理及び難民認定法別表第一の五の表の下欄に掲げる活動を定める件　〔平成二・五・二四法　務告一三一〕

出入国管理及び難民認定法別表第二の定住者の項の下欄に掲げる地位を定める件　〔平成二・五・二四　法務告一三二〕

入国警備官階級令　〔昭和二五・一〇・一九　政三一三〕

入国審査官及び入国警備官服制　〔平成五・六・一〇　法務二六〕

入国審査官及び入国警備官の証票の様式に関する省令　〔昭和五六・一二・一九　法務六三〕

被収容者処遇規則　〔昭和五六・一一・一〇　法務五九〕

出入国管理及び難民認定法第六十一条の八第一項の法務省の内部部局を定める政令　〔昭和五九・六・二七　政二二四〕

出入国管理及び難民認定法関係手数料令　〔昭和五六・一〇・二七　政

三〇九〕
日本語教育機関の設備及び編制についての審査及び証明を行うものとしての認定を受けた事業等を定める省令　〔平成一三・五・三一　法務五六〕
上陸審判規程　〔平成一二・四・一〇　法務訓二〕
出入国管理基本計画　〔平成十七・四・七　法務告一二二〕
外国人登録法　〔昭和二七・四・二八　法一二五〕
旅券法　〔昭和二六・一一・二八　法二六七〕
日本国との平和条約に基づき日本の国籍を離脱した者等の出入国管理に関する特例法　〔平成三・五・一〇　法七一〕
出入国管理及び難民認定法第二条第五号ロの旅券を所持する外国人の上陸申請の特例に関する法律　〔平成一七・八・一五　法九六〕
構造改革特別区域法　〔平成一四・一二・一八　法一八九〕
日本国に居住する大韓民国国民の法的地位及び待遇に関する日本国と大韓民国との間の協定　〔昭和四〇・一二・一八　条二八〕
難民の地位に関する条約　〔昭和五六・一〇・一五　条二一〕
難民の地位に関する議定書　〔昭和五七・一・一　条一〕

# 日本国との平和条約に基づき日本の国籍を離脱した者等の出入国管理に関する特例法

（平成三年五月十日法律第七十一号）

改正：平成四法六六、平成一一法八七・法一三四・法一三五・法一五一、平成一六法七三

**（目的）**

**第一条**　この法律は、次条に規定する平和条約国籍離脱者及び平和条約国籍離脱者の子孫について、出入国管理及び難民認定法（昭和二十六年政令第三百十九号。以下「入管法」という。）の特例を定めることを目的とする。

**（定義）**

**第二条**①　この法律において「平和条約国籍離脱者」とは、日本国との平和条約の規定に基づき同条約の最初の効力発生の日（以下「平和条約発効日」という。）において日本の国籍を離脱した者で、次の各号の一に該当するものをいう。

一　昭和二十年九月二日以前から引き続き本邦に在留する者

二　昭和二十年九月三日から平和条約発効日までの間に本邦で出生し、その後引き続き本邦に在留する者であって、その実親である父又は母が、昭和二十年九月二日以前から当該出生の時（当該出生前に死亡したときは、当該死亡の時）まで引き続き本邦に在留し、かつ、次のイ又はロに該当する者であったもの

イ　日本国との平和条約の規定に基づき平和条約発効日において日本の国籍を離脱した者

ロ　平和条約発効日までに死亡し又は当該出生の時後平和条約発効日までに日本の国籍を喪失した者であって、当該死亡又は喪失がなかったとしたならば日本国との平和条約の規定に基づき平和条約発効日において日本の国籍を離脱したこととなるもの

②　この法律において「平和条約国籍離脱者の子孫」とは、平和条約国籍離脱者の直系卑属として本邦で出生しその後引き続き本邦に在留する者で、次の各号の一に該当するものをいう。

一　平和条約国籍離脱者の子

二　前号に掲げる者のほか、当該在留する者から当該平和条約国籍離脱者の孫にさかのぼるすべての世代の者（当該在留する者が当該平和条約国籍離脱者の孫であるときは、当該孫。以下この号において同じ。）について、その父又は母が、平和条約国籍離脱者の直系卑属として本邦で出生し、その後当該世代の者の出生の時（当該出生前に死亡したときは、当該死亡の時）まで引き続き本邦に在留していた者であったもの

**（法定特別永住者）**

**第三条**　平和条約国籍離脱者又は平和条約国籍離脱者の子孫でこの法律の施行の際次の各号の一に該当しているものは、この法律に定める特別永住者として、本邦で永住することができる。

一　次のいずれかに該当する者

イ　附則第十条の規定による改正前のポツダム宣言の受諾に伴い発する命令に関する件に基く外務省関係諸命令の措置に関する法律（昭和二十七年法律第百二十六号）（以下「旧昭和二十七年法律第百二十六号」という。）第二条第六項の規定により在留する者

ロ　附則第六条の規定による廃止前の日本国に居住する大韓民国国民の法的地位及び待遇に関する日本国と大韓民国との間の協定の実施に伴う出入国管理特別法（昭和四十年法律第百四十六号）（以下「旧日韓特別法」という。）に基づく永住の許可を受けている者

ハ　附則第七条の規定による改正前の入管法（以下「旧入管法」という。）別表第二の上欄の永住者の在留資格をもって在留する者

二　旧入管法別表第二の上欄の平和条約関連国籍離脱者の子の在留資格をもって在留する者

**（特別永住許可）**

**第四条**①　平和条約国籍離脱者の子孫で出生その他の事由により入管法第三章に規定する上陸の手続を経ることなく本邦に在留することとなるものは、法務大臣の許可を受けて、この法律に定める特別永住者として、本邦で永住することができる。

②　法務大臣は、前項に規定する者が、当該出生その他の事由が生じた日から六十日以内に同項の許可の申請をしたときは、これを許可するものとする。

③　第一項の許可の申請は、居住地の市町村（東京都の特別区の存する区域及び地方自治法（昭和二十二年法律第六十七号）第二百五十二条の十九第一項の指定都市にあっては、区。以下同じ。）の事務所に自ら出頭し、当該市町村の長に、法務省令で定めるところにより、特別永住許

可申請書その他の書類及び写真を提出して行わなければならない。ただし、十六歳に満たない者については、写真を提出することを要しない。

④ 十六歳に満たない者についての第一項の許可の申請は、親権を行う者又は未成年後見人が代わってしなければならない。

⑤ 第三項の場合において、申請をしようとする者が疾病その他身体の故障により出頭することができないときは、法務省令で定めるところにより、代理人を出頭させることができる。

⑥ 市町村の長は、第三項の書類及び写真の提出があったときは、第一項の許可を受けようとする者が申請に係る居住地に居住しているかどうか、及び提出された書類の成立が真正であるかどうかを審査した上、これらの書類（法務省令で定める書類を除く。）及び写真を、法務大臣に送付しなければならない。

**第五条**① 平和条約国籍離脱者又は平和条約国籍離脱者の子孫で入管法別表第二の上欄の在留資格（永住者の在留資格を除く。）をもって在留するものは、法務大臣の許可を受けて、この法律に定める特別永住者として、本邦で永住することができる。

② 法務大臣は、前項に規定する者が同項の許可の申請をしたときは、これを許可するものとする。この場合において、当該許可を受けた者に係る在留資格及び在留期間の決定は、その効力を失う。

③ 第一項の許可の申請は、地方入国管理局に自ら出頭し、法務省令で定めるところにより、特別永住許可申請書その他の書類を提出して行わなければならない。

④ 前条第四項及び第五項の規定は、前項の申請について準用する。

**（特別永住許可書の交付）**

**第六条**① 法務大臣は、第四条の許可をする場合には、特別永住者として本邦で永住することを許可する旨を記載した書面（以下「特別永住許可書」という。）を、市町村の長を経由して、交付するものとする。

② 法務大臣は、前条の許可をする場合には、入国審査官に、特別永住許可書を交付させるものとする。

**（上陸のための審査の特例）**

**第七条** 入管法第二十六条第一項 の規定により再入国の許可を受けて上陸する特別永住者に関しては、入管法第七条第一項 中「第一号 及び第四号」とあるのは、「第一号」とする。

（在留できる期間等の特例）

**第八条** 第四条第一項に規定する者に関しては、入管法第二十二条の二第一項 中「六十日」とあるのは「六十日（その末日が地方自治法第四条の二第一項 の地方公共団体の休日に当たるときは、地方公共団体の休日の翌日までの期間）」と、入管法第七十条第八号 中「第二十二条の二第四項 において準用する第二十二条第二項 及び第三項 の規定」とあるのは「日本国との平和条約に基づき日本の国籍を離脱した者等の出入国管理に関する特例法第四条第二項及び第六条第一項の規定」とする。

**（退去強制の特例）**

**第九条**① 特別永住者については、入管法第二十四条 の規定による退去強制は、その者が次の各号の一に該当する場合に限って、することができる。

一 刑法（明治四十年法律第四十五号）第二編第二章 又は第三章 に規定する罪により禁錮以上の刑に処せられた者。ただし、執行猶予の言渡しを受けた者及び同法第七十七条第一項第三号 の罪により刑に処せられた者を除く。

二 刑法第二編第四章 に規定する罪により禁錮以上の刑に処せられた者

三 外国の元首、外交使節又はその公館に対する犯罪行為により禁錮以上の刑に処せられた者で、法務大臣においてその犯罪行為により日本国の外交上の重大な利益が害されたと認定したもの

四 無期又は七年を超える懲役又は禁錮に処せられた者で、法務大臣においてその犯罪行為により日本国の重大な利益が害されたと認定したもの

② 法務大臣は、前項第三号の認定をしようとするときは、あらかじめ外務大臣と協議しなければならない。

③ 特別永住者に関しては、入管法第二十七条、第三十一条第三項、第三十九条第一項、第四十三条第一項、第四十七条第一項、第四十八条第六項、第四十九条第四項及び第六十二条第一項中「第二十四条各号」とあり、入管法第四十五条第一項 中「退去強制対象者（第二十四条各号のいずれかに該当し、かつ、出国命令対象者に該当しない外国人をいう。）」とあり、並びに入管法第四十七条第三項 、第五十五条の二第四項及び第六十三条第一項中「退去強制対象者」とあるのは、「日本国との平和条約に基づき日本の国籍を離脱した者等の出入国管理に関する特例法第九条第一項各号」とする。

**（再入国の許可の有効期間の特例等）**

**第十条**① 特別永住者に関しては、入管法第二十六条第三項 中「三年」

とあるのは「四年」と、同条第四項中「四年」とあるのは「五年」とする。

② 法務大臣は、特別永住者に対する入管法第二十六条の規定の適用に当たっては、特別永住者の本邦における生活の安定に資するとのこの法律の趣旨を尊重するものとする。

**（事務の区分）**

**第十条の二**　第四条第三項及び第六項並びに第六条第一項の規定により市町村が処理することとされている事務は、地方自治法第二条第九項第一号に規定する第一号法定受託事務とする。

**（省令への委任）**

**第十一条**　この法律の実施のための手続その他その執行について必要な事項は、法務省令で定める。

## 附　則　抄

**（施行期日）**

**第一条**　この法律は、公布の日から起算して六月を超えない範囲内において政令で定める日（平成三・一一・一―平成三政三一三）から施行する。

**（特別永住許可の申請に関する経過措置）**

**第二条**① この法律の施行前にした旧日韓特別法第二条第一項の規定による許可の申請は、第四条の規定による許可の申請とみなす。

② 平和条約国籍離脱者の子孫でこの法律の施行前六十日以内に出生その他の事由により旧入管法第三章に規定する上陸の手続を経ることなく本邦に在留することとなったものについては、この法律の施行の日に当該出生その他の理由が生じたものとみなして、第四条の規定及び第八条によって読み替えた入管法第二十二条の二第一項の規定を適用する。

③ 平和条約国籍離脱者及び平和条約国籍離脱者の子孫（第三条第二号に掲げる者を除く。）がこの法律の施行前にした旧入管法第二十二条第一項の規定による申請は、第五条の規定による許可の申請とみなす。

④ 平和条約国籍離脱者の子孫がこの法律の施行前にした旧入管法第二十二条の二第二項の規定による永住者若しくは平和条約関連国籍離脱者の子の在留資格の取得の申請又は旧入管法附則第九項の規定による申請は、平和条約国籍離脱者の子孫で入管法別表第二の上欄の在留資格（永住者の在留資格を除く。）をもって在留するものがした第五条の規定による許可の申請とみなす。

**（退去強制に関する経過措置）**

**第三条**　第三条第一号ロに掲げる者で旧日韓特別法の施行前の行為により第九条第一項各号の一に該当することとなったものについては、当該行為を理由としては、本邦からの退去を強制することができない。

**（外国人登録原票の記載事項の変更登録等に関する特例）**

**第四条**　第三条の規定の施行により生じた外国人登録法（昭和二十七年法律第百二十五号）第四条第一項第十三号又は第十四号に掲げる事項の変更については、同法第九条第一項の規定は、適用しない。

**第五条**① 市町村の長は、当該市町村の区域内に居住地を有する第三条に掲げる外国人から外国人登録法第六条第一項、第六条の二第一項若しくは第二項、第七条第一項又は第十一条第一項若しくは第二項の申請のうちこの法律の施行の日後における最初の申請又は次項に規定する登録証明書の提出があったときは、当該外国人に係る外国人登録原票に、第三条の規定の施行により変更を生じた外国人登録法第四条第一項第十三号及び第十四号に掲げる事項の変更の登録をしなければならない。

② 市町村の長は、当該市町村の区域内に居住地を有する第三条に掲げる外国人が、同条の規定の施行により外国人登録法第四条第一項第十三号に定める在留の資格又は同項第十四号に定める在留期間の記載が事実に合わなくなった登録証明書を提出したときは、法務省令で定めるところにより、当該登録証明書に在留の資格又は在留期間の変更に係る記載を行わなければならない。

③ 前二項の規定により市町村が処理することとされている事務は、地方自治法第二条第九項第一号に規定する第一号法定受託事務とする。

**（日本国に居住する大韓民国国民の法的地位及び待遇に関する日本国と大韓民国との間の協定の実施に伴う出入国管理特別法の廃止）**

**第六条**　日本国に居住する大韓民国国民の法的地位及び待遇に関する日本国と大韓民国との間の協定の実施に伴う出入国管理特別法は、廃止する。

**（旧日韓特別法に基づく永住の許可を受けて在留していた者に関する特例）**

**第六条の二**　旧日韓特別法に基づく永住の許可を受けて在留していた者で、入管法第二十六条第一項の許可を受けることなく出国し、外国人登録法の一部を改正する法律（平成十一年法律第百三十四号）の施行の日において入管法別表第二の上欄の在留資格をもって在留しているものが、同日以降、同欄の永住者の在留資格をもって在留するに至ったときは、この法律に定める特別永住者とみなす。

## ◇附属及び関係法令

日本国との平和条約に基づき日本の国籍を離脱した者等の出入国管理に関する特例法施行規則〔平成三・一〇・一四　法務二七〕

在日《ざいにち》朝鮮人《ちょうせんじん》の人権《じんけん》と日本《にほん》の法律《ほうりつ》（第三版）

**著者略歴**　姜　徹（カン・チョル）

1929年　石川県金沢市生まれ
1951年　専修大学法学科卒業
現　在　大阪経済法科大学客員教授
　　　　法学博士

主要著書
『外国人登録法と在日朝鮮人の人権』（1981年、朝鮮青年社、共著）
『在日朝鮮人史年表』（1983年、雄山閣、編著）
『在日朝鮮人の人権と日本の法律』（1987年、雄山閣、著）
『在日朝鮮・韓国人史総合年表』（2002年、雄山閣、編著）
その他論文多数

検印省略

1987年4月20日初　版発行
1994年5月20日第二版発行
2006年9月25日第三版発行

著　者　姜　徹
発行者　宮田哲男
印刷所　株式会社熊谷印刷

発行所　雄山閣
東京都千代田区富士見2－6－9
振替 00130-5-1685・電話(3262)3231

ISBN4-639-01943-2 C3032